U0142480

科技部人文及社會科學研究成果推廣叢書

2016台灣大選：
新民意與新挑戰

陳陸輝 ★主編

蔡佳泓 俞振華 鄭夙芬 王德育
林珮婷 游清鑫 陳陸輝 黃 紀 ★著

主編序

　　2016 年的選舉，民進黨參選人蔡英文女士在毫無意外的情況下，贏得總統選舉，而且，民進黨同時在立法委員選舉部分，獲得了 68 席，囊括了超過六成比例的議席，讓民進黨首次同時主宰行政與立法機關，而能「完全執政」，當然，也承擔更多的民意付託以及執政的壓力。

　　本書從科普的角度出發，先簡介與回顧 2016 年選舉，各政黨的候選人提名方式，再從政黨選民基礎的角度切入，接著深入分析台灣選民在 2016 年選舉中，可能影響其投票行為的認同、候選人評價、經濟表現以及兩岸關係等因素，讓本書以更周延的視角，回顧該次選舉。本書另外一個特色是將本次選舉前後的重要事件用專章以大事記的方式呈現，也許多年之後的讀者想要了解本次選舉的歷史脈絡，即可從該章重現本次選舉的歷史縮影。

　　政治大學選舉研究中心自 2008 年選舉即針對歷次總統選舉，以集體合作的方式撰寫了包含此書共計三本的相關書籍。本書得以順利出版，首先要感謝各位作者的貢獻。當然，對於五南圖書公司的發行人楊榮川先生長期支持政治相關領域著作的出版以及副總編輯劉靜芬小姐的耐心協助，我們也表示無上謝意。此外，在專書審查期間，審查人鉅細靡遺地提供了許多寶貴的意見，本書作者群也深致謝意。

　　政治大學選舉研究中心自 1983 年開始運作，而在 1989 年經過教育部的核准正式「掛牌成立」，成立迄今因為諸位師長以及助理群的投入、奉獻與支持，才能維繫今天的規模。其中，要特別感謝已故 雷飛龍老師在選舉研究中心創立以及後續發展的鼎力相助。謹以此書獻給已故的 雷飛龍老師。

陳陸輝

目次

第一章

2016 大選整體回顧與影響

蔡佳泓

- 壹、民間社會衝撞的兩岸關係
- 貳、風起雲湧的公民運動
- 參、國民黨與民進黨提名過程
- 肆、選舉過程
- 伍、選舉結果
- 陸、本書各章節簡介

在 2016 年 1 月 16 日舉行的總統與立法委員選舉，民進黨候選人蔡英文與陳建仁獲得 56.12% 的選票，而執政的國民黨候選人朱立倫與王如玄僅獲得 31.03% 的選票，國民黨在執政八年後交出政權。而在立法委員選舉方面，民進黨總共獲得 68 席，國民黨獲得 35 席，親民黨 3 席，而新政黨時代力量贏得 5 席。換句話說，民進黨同時贏得了行政的主導權與立法院的多數。令人好奇為什麼台灣發生政黨輪替？而且為什麼國民黨只獲得三成的選票？台灣過去的兩黨競爭是否轉變成一黨穩定多數？

在 2008 年選前一面倒地看好的中國國民黨，八年後換成民主進步黨。民進黨在 2014 年 11 月 29 日的地方選舉贏得 13 席縣市長，還有支持柯文哲擊敗國民黨候選人連勝文，反觀國民黨僅贏得 5 席，另外有 2 席（花蓮縣與金門縣）由無黨籍候選人當選。而且，民進黨總共贏得 47.55% 的選票，國民黨只贏得 40.70% 的選票。整體氣勢可以說是此消彼長，而且距離 2016 年 1 月 16 日的總統選舉，只有一年又一個半月的時間。

在過去 8 年，馬英九政府強調兩岸和平紅利，不僅與中國舉行了 11 次的會談、簽訂了 23 項協議，還於 2015 年 11 月 7 日在新加坡舉行兩岸領導人的會談。不過，**兩岸的頻繁互動，並沒有為國民黨帶來更高的民意支持度**。以馬英九總統為例，根據政大選舉研究中心所執行的台灣選舉與民主化調查（TEDS）以及台灣指標民調為例，滿意馬英九總統表現的比例大約在 20%，這與他在 2008 年當選時的 58.45% 以及 2012 年連任的 51.6%，差距可說不小。[1] 可以想見，民眾對於兩岸

關係的態度，不如國民黨的預期，而且內政的議題可能更受到重視。

　　2010年開始一連串的公民運動，尤其是2014年的太陽花學運，挑戰馬政府引以為傲的依法行政，也就是政府的合法性，包括土地正義、人權保障、兩岸談判過程不夠透明等等，遭到在野黨與民間團體不斷批評。而平均薪資倒退、房價不斷上漲、年金破產危機重重，更有如雪上加霜，讓馬政府疲於奔命。因此，**我們不能忽略社會政策、經濟議題對於這一場選舉的影響**。更重要的是，年輕世代普遍認同自己是台灣人、普遍具備民主價值、普遍不滿經濟現狀，在這場選舉中扮演的角色格外受人注目。

太陽花學運。

　　本書主要採用社會心理學的理論，討論 2016 年的總統選舉。社會心理學的理論指出，民眾的政黨認同來自於家庭的成員以及學校教育，這是一種長期的心理歸屬感。民眾透過政黨認同了解各種政治議題、評價候選人，以及決定如何投票（Campbell, Converse, Stokes and Miller, 1960）。因為選民經常沒有時間了解候選人的議題立場或是過去現任者的表現，所以會根據政黨認同進行投票，選舉結果反映政黨認同的分布。對於政黨認同比較弱的選民，政黨提出議題立場希望吸引他們，候選人的個人特質也可能具有短期的影響。此外，有政黨認同的選民會根據政黨認同把自己偏好的立場投射在政黨上面（Page and Jones, 1979）。因此，政黨認同對於投票有直接與間接的作用。

　　長期的政黨認同雖然會影響投票行為，執政表現也是選民的判斷標準之一，而這也是選舉之所以可以是政治課責機制的原因（Key, 1966）。因此，民眾所關心的候選人能力、兩岸關係、經濟發展對於投票的影響，都將在本書一一探討。其中兩岸關係與長期的社會分歧 ── 台灣人認同，有密不可分的關係，也將在此次選舉中加以檢視。連帶地，政黨的提名過程與結果可能影響選民對於政黨的印象以及投票選擇的標準，因此將有一章討論國民黨與民進黨的提名方式與可能影響。

　　本章的主要目的為回顧 2012 年到 2016 年的國民黨執政，特別突顯兩岸關係以及公民運動，因為這兩者分別代表對外的發展以及對內的治理，構成對於當時執政的國民黨非常大的挑戰。

壹、民間社會衝撞的兩岸關係

　　如前所述，馬政府與中國大陸政府簽訂了 23 項協議，[2]其中最受人注目的是在 2009 年開始協商的「海峽兩岸經濟合作架構協議」，又稱為 ECFA。為了這項協議，時任民進黨黨主席的蔡英文與馬總統在該年 4 月 26 日舉行電視辯論，馬英九強調不會損害台灣主權，並且強調可以減免關稅，有利於台灣擅長的貿易經濟。而蔡英文則舉出數據說明對於台灣的不利之處，並且強調不應該過度依賴中國。2010 年 6 月 29 日在重慶市簽署 ECFA，8 月 27 日在立法院通過。2010 年底的直轄市長選舉，國民黨在台北市、新北市、台中市勝選，民進黨只贏台南市與高雄市。而 2012 年總統選舉，馬英九成功連任，部分應該歸功於民眾支持 ECFA 以及兩岸關係比四年前改善。[3]

　　然而，2010 年簽訂的 ECFA 雖然降低關稅有利於台灣出口，卻因為中國大陸本身的生產過剩，部分產品以比台灣生產更低廉的價格進口到台灣，在經濟規模懸殊的情況下，台灣本地業者遭遇極大的衝擊。[4]同時，民進黨以及民間團體質疑簽署兩岸協議的程序以及成效，例如，2010 年 6 月由學界、社團界 30 個團體組成「兩岸協議」監督聯盟，就 ECFA 文本內容與配套法案提出質疑，並且提出立法建議。[5]

　　2013 年 6 月 21 日，兩岸兩會在中國上海市舉行第九次高層會談並簽署海峽兩岸服務貿易協議，也公布了開放清單。在簽署之後，立院黨團協商要求「逐條審查」，並且舉辦 16 場公聽會，反服貿黑箱民主陣線、黑色島國青年及公民覺醒聯盟

等公民團體以及學者，在公聽會上抨擊服貿協議的內容以及過程不當。由於《立法院職權行使法》第 61 條規定：「各委員會審查行政命令，應於院會交付審查後三個月內完成之；逾期未完成者，視為已經審查。」因此在公聽會結束後，如果該協議屬於行政命令，可以被視為已經審查。但是民進黨以及民間團體認為該協議還是需要院會審查。2014 年 3 月 17 日，內政委員會的召委張慶忠委員宣布將服貿協議送院會備查，不再逐條審查。3 月 18 日，一直在立法院外等待結果而非常失望的公民團體與學生組織，舉行「守護民主之夜」晚會，約有 400 名學生以及群眾衝進立法院並且占領議場，要求退回服貿協議、重新審查，並且主張應該先制定兩岸協議監督條例才能審查。**學生占領議場長達二十四天，被稱為太陽花學運。**學生在 3 月 23 日晚間一度占領行政院，後來遭到警察強力驅逐。行政院長江宜樺在 3 月 22 日與學生面對面協商，但是因為他無法承諾撤回服貿的提案而沒有任何結果。4 月 6 日，立法院長王金平發表聲明同意在兩岸協議監督條例草案完成立法前，將不召集兩岸服務貿易協議相關黨團協商會議，學生決定在 4 月 10 日退出議場，結束運動。

反服貿運動不僅讓馬政府的政策推動遭到重大的挫折，也激起了年輕人的政治參與。從反服貿的訴求可以看到兩點，一方面學生擔心台灣與中國大陸的經濟連結造成台灣主權流失，經常以 2003 年香港與中國大陸簽訂「內地與香港關於建立更緊密經貿關係安排」（Closer Economic Partnership Arrangement, CEPA）之後，香港的貧富差距更加嚴重、中國

大陸對於香港控制更嚴格為例，反對服貿協議。另一方面，年輕人要求政府應該受到更嚴格的監督，公開更多的資訊，因此出現許多包括零時政府（g0v）在內的網站，以公布政府預算、會議過程、爭議內容等等為宗旨。這兩股風潮又促成2015年4月到7月的反課綱微調運動（見下一節）。

根據台灣選舉與民主化調查（Taiwan's Election and Democratization Study）從2012年9月開始進行的每一季電話訪問，滿意馬總統施政的百分比從2012年9月開始逐步下滑，雖然在2014年6月上升，隨後又下降，到了2014年12月接近10%。雖然對他處理兩岸關係表現的滿意度高出總體滿意度約20%，但是也呈現下滑的現象，尤其是在2013年6月不到25%，到了2014年12月接近20%，跟2012年9月差距10%。

另外，根據陸委會委託政大選研中心所做的調查，圖1-1顯示在2008年8月到2016年8月之間，有50%左右的民眾認為中國大陸對我政府不友善，而且有愈來愈高的趨勢。另外有40%左右的民眾認為中國大陸對我人民不友善，雖然起起伏伏，但是在2014年之後一度升高到50%。由圖1-1以及圖1-2可以看出，雖然馬英九執政以來強調改善兩岸關係，但是民眾的感受呈現在民意調查上面並非如預期一般，反而是愈來愈認為中國大陸並不友善，間接否定馬政府的兩岸政策。

兩岸關係是馬政府的施政重點，但是從第二任開始受到民眾的質疑。而在對內方面，馬政府的施政也遭遇公民運動的極大壓力，間接導致國民黨的聲勢逐漸低迷。

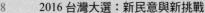

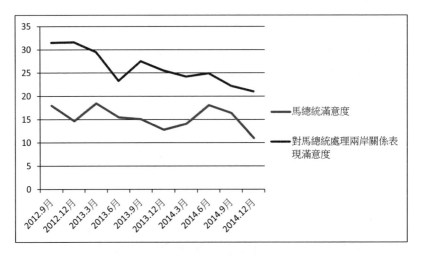

圖 1-1　馬英九總統過去半年的滿意度以及處理兩岸關係表現的滿意度

資料來源：台灣選舉與民主化調查（TEDS）。

說明：滿意度包括非常滿意與滿意兩類占全部受訪者的百分比。

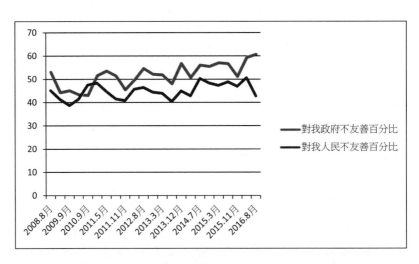

圖 1-2　民眾認為中國大陸政府對我政府以及我人民不友善的程度

資料來源：行政院大陸委員會。

說明：不友善包括非常不友善與不友善兩類占全部受訪者的百分比。

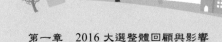

貳、風起雲湧的公民運動

　　如果說台灣社會在 2000 年的第一次政黨輪替之後經歷了激情的台灣民族主義運動，那麼 2008 年的政黨再一次輪替帶來了理性卻又帶有感性的公民社會運動。雖然台灣人或中國人認同對於選舉的影響深遠，但是公民社會嘗試走出藍綠之外，強調社會正義而非憲政體制，強調草根參與而非由上而下的管理。[6]

　　一波波的公民運動，從國民黨的傳統執政縣市 —— 苗栗縣開始。2010 年苗栗縣政府執行「新竹科學園區竹南基地暨周邊地區特定區」都市計畫，以區段徵收方式，進行徵收。6 月 9 日，縣長劉政鴻動用警察圍住在區內農戶尚未同意徵收但已被強制徵收的農地，在即將收成的稻田中直接執行整地施作公共設施工程。公民記者將縣政府毀田影像傳上網，激起了民眾憤怒。7 月 17 日，苗栗大埔自救會以及聲援者約 3,500 人，聚集凱達格蘭大道，高呼「還我土地正義」等口號，要求政府立刻停止圈地惡法，把土地還給農民。[7] 後來在副總統吳敦義的協調下，政府提出畫地還農的措施，爭議暫時平息。同樣面臨徵收問題的張森文先生和妻子彭秀春女士，在 1995 年買下一間 23 坪三樓房屋，以開藥房維生，在 1997 年的徵收時，原本 15 米寬的公義路拓寬成 24 米大道，張藥房土地剩 6 坪，也被劃入大埔都市計畫區。張藥房多次訴願陳情希望維持，但是當地居民在都市計畫委員會中反對。2013 年 7 月 18 日，苗栗縣政府趁抗爭戶和支持的社運團體北上抗議時，動員警力，執

行拆除包括張藥房在內的房屋。在 7 月抗爭期間，張森文因為精神壓力住院。出院回到大埔後，9 月 18 日，張森文上午失蹤，下午被人發現死於家附近排水溝，後來確認為自殺。因為大埔事件而成立的民間組織有「捍衛苗栗青年聯盟」、「守護苗栗大聯盟」、「大埔自救會」等等，長期參與抗爭的則有「台灣農村陣線」。

　　「文林苑」位於台北市士林區文林路，是由樂揚建設主導開發的都市更新案，並且公開銷售。2009 年被劃入都更基地的王家不同意劃入都更範圍，向台北高等行政法院對台北市政府提出告訴，以未被通知出席都市更新公聽會、有數戶被排除於核准都市更新範圍等理由，認為台北市政府違法核准都更案。但是高等行政法院判決王家敗訴。台北市政府在 2012 年 3 月 28 日深夜，在社運人士以及學生強烈抗議下拆除王家，與大埔事件引起一連串土地正義以及都更社會運動。其後在王家土地上以組合屋抗爭，並且提起訴訟但是都敗訴。直到 2014 年王家與樂揚達成和解，讓「文林苑」得以繼續興建，並在 2016 年完工。

　　在土地正義的事件過後，洪仲丘事件激起民眾對於軍中人權保障的重視。陸軍下士洪仲丘於 2013 年 6 月底退伍前夕，因攜帶具備拍照功能之行動電話和 MP3 隨身碟進入軍營，連長在副旅長壓力下指控洪違反軍隊資訊安全保密規定，經士官獎懲評議委員會，實施禁閉室「悔過」處分。7 月 3 日在室外溫度達紅旗警戒，禁閉單位仍執行操練，造成洪仲丘中暑、熱衰竭，引發彌散性血管內凝血而死。事發之後，家屬出面控

訴，新聞媒體也大幅報導，國防部公布調查結果，承認許多疏失，國防部長高華柱在 7 月 29 日辭職，立法院於 8 月 13 日火速通過軍事審判法修正案，將軍審區分為戰時與非戰時，僅有戰時才適用軍審法；非戰時則回歸普通法院依刑事訴訟法審判。由公民 1985 行動聯盟發起的 7 月 20 日的「公民教召」遊行，以及 8 月 3 日的「萬人送仲丘」晚會（八月雪運動），都有上萬民眾參加。而洪仲丘的姐姐洪慈庸在向政府陳情、抗議過程中，變成媒體的焦點，於是在 2015 年宣布加入時代力量，參選台中市第三選區的立委，並在民進黨的禮讓情況下，以 1 萬 5 千多票的差距勝選。

這些公民運動之外，還有反媒體壟斷、反核四、反國光石化等環保運動，馬政府也在壓力下決定封存核四、放棄國光石化。因此土地正義、環境正義、人權保障、司法改革、居住正義等等議題，不斷地考驗馬政府的處理能力。馬政府為了平息社會壓力，經常以退讓應對。但是這激起了許多支持者的不滿，認為馬政府不應該只求無過，反而讓民進黨的聲勢愈來愈高。

圖 1-3 顯示馬英九總統從 2012 年 9 月到 2016 年 3 月的滿意度趨勢。如果合併滿意與非常滿意兩項回答的百分比，2012 年 9 月的滿意度是 18.5%（17.6% ＋ 1.9%），接下來大概在 17% 上下 2 個百分比。但是到了 2014 年 12 月，滿意度只有 12.6%。值得注意的是，這個時候剛好是九合一地方選舉，民進黨贏得 13 席縣市長，國民黨則是 6 席，無黨籍則為 1 席。而馬英九總統也辭去黨主席以示負責，由新北市長朱

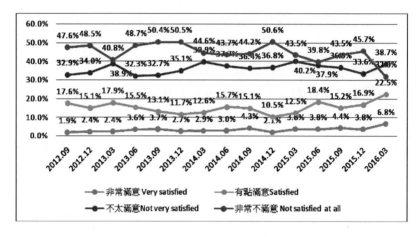

圖 1-3   2012 年 9 月至 2016 年 3 月馬英九總統的表現滿意程度

立倫接任。2015 年開始馬總統的滿意度大約在 20%，在 2015 年 6 月，突破 22.2%。到了 2016 年 3 月卸任前，則升高到 29.3%。

　　而馬政府除了兩岸關係之外，為人熟知的措施包括 140 國免簽證、東海和平倡議、與紐西蘭及新加坡簽訂自由貿易協定、實施房地合一稅、提高最低薪資等等。這些措施有部分回應公民運動的訴求，但是民眾仍然不滿意馬政府。此外，台灣的經濟狀況愈來愈差。根據媒體報導，在 2000 年到 2007 年之間，台灣的平均經濟成長率是 4.8%，全球是 4.5%。到了 2008 年到 2015 年之間，台灣的平均經濟成長率是 2.8%，全球是 3.3%。換句話說，台灣的經濟在全球不景氣情況下也難逃衰退，但是幅度大過全球的衰退幅度。[8]

在公民運動挑戰政府權威以及兩岸關係並沒有帶來預期效果的情勢下，國民黨的支持度一直下降，在 2014 年的地方選舉僅僅贏得新北市、新竹縣、苗栗縣、南投縣、台東縣、連江縣，另外與國民黨友好的傅崐萁與陳福海分別當選花蓮縣與金門縣縣長，而與民進黨友好的柯文哲贏得台北市，其他縣市均由民進黨囊括。因此，國民黨面臨非常艱鉅的 2016 年總統選舉，在提名過程中出現前所未有的撤換提名候選人的情況。

參、國民黨與民進黨提名過程

美國總統選舉的過程是在黨內初選確定候選人之後，政黨組織以候選人為中心輔選，而台灣也仿效美國的做法，但是以民調或者加上黨員投票決定候選人。在初選過程中，為了區隔對手，候選人可能提出比較鮮明的立場。但是在正式的選舉過程中，為了爭取大多數選民，候選人必須採取比較溫和的立場。因此，觀察政黨的提名過程，可以觀察候選人如何考量民意的走向以及對手的策略，調整其議題立場，又是否得到選民的支持，表現在選舉結果上。

蔡英文在 2012 年曾挑戰馬英九落敗，因此辭掉黨主席以示負責，蘇貞昌繼任黨主席，一直到 2014 年 4 月卸任。雖然蘇貞昌有意參選，但是因為太陽花學運期間，學生對於蔡英文反而比較有好感，使得蘇貞昌宣布不參選黨主席（蔡慧貞，2014）。而且蔡英文在 2014 年底的九合一選舉表現突出，聲勢高漲，因此民進黨內無人挑戰她第二次參選總統選舉。民進

黨在 2015 年 2 月公布提名時程，不過在公布之前，高雄市長陳菊以及台南市長賴清德已經宣布不會參選，而前任黨主席蘇貞昌也在黨中央公布之後宣布不參選，只有黨主席蔡英文宣布參選，因此沒有舉辦黨內初選。

2015 年 5 月 29 日，蔡英文開始進行 12 天的訪問美國行程，此行的主要目的是爭取美國支持她的兩岸政策，並且向選民宣布她已經準備好當選之後如何處理兩岸關係。蔡英文的論述是穩定兩岸的現狀、強調區域合作，對九二共識的態度是承認當時的會談以及交流的精神，但是不碰觸「一中各表」的問題。輿論普遍認為，蔡英文訪問美國的表現不錯，「維持現狀」也成為她的兩岸關係論述。

國民黨則是在 2015 年 4 月公告提名時程，但是公告前副總統吳敦義已經宣布不參選，而黨主席朱立倫也表示要任滿新北市長，只有立法院副院長洪秀柱宣布參選。公告後洪秀柱蒐集了 3 萬份連署書，5 月中送交中央黨部完成登記，6 月中進行初選民調，結果洪秀柱的個人支持度平均超過 50%，政黨對比支持度也超過 40%，因此跨越 30% 民調門檻（林柏安、張達賢，2015）。國民黨在 7 月 19 日的全國代表會議提名洪秀柱。

但是洪秀柱獲得提名後，民調中的支持度一直落後蔡英文10 到 20 個百分點。在獲得提名前，洪秀柱在 5 月提出「九二共識」的階段性任務已完成，應從「一中各表」、「一中不表」，走向「一中同表」（蘇聖怡，2015）。在 7 月受訪時又說，不能說中華民國存在，否則變成兩國論（陳彥廷、施曉

國民黨總統候選人洪秀柱。

光，2015）。這些主張被質疑為自我矮化，而且引起國民黨內部的不同意見，朱立倫說「九二共識、一中各表」是國民黨的黨綱也是政策，部分黨籍立委也說要回到「九二共識」才輔選（何豪毅，2015）。TVBS 在 7 月 7 日發表的民調分析，直接指出「一中同表」影響洪秀柱的選情。

　　到了 9 月，所謂「換柱」的聲浪愈來愈高，但是「挺柱」的聲音也不小，8 月下旬的民調也顯示多數民眾不會換掉洪秀柱。[9] 但是在民調落後的壓力下，[10] 國民黨在 10 月 17 日召開臨時全代會，會中討論廢止國民黨總統參選人洪秀柱參選的提名案，結果出席的 819 位代表有 812 人同意。隨即國民黨中央提名審核委員會決議徵召朱立倫參選，獲得臨全會鼓掌通過。

　　朱立倫在獲得提名之後，11 月 10 日訪問美國，得到不錯的評價。但是在出訪前 3 天也就是 11 月 7 日，馬英九總統與

習近平主席在新加坡舉行馬習會談。使得朱立倫的訪問不如馬習會受到那麼多關注。

國民黨的提名過程混亂，肇因於馬總統支持度不理想，國民黨的政治人物觀望不願意投入，結果洪秀柱出人意料地獲得提名，但是因為無法拉抬聲勢，提出的兩岸關係不受青睞，在 3 個月後被國民黨撤換，改派朱立倫上場。

肆、選舉過程

由於馬英九總統在 2008 年上任後，積極推動兩岸關係，簽署多項協議，引起民進黨的不滿，批評馬英九政府太過依賴中國大陸的善意。民進黨候選人蔡英文在 2012 年第一次競選總統時，提出「台灣共識」，也就是以多數選民的共識為共識。然而，「台灣共識」並沒有得到國內外的迴響。而馬政府所主張的「九二共識」得到許多企業界的支持，包括郭台銘、王雪紅、王文淵等企業家，紛紛在選前表示支持兩岸和平、九二共識（蘋果日報，2012）。因此，蔡英文陣營在 2015 年提出「維持現狀」做為兩岸關係的主軸，反而國民黨一度是以「一中同表」為訴求，後來雖然朱立倫強調「九二共識」，加上馬習會強化國民黨在兩岸關係上的主導權，但是民進黨的「維持現狀」已經樹立出兩岸關係上的溫和形象。

民進黨提出「維持現狀」後，中國政府要求明確對「九二共識」表態，但是民進黨並沒有讓步。而馬英九總統出乎意料地前往新加坡進行馬習會，雙方重申九二共識，似乎是施壓民

進黨，但是中國大陸並沒有給予更多的承諾，包括部署飛彈、封鎖台灣國際空間等長久以來被認為不友善的舉動，還是沒有獲得解決。因此，馬習會對國民黨選情的加溫有限。[11]

　　除了兩黨在兩岸關係的立場有變化之外，民進黨在此次立委選舉中與公民團體支持的新興政黨合作，包括時代力量、社會民主黨、綠黨（後來結合成綠社盟），以及無黨籍候選人。在 73 個區域立委選區，民進黨提名了 60 位候選人，時代力量提名 5 席，綠社盟則提名 11 席，民進黨分別「禮讓」時代力量 3 席、綠社盟 1 席、親民黨 1 席、台灣團結聯盟 1 席。另外在 6 個選區支持無黨籍候選人，例如潘建志（台北市第三選區）、楊實秋（台北市第七選區）、李慶元（台北市第六選區）等。國民黨則是提名了 72 席，只有在台北市第二選區支持新黨市議員潘懷宗。結果民進黨提名的 60 席當選了 49 席，時代力量當選 3 席，無黨籍則當選 1 席（趙正宇，桃園市第六選區）。民進黨的策略是吸納支持公民團體但不見得支持民進黨的選民，因此在一些原本有國民黨現任者的選區，與較小的政黨協調，甚至勸退原來有意參選的黨員。[12] 不過，民進黨在同樣有國民黨現任者的選區，並沒有與其他政黨協調，例如在新竹市提名柯建銘與時代力量提名的邱顯智共同角逐一席，在台北市第七選區選擇支持無黨籍的楊實秋而不是綠社盟提名的呂欣潔，結果柯建銘勝選，但是在台北市第七選區落選，而楊實秋與呂欣潔的總得票比當選的費鴻泰還多。可見得**民進黨沒有完全整合所有非國民黨的勢力，而民眾對於藍綠以外的聲音仍有期待**。

　　圖 1-4 整理自「無情真實的未來預測」網站所蒐集的總統大選民調，記錄 8 月下旬一直到選舉前十天的民調數字。[13] 蔡英文的支持度大約是四成到五成，朱立倫則是二成到三成，相差一成到二成。唯一一次兩人相差個位數的一次民調出現在 11 月 8 日，當時馬習會剛結束。[14] 值得注意的是多次參選的宋楚瑜，穩定獲得一成的選民支持。因為宋楚瑜已經多次代表親民黨參選，所以過去常被討論的「棄保效應」，在這次選舉並沒有出現在民調上面。

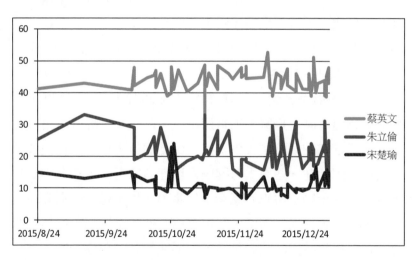

圖 1-4　主要三位總統候選人的支持度，2015 年 8 月 24 至 2016 年 1 月 4 日

　　在選前一天 1 月 15 日，發生「周子瑜事件」，赴韓發展演藝事業的 16 歲藝人周子瑜，因為曾經在節目中手持中華民國國旗，被到中國大陸發展的藝人黃安舉報為台獨，引起中國抵制。所屬的韓國經紀公司為了中國市場，採取一連串的補救措施，但是似乎仍被中國網民批評。於是在選前一天，經紀公司發表周子瑜道歉聲明及影片，周子瑜在影片中表示「中國只有一個，海峽兩岸是一體的，我始終為自己是一個中國人而感到驕傲。」道歉影片在投票前一天以及當天在新聞節目上一直播放。馬英九總統在投票日當天表示周子瑜沒有必要道歉，蔡英文也說拿國旗是國民的權利。一般認為周子瑜事件激起民眾對於中國的反感，有利於一向主張台灣與中國保持距離的民進黨。[15]

伍、選舉結果

　　選舉結果為在 1,200 多萬張有效選票中，蔡英文獲得 56.12% 的選票，朱立倫獲得 31.03% 的選票，宋楚瑜獲得 12.83% 的選票。而在立法委員選舉方面，在 113 席中民進黨獲得 68 席，逼近三分之二。國民黨獲得 35 席，親民黨 3 席，而新政黨時代力量贏得 5 席，一舉成為國會第三黨。總統選舉的投票率為 66.27%，區域立委的投票率為 66.58%。跟四年前比起來，總統的投票率降了 8.11 個百分點，立委選舉也降了 8.14 個百分點。

　　相較於 2012 年總統選舉，這次選舉總投票數減少了約 100 萬票，而民進黨增加了 80 萬張選票，國民黨少了 300 萬張選票，親民黨增加 120 萬票。長期研究台灣政治版圖的學者洪永泰（2016）指出民進黨並沒有擴張版圖，他認為 300 萬選民沒有投給國民黨當中，有 150 萬沒有投票，有 120 萬投給親民黨，30 萬投給民進黨，因此民進黨並沒有大幅增加選票。但是他也提出警告說，**這些消失的國民黨選民有可能就此不再投給國民黨。**

　　雖然蔡英文與朱立倫的差距與選前民調顯示的一成到二成差距相近。執政八年的政黨只贏得三成投票選民的肯定，是一項少見的紀錄。2008 年馬英九第一次當選時，當年執政的民進黨獲到 41.55% 的選票，國民黨則是 58.44%。宋楚瑜獲得一成多的選票，應該是國民黨只獲得三成選票的部分原因。這個結果與 2000 年的總統選舉類似，當時以獨立候選人參選的宋楚瑜的得票率為 36.84%，代表國民黨的連戰則是 23.10%。

　　雖然新黨、綠社盟、台灣團結聯盟等政黨的不分區政黨票並沒有超越 5% 的不分區立委分配門檻，但是都有超過 2%，所以下次選舉可以直接提名政黨名單，不需要提名區域立委。

　　選舉結束當天晚上，朱立倫宣布辭去黨主席，由副主席黃敏惠代理。二個月後國民黨舉行黨主席補選，洪秀柱獲得 7 萬多票當選。

　　蔡英文則在 5 月 20 日就職，成為第一位女總統，開啟了中華民國政治史的新頁。

陸、本書各章節簡介

　　本書呼應此次總統選舉的脈絡以及議題，首先討論政黨與主要社會分歧：台灣人認同或是中國人認同。國家認同一直與政黨認同、統獨立場以至於投票選擇有密不可分的關係。在本書的第二章「變，或不變？2016年總統立委選舉主要政黨的候選人甄補機制」，俞振華研究本次總統與立委選舉的候選人提名機制，從而觀察國民黨內的國家認同之爭。而在第三章「政黨的社會基礎」中，游清鑫探討從2000年開始的政黨競爭，並且嘗試探索政黨重組的可能性。這兩章可以說由遠而近、逐漸聚焦在這次選舉的政黨分歧。

　　在第四章「台灣認同與選民投票抉擇」中，鄭夙芬、王德育、林珮婷將回顧「台灣認同」的發展歷程，與省籍對立息息相關，並且與兩岸關係的立場有著密不可分的關係，也在2016年的選舉中扮演重要的角色。而在第五章「候選人因素與總統選舉」之中，陳陸輝將分析候選人能力以及整體喜好度對於投票選擇的影響，並且考慮候選人是否具備了解他們需要的同理心，陳陸輝的模型可以說兼具既有的理論基礎以及創新。

　　在第六章「兩岸關係與總統選舉」，陳陸輝運用調查資料證實，兩岸關係扮演重要角色。首先他說明國民黨候選人因為黨內初選而採取較不中庸的立場，使得國民黨拱手讓給蔡英文在兩岸關係上的相對穩健立場。本章將從兩岸經貿交流利益、「九二共識」、對未來兩岸關係的展望等等變數，探討兩岸關

係對於選民的投票選擇的影響。

　　在第七章「經濟投票」中，蔡佳泓嘗試用四種經濟評價預測投票選擇，嘗試評估愈覺得未來台灣經濟會變好或者是過去經濟不好的受訪者，會不會因此愈可能投給蔡英文。

　　最後，在第八章的結論，蔡佳泓將總結每一章的內容，並且提出未來的研究問題。

註解

1. TEDS 從 2012 年開始，每一季進行電話訪問詢問民眾對於總統的滿意程度。網址在 http://teds.nccu.edu.tw/main.php（檢索日期：2016 年 6 月 1 日）。而台灣指標民調定期發布「台灣民心動態調查」，其中詢問總統的滿意度。網址在 http://www.tisr.com.tw/?page_id=700（檢索日期：2016 年 6 月 1 日）。

2. 資料來源為大陸委員會網站：http://www.mac.gov.tw/ct.asp?xItem=102611&CtNode=7526&mp=1。

3. 例如，湯晏甄（2013）針對 2012 年的總統選舉的研究顯示，支持「九二共識」的選民，比較不會投給民進黨候選人；愈肯定 ECFA 經濟效應的選民，愈不會投給民進黨候選人。

4. 例如，天下雜誌報導，「大陸對台降稅的五三九項產品中，台灣產品的市占率，在近幾年正持續下滑，直到去年（2013）底才略為攀升。」見張翔一（2014）。

5. 兩督盟的網址為：http://www.csawa.org/home/activity/ecfa-gong-min-shen-yi-lun-tan。

6. 2006 年 8 月 12 日發起的百萬人倒扁運動，訴求反貪倒扁，又稱為紅衫軍運動，應該是 2000 年以後第一個大規模的公民運動。但是該運動的主要領導者為前民進黨主席施明德，在大概 3 個月的運動期間又有國民黨公職人員的參與，所以比較屬於由上而下的政治運動。不過，這項運動仍然展現公民抗議與不服從的精神。另外，從 2004 年開始的搶救樂生療養院行動，也是重要的公民運動。

7. 楊桂華、楊永盛，2010，「嗆徵農地千人夜宿凱道」，蘋果日報，http://www.appledaily.com.tw/appledaily/article/headline/20100718/32670122/。

8. 全球的平均經濟成長率約減少 26%，但是台灣的平均經濟成長率減少 41%。此外，韓國的平均經濟成長率減少 42%。見于國欽（2016）。

9. 例如兩岸政策協會在 8 月 26 日的民調指出有 54.9% 認為國民黨不會換柱，認為會換柱的僅有 22.5%。此外，認為不應換柱的民眾占 39.1%。

10. 見無情真實的未來預測網站所蒐集的蔡英文與洪秀柱的民調資料，http://tsjh301.blogspot.tw/2014/12/2016-president-elect.html。

11. 例如台灣競爭力論壇在 11 月 10 日公布委託趨勢民意調查公司所做的民調，僅有 29.6% 的人認為馬習會會對明年總統大選產生影響，54.6% 的人認為不會（顏至陽，2015）。

12. 例如在新北市第十二選區勸退市議員沈發惠，在台北市第三選區則是在前主席林義雄批評現任市議員不該參選之後，有意參選的市議員梁文傑退選，民進黨默許無黨籍的潘建志參選。在台北市第四選區不徵召參選人，禮讓親民黨的黃珊珊與國民黨候選人李彥秀對決。

13. http://tsjh301.blogspot.tw/2016/01/2016-presidential-election-5.html。

14. 詳細的報導可見劉冠廷（2015）。

15. 例如天下雜誌翻譯的日經亞洲評論（Nikkei Asian Review）的選後評論便提到，周子瑜事件加深了台灣民眾心中與中國的分歧。見http://www.cw.com.tw/article/article.action?id=5074118。

第二章

變，或不變？
2016 年總統立委選舉主要政
黨的候選人甄補機制

俞振華

壹、前言

　　2016 年台灣總統大選前 3 個月，國民黨推翻原本透過初選制度所選出的總統候選人洪秀柱，改由時任黨主席的朱立倫出馬。這個史無前例的所謂「換柱」風波，使得政黨甄補（或提名）候選人的機制成為眾人的焦點。對於民主國家的政黨而言，有效率地甄補「優質」人才，進一步提名能代表政黨立場的候選人參選各項公職，顯然是其最主要的課題（Schattschneider, 1942; Ranney, 1981; 2001; Huckshorn, 1984; Scott and Hrebenar, 1984; Hazan and Rahat, 2010）。畢竟，政黨需要透過候選人，才能提供公民與政治場域間的連結（Hazan and Rahat, 2010）。總之，政黨如何挑選（或提名）候選人，[1]不論對於政黨政治或民主發展，都有極為深遠的影響。

　　不過，即使挑選或提名候選人參與選舉是民主國家政黨運作的核心機制，但相較於選舉制度及黨際競爭，候選人甄補（或提名制度）及黨內競爭的實證研究卻不多見。由於**政黨屬於自發性團體，其內部的提名機制往往不像政府制定法令時那般透明**。有些政黨甚至將提名機制列為機密，不得對外公開，也不願意將黨內競爭的各項合縱連橫攤在陽光下。因此，雖然如何訂定提名機制是探討政黨組織、政治策略、及黨內競爭的核心課題，但由於政黨內部資料不易取得，各類型實證研究也就難以展開，無怪乎**政黨候選人甄補機制被學者稱為是政黨的「秘密花園」**（secret garden）（Gallagher and Marsh, 1988），外人難以一窺究竟。而就算學者有機會獲得相關資

料，但由於資料缺乏系統性的整合，使得研究成果容易流於描述性，較缺乏理論意涵（Barnea and Rahat, 2007; Gallagher, 1988a; Hazan and Rahat, 2010; Rahat and Hazan, 2001）。換言之，研究者往往只有在提名機制出台後，才能觀察到制度的各個面向，但對於為何會有這樣的制度，或這制度實際運作的面貌，外界很難一探究竟。

　　近來雖有學者採用「大樣本」（large-N）的分析途徑，試圖透過包含數百筆政黨資料的跨國資料庫，[2] 以量化（統計）分析方法來探討是哪些因素決定政黨候選人選擇機制（Candidate Selection Methods），並試圖驗證過去描述性研究中所提及的各項假設：諸如選舉制度、憲政體制、政黨意識形態、地域性（或政治文化）等自變數與候選人甄補機制（譬如決定人選的分權程度）之間的關聯性（Lundell, 2004; Shomer, 2012）。不過，「大樣本」及量化分析途徑仍有其侷限性。不論是探討的角度或操作變數的設定，該分析途徑仍受限於資料有無或編碼定義，無法全面涵蓋候選人甄補機制的各個面向，使得這類型的實證模型不見得能有效驗證過去描述性研究中，所提及的各項假設。

　　台灣可謂為東亞新興民主國家當中，政黨政治發展最快最成熟的國家（Rich, 2007），包含兩大主要政黨的多黨競爭已成為各級選舉的常態。不過，儘管政黨在選舉中的重要性與日俱增，我們對於政黨如何提名候選人的了解依然有限。事實上，台灣自解嚴以來，主要政黨的候選人甄補機制一直在變動（王業立，2016）。然而，相對於選舉研究中的其他領域（譬

如投票行為、選舉制度或政黨體系等），該領域的研究較被輕忽（Rigger, 2003）。雖然，每次變動時，或多或少都有學者探討造成制度變動背後的原因，並分析不同提名制度可能帶來的效果（王業立，1996；王業立、楊瑞芬，2001；初文卿，2003；吳重禮，1999a；1999b；2002；徐永明，2007），或比較特定制度（譬如政黨初選制）與國外制度的異同（Wu and Fell, 2001）。但這些研究幾乎都強調制度（新、舊提名制度）與行為（包括政治菁英的策略及選民行為）之間的對應關係，即探討制度如何影響行為，而缺乏對於制度如何變遷的論述。數篇專注於候選人選擇機制變遷的研究則多為立法委員選制變遷、或為首次政黨輪替前的研究（Wu, 2001; Fell, 2006），年代較久遠。上述諸多研究所提出的論點雖然皆深具啟發性，但也急待新的理論架構補強，譬如立法委員選制變遷後，對政黨提名制度所帶來的影響。Yu, Yu, and Shoji（2014）的研究即指出，**雖然選制的改變不是台灣各主要政黨採用「民調初選」來甄補區域立委候選人的決定性因素，但單一選區制（single member district, SMD）強調兩大黨之間的競爭，確實強化了主要政黨採用民調初選的動機。**

　　總之，由於政黨屬於人民團體，運作時不見得資訊公開，因此現成資料缺乏，系統性的量化資料更不易取得。不論在國外還是國內，對於候選人甄補或提名機制的研究，往往受限於資料限制，不易展開。不過，即使無法取得第一手的訪談或量化資料，學者仍能藉由宏觀的分析架構，來描繪政黨候選人甄補或提名機制的變遷，並歸納造成變遷的因素。本研究旨在

以制度變遷的分析架構，探討 2016 年總統及立委大選時，國
內兩大主要政黨（民進黨與國民黨）提名制度與實際運作的變
與不變，並分析目前提名制度形成的因素。本章共分五小節，
以下各節編排如下：第貳節將分別從靜態、分類的角度，及動
態、變遷的角度來檢閱候選人甄補機制的相關文獻。第參節分
別從法規面及執行面，說明並探討 2016 年民進黨與國民黨總
統候選人提名機制的異同，並從黨際競爭與黨內競爭的角度分
析國民黨的「換柱風波」。第肆節探討 2016 年兩大黨立委候
選人提名機制的聚合現象，第伍節則為結論。

貳、文獻檢閱

　　當學者在探討政黨候選人甄補機制時，所面臨的首要課
題即是先建立一個分類政黨候選人甄補機制的標準，並透過這
項標準來比較、理解各種不同的候選人甄補機制。過去學者的
研究視角多半從「誰有最後決定權」這項問題出發，探討當政
黨在選擇候選人時，究竟誰握有最後決定的權力？換言之，學
者往往把焦點放在分類「選擇者」（selectorates）上，譬如：
究竟是黨內核心領導、各級幹部、黨員、還是一般大眾可以選
擇政黨候選人？極端的情況，即有的政黨只靠極少數的黨內高
層（譬如一個人數很少的委員會），甚至黨主席一人，就可拍
板決定最後的候選人人選。相對地，有的政黨則開放給一般民
眾，透過「開放式初選」（open primary）或各種民眾參與機
制來決定候選人。於是，依「選擇者」的人數多寡及其在政黨

內層級的高低做分類標準，學界發展出以權力「集中化 vs. 分權化」（centralization/decentralization）的單面向、多類別指標（Ranney, 1981; 2001; Gallagher, 1988a; 1988b），或是較為簡化，只依「菁英」還是「大眾」主導的二分類模式指標（Crotty and Jackson, 1985）。而這樣依「誰是決定者」所產生的分類觀點，也同時和「黨內民主程度」的概念融為一體，即政黨候選人甄補機制愈分權化，黨內民主程度似乎愈高。

然而，Rahat 與 Hazan（2001）則將分權化與民主化視為不同的分析概念。他們認為，**分權化**指的是決定提名的層級，**民主化**才是指可做決定的選擇者人數。換言之，如果中央黨部讓地方黨部決定，而地方黨部其實只要一人拍板就可以決定候選人，則這樣的制度只是分權但並非民主。此外，Rahat 與 Hazan 還主張，在分析候選人甄補機制時，除了分權和選擇者（或民主化）這兩個概念應該加以區分外，**候選人**（candidacy，即誰可以參選）及**初選評分制度**（voting and appointment，即實際的初選規則）也是兩個應該納入考量的面向。換言之，分類候選人甄補機制的指標應該是多元的，而不應僅從選擇者的角度來探討。Yu, Yu, and Shoji（2014）即指出，當學者利用跨國的資料，試圖透過「大樣本」的分析途徑，以統計模型找出影響候選人甄補機制的因素時，往往將模型的依變數設定為「集中化／民主化」的指標。然而，兩個政黨同樣集中化／民主化的程度不見得代表兩者的甄補機制是相同的。譬如，日本過去兩大主要政黨：民主黨（Democratic Japan Party, DPJ）及自民黨（Liberal Democratic

Party, LDP）在 1996 年日本選制變遷後的近十幾年間，先後
透過公募制度（kobo）招募候選人，大量進用所謂的業餘政治
參與者（amateur politician）。如果只從傳統的集中化／民主
化指標來看，日本主要政黨的候選人甄補機制幾乎沒有太大的
變化 —— 民主黨仍是中央黨部少數人主導，自民黨也仍是地
方黨部握有較高的主導權。但透過公募制度，國會議員候選人
的「資格」及素質已有所改變 —— 即過去世襲（seshu）候選
人的正當性時常受到選民質疑及對手攻擊，而兩大主要政黨透
過公募制度所產生的候選人，分別有效地為民主黨及自民黨攻
城略地，成為 2008 年及 2012 年政黨輪替的重要因素之一。
總之，擴張候選人的資格可被視為是近年來日本主要政黨候選
人甄補機制變遷的核心，但傳統專注於選擇者是誰的測量指
標，勢必無法關照這個面向。又以台灣為例，近年來國民黨與
民進黨皆大幅採用民調初選決定候選人。表面上採用民調決定
提名擴大了選擇者的人數，也近似開放式初選，屬於大眾參與
模式。根據 Rahat 與 Hazan 在測量選擇者（selectorate）面向
時所下的定義：由選民直接決定候選人是涵蓋性（inclusive）
最高的一種候選人甄補機制。然而，民調初選是否應等同於選
民參與模式，被視為是涵蓋性最高的一種方式卻值得更進一步
討論。民主程序講求的是參與，但民調初選並非代表選民都能
夠主動參與，充其量只是被動地參與，譬如初選日在家守著電
話。換言之，民調初選已將選民或黨員主動參與的可能性從候
選人甄補機制中拿掉，該制度還是否是較民主的一種方式，不
無疑問。Hellmann（2014）比較台灣及韓國各主要政黨黨內初

選機制後也指出，利用民調初選只是將黨內紛爭委外處理罷了（outsourcing），不見得代表政黨內部更具民主精神。

　　不論是單一面向的分類方式或是多重面向的分類方式，各項候選人甄補或提名制度的分類並沒有絕對的好壞，且不同制度也沒有絕對的優劣。實際操作上，一個政黨甚至可能在同一次選舉中採用不同方式提名候選人，譬如以分權化模式提名區域立委候選人，以集權化模式提名不分區立委候選人。過去的經驗研究也顯示，無法找到一個同時兼具公平（fair）、效率（efficiency）、及對選舉結果的有效性（effectiveness）的提名制度（Norris and Lovenduski, 1995; 王業立、楊瑞芬，2001；林水波，2006）。事實上，各個政黨在不同時期所推出的候選人甄補機制，往往是在特定的情境下，於各項指標之間取得暫時平衡的結果。也因此當時空環境轉變，各項考量及勢力無法持續保持平衡時，制度就很可能變動（林長志，2014）。

　　總之，上述有關政黨提名制度的文獻，主要是從各個靜態的觀點，包括權力集中程度、公民參與程度、及功能性評估等，來探討並分類各政黨提名制度的類型。這樣以類型學（typology）為主的分析途徑雖有助於學者進行跨國的比較研究，但靜態比較分析的研究成果，往往無助於解釋制度的成因與變遷。畢竟，這樣的研究只是告訴我們候選人甄補機制是什麼，而無法告訴我們是什麼原因造就特定的候選人甄補機制（Field and Siavelis, 2008）。

　　過去國內系統性探討台灣政黨候選人甄補或提名制度變遷

的研究不多，除了王業立在其所著的《比較選舉制度》各個版本中，持續更新有關台灣主要政黨提名制度並提出描述性的解釋外（最新版本為2016年第7版），近年來較全面的研究首推Wu（2001）的研究。該研究全面分析國民黨從1950年至2000年間，在三種不同層級的選舉當中（包括中央的立法委員、台灣省議會及縣市長選舉），採行何種候選人選擇機制，並總結了五項解釋國民黨候選人選擇機制變遷的原因，包括社會經濟轉變、政黨意識形態轉型、地方派系、選舉危機、及政治菁英的衝突等五項因素，並主張這五項因素影響了國民黨各階段提名機制。然而，只分析單一政黨的途徑顯然弱化了黨際競爭的重要性。的確，在2000年以前，國民黨在多數選舉中始終是優勢政黨，其訂定提名制度時，或許考量黨內因素更甚於黨際因素。但2000年政黨輪替之後，國民黨長期優勢已不再，雖然Wu以一個政黨為分析主軸的研究成果，對於解釋過去國民黨候選人選擇機制變遷極具參考價值，但在黨際競爭激烈的今日，其研究發現的預測能力（predict power）就相當有限，即無法用以說明為何近日政黨候選人選擇機制的變遷。觀察近年國內政黨候選人選擇機制變遷時，我們不難發現，國民黨的提名制度往往仿效民進黨的調整方向。Hazan and Voerman（2006）即指出，**政黨為了在下次選舉中勝選，往往會學習對手政黨在前一次選舉當中獲勝的策略**，其中包括學習對手如何挑選候選人，這也使得同一個國家內不同政黨的候選人選擇機制很可能**聚合**（converge）成同樣的制度。而從民進黨的角度來觀察，過去該黨參與擬定候選人選擇機制的高階黨工和筆者

訪談時即提及：民進黨制定公職提名制度時，最核心的考量除了黨內競爭因素外，如何避免國民黨滲透、或防止國民黨影響民進黨提名人選等也是重要的考量因素。總之，Wu 的研究點出了數個影響台灣政黨提名制度變遷的假設，但由於途徑的限制（即只限於探討一個政黨），使得該研究成果難以通則化。

　　Fell（2006）的研究則採用了較全面的分析途徑，分析台灣各政黨從 1989 年至 2005 年間提名制度的變遷。具體而言，Fell 採用 Harmel 與 Janda（1994）的分析架構，透過政黨組織變遷的視角，發現政黨內部派系勢力消長及黨際競爭態勢這兩項因素，可用來解釋台灣政黨候選人選擇機制民主化的程度。該文主張：政黨領導階層為了擴大本身的利益，可能選擇採用更集權化或民主化的提名制度。此外，**選戰失利也是政黨調整候選人甄補機制的重要依據**。該研究的主要貢獻是將影響台灣政黨候選人選擇機制變遷的因素統整並概念化，透過黨內競爭及黨際競爭的動態，來解釋提名制度的變遷。不過，該研究並未觸及制度因素，譬如選制差異對於候選人甄補機制的影響，亦沒有具體提出黨內競爭及黨際競爭究竟影響甄補機制的哪個層面，又或在何種條件下兩者其中之一會主導甄補機制的變遷。總之，Fell 的研究引用西方的分析途徑，雖然有效地解釋民主化後，台灣政黨候選人甄補機制為何改變，但仍留下許多待解的問題。

　　Barnea 與 Rahat（2007，以下簡稱 B&R）針對政黨在改革候選人選擇機制時所考慮的諸多變數，提出一個整合性的架構，並據以分析二次大戰後的 55 年期間，以色列兩大主要政

黨之候選人選擇機制的變遷。他們的研究指出，政黨在制定或
改革候選人提名制度時，會考量三項不同層次的因素：分別為
政治系統層面（political system level）、**政黨體系層面**（party
system level），及**黨內體系層面**（intro-party level）。這三個
不同層面的因素各產生不同關注的焦點、具有不同的分析單
位、造成不同的影響（或解釋力），及牽涉不同的相關因素。
表2-1總結B&R的分析架構，茲分述如下：

　　第一，政治系統層面的因素，關注的焦點包括一般性的政
治文化、社會與政治環境等。譬如，民主化後，政治大環境會
和威權時期有所不同。為了符合民主化的政治氛圍，政黨亦可

表2-1　分析政黨候選人選擇機制改革的架構

	政治系統層面	政黨體系層面	黨內體系層面
關注焦點	一般文化、社會、及政治環境	政黨間互動（政黨競爭）	個人、派系間互動
分析單位	政治基準（norms）與慣例（conventions）	政黨	個人、派系
影響及解釋	1. 改革的方向 2. 政治上可採納的選項	改革啟動的時間點	改革的過程及結果
可能的相關因素	1. 民主化 2. 個人化 3. 美國化	1. 選舉失利 2. 政黨醜聞 3. 選舉競爭 4. 政黨輪替	1. 政黨領導人的競爭及接班 2. 政黨合併或裂解 3. 黨內當權派與挑戰者間的權力鬥爭

資料來源：Barnea and Rahat (2007: 378).

能在候選人選擇機制上，擴大黨內成員參與，提升黨內民主程度。換言之，該層次的因素將影響政黨候選人選擇機制可能變遷的方向及幅度，即決定候選人選擇機制改革的可能選項。

第二，政黨體系層面的因素，關注的焦點在於政黨之間競爭的態勢。譬如，當某政黨在選舉中落敗後，自然會檢討其失敗的原因，並進而改革該黨的候選人選擇機制。因此，政黨體系層面的變數將影響政黨改革黨內提名制度的時機，強調上次選舉失利的經驗，將成為此次改革主因。

第三，黨內體系層面的因素則關注政黨內部的競爭與互動，包括個別核心人物（譬如所謂的「黨內大老」）或黨內各個派系的動態平衡。而牽動黨內權力平衡的變數，包括政黨領導人的競爭與接班、政黨合併與裂解、或黨內當權派與挑戰者之間的權力鬥爭等。由於制度變革後，所建立的遊戲規則可能會產生新的贏家與輸家，在自利的預設並預期可能的輸贏情況下，政黨內部各派系自然會嘗試操控任何制度變革，包括候選人選擇機制的改革，希冀成為制度變革後的贏家。因此，我們可透過黨內權力角力這項視角，解釋政黨候選人選擇機制改革的過程與最終的制度選擇。

綜合而論，在 B&R 的分析架構中，首先將政治系統的因素，視為是政黨候選人選擇機制改革的脈絡性系統因素，並提供制度變遷的環境。其次，在特定的政治趨勢及競爭環境下，當某政黨在黨際競爭中落居下風時，該政黨改革內部制度（譬如提名制度）的時機即出現；最後，政黨內部各派系或次級團體間的競合，則決定了提名制度改革的結果。B&R 透過上述

三個層面的分析架構，成功地解釋以色列政黨候選人選擇機制
長期的變遷。不過，由於 B&R 的架構是針對單一國家（以色
列）的經驗發展而成，在政府制度（內閣制）及選舉制度沒有
變異的情況下，自然忽略了在跨國比較研究當中，最為重視的
制度因素。此外，如果將選制或政府體制因素納入政治系統層
次中考量，則 B&R 三個不同層次因素對於提名制度的影響，
不必然呈現遞移關係，即並非政治系統因素影響政黨體系因素
後，再由政黨體系因素影響黨內體系。相對地，在政治系
統因素（譬如選制變遷）被視為是一項脈絡因素的情況下，其
不但影響政黨間的競爭，也同時會影響政黨內部的競爭。而黨
際競爭與黨內競爭之間，亦存有互動或依存的關係（林長志，
2015）。

　　總之，相較於過去的分析途徑，B&R 的架構更為全面，
並明確解釋各個層次的因素，如何影響政黨候選人甄補機制
的變遷。本文的主旨雖非全面分析政黨提名制度的變遷，但畢
竟每次提名機制的訂定總有脈絡可尋，就算僅探討單次的制度
選擇也不應捨棄「路徑依循」（path dependency）的觀點。換
言之，制度變革並非憑空而降，新的制度也不會和舊的制度全
無關聯，即新的制度通常是根據先前制度的特性與良窳，配合
特定時空因素，有跡可尋、漸次發展而來。因此，本章仍以
B&R 的分析架構，配合檢討過去的提名制度，來探討 2016 年
總統及立委大選，兩大政黨提名作業的變與不變。

參、2016 總統大選兩大黨提名作業

　　台灣自從 1996 年總統開放直選以來，兩大黨已嘗試過不少方式來甄補或提名總統候選人（王業立，2016）。不論是開放式初選（如 1996 年民進黨總統提名）、全民調初選（2012年民進黨提名制度）、黨員初選加民調（如國民黨自 2008 年以降的制度、民進黨 2004 及 2008 年的制度）、黨代表大會推選或同意（如國民黨 2000 年及 2004 年的制度、民進黨 2000年的制度）等，不一而足。不過，無論制度為何，在實際操作時，定於一尊的「一人領表登記，一人被提名」的方式反而是最常見的型態。此外，就算採用相同的規則，但實際提名作業也常因時制宜。換言之，具體、常態性的原則或辦法並沒有確實落實在兩黨總統提名制度上。

　　針對 2016 年總統大選，國內兩大政黨的提名辦法基本上延續前一次大選（2012 年）的辦法，沒有顯著差異（參見表 2-2）。不過，實際運作時卻存有很大的不同。以民進黨來

表 2-2　2012、2016 年總統選舉民進黨與國民黨提名辦法

	民進黨	國民黨
總統	採先登記後協調，若無法達成協議時，由中央黨部辦理全國民意調查決定。	登記後須通過黨員連署門檻，繼之由中央委員會，依據「黨員投票」（占 30%）與「民意調查」（占70%）之結果，決定提名名單，報請中央常務委員會核備後，提報全國代表大會通過。唯在參選者同意的情況下，初選可由全民調取代。

資料來源：王業立（2016：154、166）。

說，2012年總統大選前，計有三位包括蔡英文、蘇貞昌及許
信良登記參與初選，最後以全民調分勝負，由蔡英文以不到
2個百分點的些微差距擊敗蘇貞昌，於2011年4月下旬獲得
提名。但同樣的制度到了2016年大選，只剩下蔡英文一人登
記。在不辦理黨內初選民調的情況下，蔡英文於2015年4月
中即由中央執行委員會提名為總統參選人。這也是民進黨繼
2004年提名陳水扁競選連任後，第二次出現只有一名候選人
登記參選總統，並沒有舉辦黨內初選。

　　反觀國民黨，2012年時由於馬英九總統競選連任，於
2011年4月下旬即由全國黨代表大會完成其爭取連任的提名
程序。但到了2016年大選，雖然前一年（2015年）第一季黨
內持續討論或推測可能的人選，然而卻遲遲無人表態參選。甚
至在該年4月初，全國黨代表大會公布總統候選人提名辦法
後，也只有時任立法院副院長的洪秀柱一人表態參選。後來雖
有前衛生署長楊志良登記參選，但並未獲得足夠的黨員連署
支持（需15,000份，但楊志良僅獲5,234份，洪秀柱則獲得
35,210份）。不像過去李登輝、連戰、或馬英九那樣，一人參
選後直接獲得全國黨代表大會背書提名。此次洪秀柱雖然也是
一人參選，但國民黨黨中央仍決定啟動「初選模式」，其中包
括黨員投票及民調兩部分。但由於是同額競選，黨中央決定終
止黨員投票這一輪，但仍需看洪秀柱的民調支持度是否超過設
定的門檻，來決定是否提名她為總統候選人。換言之，這次是
國民黨第一次在總統大選提名過程中舉辦「初選」，儘管候選
人人數和過去一樣都只有一名。同年6月中，洪秀柱雖然以約

朱立倫為國民黨的總統候選人。

46% 的平均支持度超越了所謂「防磚民調門檻」設定的 30%（民調方式採對比式與支持度各半計算），並隨後獲得全國黨代表大會提名，但仍然在聲勢不如人的情況下，於 10 月中的臨時全國黨代表大會中遭廢止提名，改由時任黨主席的朱立倫上陣。這段「換柱風波」，是首次在總統大選過程中，出現主要政黨更換候選人的情形。然綜觀這一階段的提名過程，國民黨的確落實了黨代表大會原本所制定的提名規則，也順利產生了人選。這個「初選」制度反應出，國民黨內對於原本可能參選 2016 年總統大選的菁英，包括如王金平、吳敦義、朱立倫等人，無法形成如過去一樣的接班共識，於是只能從制度面下手，希望透過制度來甄補人才。不過，最後國民黨還是透過臨時性的機制，推翻了原本透過「初選」制度選出的候選人。

藉由上述提名過程的討論，我們發現就算採用相同的提名

辦法，但在不同的時空環境下，就會有不同的操作模式。蔡英
文雖然在2012年總統大選中敗北，但持續以「小英基金會」
為平台深耕基層，並於2014年年中再度當選黨主席。同年底
地方選舉，蔡英文帶領民進黨獲得空前勝利後，其在黨內的地
位已定於一尊，早已被視為是代表民進黨在2016年角逐總統
大位的不二人選，於是和2012年相比，即使2016年民進黨採
用相同的提名辦法，但實際提名過程卻大不相同，使得提名程
序徒具形式。

國民黨則正好相反，在2008年及2012年時，國民黨的總
統大選提名幾乎沒有懸念，很早就確定由馬英九出馬。因此，
當時雖有提名及初選辦法，但沒有初選之實。2016年雖首度
落實了提名及初選制度，但後續發展又廢止了原本由制度提名
的候選人，以臨時的全代會直接推舉候選人。綜觀國民黨此次
的提名作業，等於是先開放後緊縮，雖然一開始採用了民調提
名，但後續發展則主要因黨際競爭與黨內競爭的關係，否定了
原本的「遊戲規則」。以下將分別從政治系統、黨際競爭、及
黨內競爭等三個面向，來討論此次國民黨總統參選人甄補機制
的變化。

(一) 政治系統

從政治系統的面向來看，國民黨的候選人甄補機制也隨著
台灣民主化進程，愈趨走向分權化。不過，該分權化的走向一
直沒有擴及總統大選的提名機制。之前不論是李登輝、連戰、
或馬英九，都是在指定（譬如李登輝指定連戰參選）或是無人

挑戰的情況下，獲得黨的提名。換言之，儘管國民黨對於其他
公職的提名作業與民進黨頗為雷同，即都經歷過「黨員投票加
民調」的階段，實務上也漸以「民調」結果做為提名候選人的
最主要依據（王業立，2016），但這樣的機制始終沒有擴展
到總統提名程序中。原本預期此次國民黨的總統提名將首次出
現競爭，並得以落實由來以久的提名與初選辦法，但最後還是
以黨中央的態度決定人選，並沒有達到分權化之實。過去沒有
競爭的「一人登記，提名一人」的主要原因是某候選人已具備
全黨威望，但此次在沒有強勢候選人的情況下，透過「一人登
記，一人初選，提名一人」的程序所推出的洪秀柱，並未獲得
全黨認同。這突顯了國民黨內並不認同現行提名制度的正當
性，同時顯示過去提名程序主要是以人為依歸，而非以制度為
依歸。至於後續的「換柱風波」，並非以一個更分權的機制來
提名新的候選人，而是以一個更封閉、更集中化的方式，換掉
原本由制度推出的候選人。這樣的走向與台灣政治系統講求更
民主及更開放的氛圍，似乎不大相容。不過，造成「換柱」的
主要原因不是來自政治系統，我們應該著眼於黨際競爭與黨內
競爭的面向。

（二）黨際競爭

　　從黨際競爭的角度來看，國民黨自 2008 年起在馬英九執
政下，雖然於 2012 年擊敗蔡英文獲得連任，但之後聲勢只跌
不升。特別在 2014 年太陽花學運及地方選舉慘敗後，雖然馬
英九交出黨主席，由朱立倫接棒，但馬英九政府的聲望持續低

迷，施政滿意度一直都在 20% 以下低溫盤旋。也因此，馬政府最後二年的任期中，幾乎提前跛腳，交不出更突出的施政成績單。這也使得 2016 大選年之前，國民黨的聲勢即遠不及民進黨。在勝算不大的情況下，黨內菁英紛紛避戰。由於沒有所謂「A 咖」爭取提名，間接促成原本旨在「拋磚引玉」的洪秀柱，一人走完提名及初選程序，成為國民黨提名的總統參選人。

然而，洪秀柱從被提名到被廢止提名的這段期間，民調數字一直拉抬不起來，多數時間支持度都在 20% 以下，與蔡英文之間始終存有近 20 個百分點左右的差距。另外，由於 2016 年大選是總統與立委合併選舉，洪秀柱低迷的選情同時影響了同黨立委候選人的選情，即許多國民黨的立委候選人認為，如果找洪秀柱背書或站台的話，對於其票房似乎沒有太多的幫助，可能還不如靠自己努力（陶曉嫚、張家豪、李又如，2015）。顯然，做為總統參選人，洪秀柱很難達到母雞帶小雞的效果，無法整體拉抬國民黨在大選中的競爭力。總之，國民黨低迷的選情使得更換總統提名人的呼聲得以醞釀，也讓「選情至上」的目標取代了原本提名制度的正當性。

(三) 黨內競爭

從黨內競爭的觀點來看，洪秀柱的兩岸政策主張「一中同表」，與原本馬英九定調且黨中央持續採行之「九二共識，一中各表」的主張顯著不同，被歸類為趨向「統派」。換言之，攸關總統大選最重要的政策面向 ——「統獨立場」，國民黨

內反而因為提名了洪秀柱而出現分歧，即黨中央與總統提名人的主張不同調。除了黨中央不買單以外，洪秀柱的主張同時造成國民黨「本土派」的不安，特別是諸多「本土派」立委候選人，由於無法認同洪秀柱的兩岸政策方向，急於與其切割（蔡慧貞，2015）。而在洪秀柱獲得國民黨正式提名後，國民黨內「本土派」出走的傳言就未曾止歇。總之，「一中同表」的主張無法獲得黨中央及地方廣泛的支持，使得過去國民黨最引以為傲，一致性也最高的兩岸政策路線，在洪秀柱獲得提名後，反而成為分裂國民黨的潛在導火線。

綜觀此次國民黨總統大選提名，國民黨在無明顯接班人出頭的情況下，首次嘗試落實提名及初選制度，來選出總統候選人。但由於馬英九聲勢不高，所謂的「A咖」人人自保，不願意透過機制來提名，使得原本不屬於國民黨主流參選人的洪秀柱，反而透過機制獲得提名。洪秀柱獲得提名後，不但個人聲勢不見提升，多數黨籍立委候選人不願與之結盟，且其兩岸政策主張無法團結國民黨，甚至引爆黨內路線之爭。基於上述黨際及黨內競爭因素，黨中央透過臨時黨代表大會的機制，換掉洪秀柱之餘，等於也毀掉了此次原欲落實的初選與提名機制。

肆、2016 年立委大選兩大黨提名作業

如同總統候選人提名辦法，此次立委大選兩黨的提名機制基本上延續過去的方式，與 2012 年相比，沒有顯著差異。事實上，經過多年的變遷，現行兩黨的立委提名方式大同小異，

可說已聚合成同樣的模式（王業立，2016）。表 2-3 分別就不
分區、區域、及原住民立委提名方式，比較民進黨與國民黨的
異同。

表 2-3 2012、2016 年立委選舉民進黨與國民黨提名辦法

	民進黨	國民黨
不分區立委	由黨主席提名 7 至 9 人，經中執會同意後組成提民委員會。該委員會研擬提名名單，經中執會出席總數三分之二通過。提名總額中每 2 名應有 1 名女性。	由中央委員會成立提名審查小組研擬建議提名名額、名單提報中央提名審核委員會通過後，再提請中央委員會全體會議針對提名人個別行使同意權後，報請主席核定。被提名人如經中央委員會全體會議出席人二分之一以上不同意者，取消其提名。提名總額中每 2 名應有 1 名女性。
區域立委	採全民調的方式，由中央統籌執行。艱困選區（上次立委選舉政黨票未超過平均值 42.5% 之選區），由黨主席提名經中央執行委員會同意後徵召。	由相關直轄市、縣（市）委員會、依據「黨員投票」（占 30%）與「民意調查」（占 70%）之結果。
原住民立委	由黨主席推薦，經中央執行委員會同意後提名。	分別由中央、直轄市委員會依據原住民黨員投票（占 50%）及幹部評鑑（占 50%）之結果。對於現任者，應同時參考其任內表現，並考量地區特性及選情評估等因素，經提名審核程序，提出建議輔選方式及提名名單，報請中央常務委員會核定。

資料來源：王業立（2016：153-154、166）。

　　兩大黨不分區立委的提名模式，基本上都是由黨中央透過
特定委員會的方式甄補。不過，如何組成委員會，及如何決定
委員會成員等，皆屬黨主席的權限。黨主席或許會尊重黨內各
派系的意見，但最後定奪仍取決於黨主席。換言之，**不分區立
委的提名模式是高度集權化的**，但兩黨都透過不分區的機制，
將不同功能的代表（譬如食安專家、勞工代表、婦運領袖等）
納入國會，並特別保障婦女名額。這也意謂：雖然兩黨不分區
立委提名決定權在少數人手上，但甄補的對象（即候選人）可
能是多元、異質高的。畢竟，不分區立委提名名單攸關黨的形
象，大選時也會起到宣傳作用。因此，在平衡黨內派系人馬的
情況下，兩大黨仍希望提出廣為社會大眾接受的不分區立委名
單。

　　至於區域立委的部分，兩黨的基本模式也相當類似。以
民進黨來說，首先將選區分為兩類：**初選選區及艱困選區**，後
者是指該選區民進黨的不分區政黨得票率，低於前一次平均值
者。針對艱困選區，民進黨採用推薦或自薦的方式，經由以蘇
嘉全為召集人的選舉對策委員會（選對會）評估後，交由民進
黨中央執行委員會（中執會）通過後提名。另外，選對會也將
數個特定選區，規劃成與其他政黨（譬如時代力量或台聯）合
作的空間，即採禮讓或不提名的方式，試圖擴大並整合「泛
綠」的力量，避免同一選區內，出現同樣來自綠營但不同政黨
的候選人相互競爭。至於初選選區，若只有一人登記（多數是
現任者），則予以直接提名。若有兩人以上登記，則採取先協
調，若協調不成再民調的方式決定。由於初選的規則相當明

確，強調若多人競爭且僵持不下時，最後將訴諸於民調。因此
儘管最後透過民調決勝負的選區不多，但這樣的規則仍應被視
為以民調為核心的初選制度。

　　國民黨方面，針對無人登記參選的較艱困選區，也是採用
徵召的方式。若只有一人登記參選，該參選人需 5% 黨員連署
推薦，並由立委輔選策略委員會評估後，再交中央常務委員會
（中常會）提名。若有多人登記參選，則會依是否有現任者參
選，執行不同的機制：若無現任者參選，經協調無效後，直接
進入初選。若有現任者參選，則先進行一輪現任者評估民調，
若現任者贏所有其他參選人 5 個百分點以上，則現任者將直接
被提名。但若現任者無法取得超過所有其他參選人 5 個百分點
以上的優勢，且經協調後，落後現任者不到 5 個百分點的參選
人仍欲挑戰現任者，則進入正式初選階段 —— 以 70% 電話民
調及 30% 黨員投票的初選機制定勝負。不過，各地方黨部可
自行決定是否採計黨員投票。以 2016 年國民黨立委初選實務
為例，沒有任何一個選區採用黨員投票，皆與民進黨初選機制
相同，完全以電話民調結果決定初選勝負。

　　表 2-4 顯示，實務上兩大主要政黨提名立委候選人的方式

表 2-4　兩大主要政黨區域立委提名方式

	初選		提名／同額		徵召		其他 *		合計
	席次	%	席次	%	席次	%	席次	%	席次
國民黨	18	24.7%	25	34.2%	28	38.4%	2	2.7%	73
民進黨	21	28.8%	25	34.2%	20	27.4%	7	9.6%	73

＊其他包括禮讓無黨籍或友黨參選人。

接近，都以同額提名最多，且主要都是直接提名現任者。國民黨徵召的選區較多，主要在中南部地區，而民進黨則是初選的選區多一些。另外，民進黨與友黨合作的選區較多一些，主要集中在北部。總之，自從 2014 年民進黨在地方選舉勝選後，其整體聲勢扶搖直上，因此在此次大選前，各界即一致看好民進黨在國會內的席次將大幅增加，甚至過半。也因為這樣的聲勢與預期，加上總統參選人蔡英文優勢選情的帶動下，民進黨自然參選者眾，認為只要獲得黨的提名，擊敗國民黨將不是難事，於是該黨進行初選的選區較國民黨多一些，並不令人意外。

　　至於原住民立委提名的方式，2016 年的方式和過去沒有顯著的差異，兩黨都是由黨中央掌控，惟國民黨納入現任者評估機制及原住民黨員投票，分權化的程度較高。不過，傳統上國民黨在原住民選區即占有相對優勢，地方基層及組織較健全，於是在潛在競爭者眾的情況下，透過較分權的方式甄補候選人較能兼顧提名的有效性及公平性。

　　綜觀此次立委選舉兩大政黨的候選人甄補機制，主要仍延續了過去的辦法，沒有重大變革。事實上，過去幾年來除了民進黨於 2008 年採用了所謂「排藍民調」，並間接導致大敗後（林長志，2014），兩大黨的立委選舉提名機制並沒有大幅變動。對於不分區及原住民立委提名來說，兩大黨採用的方式多半由黨中央透過不同類型的委員會，直接掌握，頂多納入黨員投票的機制。這樣的決定方式雖然集權化程度高，但由於選民已將政黨不分區名單視為是政黨未來政策路線及政策理想的延伸，因此雖然提名權集權化，惟提名人選卻儘量多樣化。不

過，筆者並未排除黨中央利用不分區立委名單安撫不同派系的可能。事實上，兩大黨在不分區立委名單中，仍然放了為數不少的政治型提名人選，至於這些政治型提名在不分區名單中的人數多寡及排名，往往取決於黨中央的實力與威望 —— 我們可以預期，弱勢的黨中央愈需要依靠不分區立委提名權進行政治分贓並與各派系妥協，而強勢的黨中央則愈不需要理會黨內派系，較可能提出政策理想性高的不分區立委提名名單。

　　而目前兩大黨區域立委的提名，主要奠基於電話民調初選，將最後的決定權「授權」（delegate）或「委外」（outsource）給不特定的一般民眾。這種方式除了旨在提名較具知名度或競爭力的候選人外，另一項主要的功能就是將黨內競爭的衝突「外部化」，由不相干的「第三人」（即接受民調的隨機民眾）來定奪最後的提名者。雖然從結果來看，表2-4顯示：兩黨皆只有不到三成的區域立委提名，由電話民調初選產生，但由於兩黨的提名辦法皆明確列入以電話民調初選結果，做為最後提名的依據，因此有意參選者若願意接受協調，或甚至選擇不登記參選，往往是因為其民調數字不如人，「自我選擇」不參加初選。換言之，雖然透過民調初選產生的候選人，在兩大黨的區域立委提名中不占多數，但畢竟該方式是兩大黨在解決黨內競爭或衝突時的最後手段，所以我們仍應將電話民調初選，視為是兩大黨提名區域立委候選人的核心機制。

伍、結論

　　本文旨在以 Barnea and Rahat 所提的政黨候選人甄補架構，說明 2016 年總統及立委選舉，台灣兩大政黨候選人甄補機制的變與不變。其中，兩黨總統候選人的提名制度在規則不變的情況下，執行狀況與過去大不相同 —— 這是民進黨繼陳水扁 2004 年爭取連任後，首次再度出現「一人登記，提名一人」。蔡英文在沒有競爭對手及沒有舉辦初選的情況下，成為民進黨提名的總統參選人。反觀國民黨，從過去以來總統大選候選人甄補一直都是「一人登記，提名一人」。這次雖然仍是一人登記，但卻首度啟動電話民調初選機制，隨後雖然提名一人，但很快又透過臨時黨內的機制，換掉原本的候選人，再提名另一人。要解釋這樣的變化，吾人必須同時考量黨際競爭與黨內競爭的因素。

　　至於立委候選人甄補機制，兩黨目前所採行的制度，特別是針對人數占多數的區域立委提名機制，不容易有很大的變動。主要原因有三個：第一，在現行小選區制下，一定要提名最有可能當選的候選人，而民調仍是多數人接受、可用來評量候選人實力的主要依據。第二，兩黨黨內「人頭黨員」的問題仍然嚴重，若單純利用黨員投票以決定提名人選，除了將嚴重損害制度的公平性外，黨意與民意間的落差也會削弱政黨的競爭性。第三，兩黨對於美式「開放式初選」一直持保留的態度，畢竟各個政黨都擔心對手有機會操弄自身的提名人選。目前利用隨機抽樣的民意調查，兩黨都已有這樣的顧慮，譬如國

民黨會擔心民進黨指示其支持者，當接到國民黨的初選電話時，故意支持較弱、或民進黨較好應付的國民黨參選人。因此我們可以想像，如果採用能夠確切動員選民的開放式初選，則擔心對手政黨介入自身初選的顧慮只會更大。總之，我們可以預見，未來的政治氛圍只會更民主，在大環境不支持主要政黨採用集權化提名機制，且政黨本身體質又不適宜擴大黨內民主參與的情況下，兩大黨很難突破目前將黨內競爭透過民調初選「委外」辦理的格局。

最後，此次在立委選舉中崛起的第三勢力政黨時代力量，採用網路平台進行黨內初選，甄補不分區立委候選人。這是一項新興的嘗試，未來各政黨是否會跟進，利用網路或其他科技平台擴大候選人提名的參與機制，有待我們進一步觀察。

註解

1. 本文不特別區分「挑選」（selection）和「提名」（nomination）這兩個詞的差異。但嚴格來說，前者通常是指政黨透過特定人才甄補程序，決定何人代表黨競選公職，或成為該黨所推薦及支持的候選人（Epstein, 1967; Ranney, 1981；王業立，2016）；後者則較具有法律上的意涵，往往是指選務機關確認某些人具有公職候選人的資格，並將其姓名印在正式選票上的法律程序。

2. 舉例來說，Lundell（2004）的研究包含了 21 個國家中，90 個政黨所使用的候選人甄補方式。Shomer（2012）的研究則包含了 46 個國家中，512 個政黨的候選人提名機制。

第三章

政黨的社會基礎

游清鑫

壹、前言

　　從 1986 年民進黨成立以來，台灣在過去的 30 年，政治情勢變化快速且劇烈，各項民主轉型的特性深受學術與實務界的討論與注目（Huang, 1994; Fell, 2005; Yu, 2005）。在這樣的「大轉型」（the Great Transition）過程中，如果我們借用 Tien 在 1989 年的著作標題來形容的話（Tien, 1989），此政治轉型的確看到許許多多脫離威權走向民主的重要進展，包含反對黨的成立、解除戒嚴、系列的憲法修改、國會全面改選、總統直選，以及三次的政權輪替等等，都是台灣政治發展的重要里程碑。對政黨研究者來講，這樣的巨大轉變過程提供了一個絕佳的研究素材，尤其是從一黨獨大到兩黨競爭、再到多黨體系的形成，其間所代表的不僅僅是政黨數量的消長，更代表政治治理本質的改變，尤其是人民與政黨之間的連結內涵也隨之改變。

　　2016 年的總統選舉帶來台灣第三次的政權輪替，延續前兩次和平順利的政權輪替經驗，對台灣的民主轉型提供一項正面的訊息：**政黨輪替已經在台灣成為常態**。這一訊息對於民主政治的維繫是很重要的，因為只有當在野的政黨本身認知到在現有政治結構下自身有機會成為執政黨，或是執政黨有警覺到自身隨時有成為在野黨的危機，政黨才不至於與多數民意脫節，整個民主政治的運作才能順暢。本章的重點即在藉由 2016 年大選的結果以及民意調查結果，探索政黨社會基礎的面貌，並在結論部分討論經常被提及的政黨重組議題，以提供

未來台灣政黨發展的一些思考。

貳、政黨的社會基礎

　　政黨是民主政治運作不可或缺的要素，做為民眾利益表達與匯集的重要組織，政黨必須與民眾之間有穩定的連結關係，也透過這樣的關係，政黨才得以藉由民眾的支持而取得政治權力。從另一個角度來看，政黨必須積極地且忠實地成為民眾利益的代言人，政黨的立場，不論是政黨領袖的對外宣示，或是政黨黨綱所揭示的原則（或意識型態），甚至是在選舉期間的政見等，都是用來回應民眾需求或爭取民眾支持，當一群民眾可以持續地跟隨、支持政黨的各種政策綱領時，這些民眾便成為政黨的社會基礎。簡單來講，政黨社會基礎的討論是討論政黨如何透過各種手段吸引民眾成為其支持者；或者，從民眾的角度來看，是聚焦於哪些選民依據哪些因素去支持哪些政黨。

　　在學術研究上，有關政黨社會基礎的討論，多數會溯源到 Rokkan 與 Lipset 在 1967 年的著作《政黨體系與選民組合》（Party Systems and Voter Alignments）一書的論點開始。簡要來講，兩位作者從政治社會學的角度探索西方國家政黨與政黨體系形成的歷史發展，從中歸結出西方社會在經歷民族國家興起，以及工業革命兩大變革時，分別帶來了不同形式的衝突。其中民族國家的興起造成了以擁護國王權力為主的一方與擁護教皇權力為主的另一方相互衝突，針對究竟是哪一方具有比較高的地位，以及是否具有相互從屬的關係有不同的看法，

這樣的爭執後來演變國家（王權）vs. 教會（教權）（state vs. church）之間的鬥爭。另一個也是來自民族國家興起的鬥爭則是新興民族的國王在統一國土過程中，不免面臨到地方大小諸侯的挑戰，在強調王權至上與地方自主的爭執與妥協的互動中，也演變成中央 vs. 邊陲（center vs. periphery）之間的鬥爭。

另一方面，工業革命帶來快速的物品生產與市場流通，但是此種強調快速流通且商品化的產業型態，與各地以農業經濟為主且高居不下的關稅壁壘形成一種緊張關係，以工業生產為主的一方需要低關稅、開放市場、以及較低商品物價等，但以農業經濟為主的一方則強調保護在地產業以及抗拒大規模生產的經濟模式，也因而導致了工業與農業（industry vs. agriculture）之間的緊張。而另一個伴隨工業革命而來的則是當大量的人力投入工業生產時，這些從事第一線生產作業的工人，其對自身利益的意識與行為取向與擁有工業資本、負責經營管理的資本家有所不同，前者經常主張更多的工資，後者則更看重商品利潤，甚至藉由壓低工人薪資而獲取更大利潤，因此，一個以憑藉勞力生活的工人與一個擁有生產工具、原料與經營技術的資本家便形成了工人與擁有者（worker vs. owner）之間的衝突。

Rokkan 與 Lipset 透過這樣的分析指出，政黨的出現乃是要替這些不同利益衝突的各方進行代言，這些不同的利益衝突，也導致一種政治分歧（political cleavage）的出現。因此，某些政黨特別著重關注工人利益，有些政黨特別關注宗教價值，有些政黨主張自由貿易，也有些政黨主張地方利益等，而

也是因為有這樣的政治分歧，提供政黨出現的機會，並且在民眾與政黨之間形成一個連結，而這連結便是政黨的社會基礎。換言之，從此一傳統來看，對政黨社會基礎的簡單理解便是與政黨立場（利益）相一致的民眾，因為利益一致，所以政黨會維護民眾利益，民眾會支持政黨。當然，此處的立場或是利益不純粹是物質上的有形利益，或是具體的政策內涵，同時也包含了民眾政治理念與政黨政治理念的相似性，因此，不同民眾可能因為不同的因素而與政黨連結，重點在於政黨會因而替民眾發聲，而政黨如果無法替民眾有效代言其利益，此種連結也將隨之改變。

這樣觀點下的政黨社會基礎，在選舉研究的應用上則是將政黨既有的意識型態、在選舉過程中所提出的各種政策立場，以及過往的各種表現與民眾進行連結，讓民眾可以依據各種不同的原因依附在政黨的標籤底下，也願意在選舉期間支持該政黨，此時民眾便是政黨的支持來源。在操作化的層次上，研究者將民眾與政黨的此種關聯性給於不同名稱，有時稱為政黨認同、有時稱為政黨支持、有時稱為政黨偏好等等（Campbell et al., 1960），不論是使用何種名稱，其基本原則都是嘗試去描述民眾與政黨之間的特定關係，並且因為這樣的特定關係而產生民眾在政治行為上的特定模式。

如果再從研究方法來說，不論是使用何種名稱，民眾政黨的連結在研究上具有兩個面向，第一個面向是將此種連結關係做為一種解釋因素的地位，用來解釋民眾各種政治態度與行為取向，最常聽到的作法便是將政黨認同做為解釋選民投票行

為的重要因素；第二個面向則是將此種連結關係做為一種被解釋對象的地位，並且尋找各種影響此一連結關係的因素，例如從家庭政治社會化的角度來說明個人政黨認同的形成過程。當然，不論是自政黨認同來解釋選民的投票行為，或是透過社會化理論來說明政黨認同的形成，都強調一個基本的特性：一旦民眾與政黨的連結建立之後，就會有相當的穩定性，並且持續影響民眾的政治態度與行為。此一操作化意涵，也是研究者在探索政黨社會基礎的影響力，或是政黨社會基礎持續與變遷的常用方式。這一部分的學術研究相當多，分析單元也相當多元，而比較有系統且簡要的文獻討論可以參考林聰吉與游清鑫（2009）、陳陸輝與陳映男（2013），與包正豪（2013）的討論，在此不再一一重述。

參、2016 年選舉前的政黨情勢

　　前述討論政黨的社會基礎之後，接下來依照前述政黨社會基礎的想法，針對 2016 年的選舉進行分析。但是在進行分析之前，有必要先就選舉之前的政治情勢做一個簡單的說明，如此才能對 2016 年的選舉有一個比較完整的理解。

　　首先，2016 年的總統選舉是馬英九總統任滿後的總統選舉，意即國民黨已經執政八年，當民眾在 2016 年的選舉時，必然會考慮到過去這八年的國民黨表現如何，這一資訊可以從圖 3-1 的趨勢當中得知一個大概。從理論上來講，民眾的政黨認同應該是一個長期趨勢逐漸演變、累積下來的成果，因此，

除非是針對新出現的政黨，否則，對既有政黨的認同程度應該從一個比較長期的觀點來看，如此比較可以得到一個比較動態性的了解。在這樣的了解之下，我們可以藉助國立政治大學選舉研究中心從 1990 年代中期開始對民眾政黨認同所做的長期記錄，對照本次（2016 年）選舉結果所呈現的政黨認同，如此將可以有更清楚的解讀圖像。在圖 3-1 當中，可以發現，除了在 2011 年之外，沒有特定政黨認同的民眾數量向來居多數，在過去三十多年來其數量在都相當穩定保持在 30% 以上，且多數時間是在 40% 到 45% 之間，換言之，儘管過去三十年來台灣政治變遷如此快速劇烈，仍舊有相當高比例的民眾沒有特定的政黨認同。

　　其次，在具有政黨認同的民眾當中，國民黨的認同者數量呈現曲曲折折的變化趨勢。在 2000 年之前，穩居第一大黨的地位，但是，2000 年總統選舉時因為宋楚瑜的分裂以及之後親民黨的成立，讓國民黨的多數地位轉而成為第二大黨，民進黨則取而代之成為第一大黨。而此一趨勢在 2005 年時開始有了轉折，由於執政的民進黨政府受到貪汙腐化的批評，以及當時具有清廉形象的馬英九擔任國民黨主席，使得更多民眾轉而認同國民黨，並在 2011 年期間有高達 39% 的認同數量。但從 2013 年開始，國民黨的執政成績開始受到批評，有愈來愈多的民眾離開國民黨，使得民進黨的認同者數量再次超越國民黨，直到當前民進黨已經明顯超越國民黨成為受到最多民眾認同的政黨。而相對國民黨的起起伏伏，民進黨的認同者數量則除了在 2005 年到 2009 年期間呈現低迷之外，整體則是相當穩

定地逐次增加成為目前最大黨。而在國民黨與民進黨之外，比較顯著的是 1993 年後的新黨，以及 2001 年後的親民黨，在其政黨剛成立之初都有受到不少民眾的認同，然而，這樣的認同熱度卻分別在 2000 年與 2005 年之後逐漸消退。同樣地，1990年代中期成立的建國黨與 2001 年之後成立的台聯，在開始時也有部分的民眾認同，只是這樣的認同數量也是逐漸消失。至於本次選舉才出現的時代力量，也有受到部分民眾的認同，其後續的發展前景則有待觀察。

再者，另一個重要的議題則是政黨競爭本質的轉變問題。雖然過去 30 年的紀錄可以看出台灣民眾對於政黨認同的趨勢變化，以及不同政黨成長或衰退的痕跡，但在這樣政黨數量與政黨力量變化的過程中，政黨競爭的本質也跟著呈現不同的重要特性。在 2000 年之前，明顯地就是國民黨與民進黨彼此間的競爭再加上新黨與建國黨等小黨力圖求生存，而 2000 年總統選舉時國民黨的分裂與敗選，以及之後親民黨與台聯的出現，使得此一時期的台灣出現更具體的多黨體系樣貌，但此一多黨體系的實際運作卻又可以分成兩個大的集團：泛藍與泛綠兩大陣營。泛藍包含國民黨、新黨與親民黨，而泛綠陣營則包含民進黨、台聯（與建國黨），兩大陣營主要的差異點在於對兩岸關係看法的差異，泛藍陣營強調跟大陸保持友好關係，並且不排除未來兩岸統一的可能性；泛綠陣營則主張台灣獨立，對於與大陸的互動則抱持保留與謹慎的態度。由於這樣的差異，讓兩大陣營在與兩岸問題與台灣主權與前途問題上相互競爭，再加上 2000 年開始雖然民進黨取得執政權，但立法院

的多數則持續都由泛藍政黨所掌握，行政權與立法權分屬不同黨派，使得藍綠之間壁壘分明，台聯在許多兩岸議題上都會支援民進黨，而新黨與親民黨則協助國民黨。然而，除了此一層次的政黨聯盟競爭之外，政黨聯盟之內的政黨除了相互合作之外，仍有不少時機是彼此相互競爭，尤其是在選舉時，同一聯盟內的政黨對於直轄市、縣市行政首長的人選爭議可能不大，可以經過協調推出一位代表聯盟的候選人，但是在民意代表（如立委選舉、縣市議員）的選舉上則處處相互競爭。此種藍綠聯盟之間相競爭，以及聯盟內政黨既合作又競爭的態勢，也成為台灣政黨政治的重要特色。

　　最後，除了前述長期因素發展之外，針對 2016 年選舉的討論也不可忘記的是從 2012 年快速加溫的社會運動對於既有政黨、甚至是新政黨的影響。其中，特別值得一提的是從

318 太陽花學生運動。

2010 年開始持續到 2014 年的「大埔事件」、2013 年 7 月的「洪仲丘事件」，以及 2014 年 3 月的「太陽花學生運動」所帶動一系列的抗議活動，這些抗議活動批判政府不顧平民百姓的生存，造成民眾生命財產的損失，更痛斥政府對民眾權益的疏離，或者抗議政府決策不夠公開透明與過度傾向中國等。其中「大埔事件」與「洪仲丘事件」都引其大規模的社會抗議與遊行活動，這些活動也痛斥馬英九總統所領導國民黨政府不了解民間疾苦，只是一昧地替權貴服務，而當時的反對黨雖然支持這樣的抗爭的訴求，但整體而言是居於次要的角色。而「太陽花學生運動」則直指向來讓國民黨政府自豪的兩岸政策並不符合民眾期待，不僅是政策制訂內容不夠透明公開，既有推動的兩岸交流成果也沒有普及到社會一般大眾，因此，以學生為主角的運動透過占領立法院癱瘓立法程序，並向政府喊話要求更有監督、透明性與具回應性的兩岸政策。這些社會運動在此期間如火如荼地展開，對執政的國民黨來講當然是一大挑戰，其支持度也如圖 3-1 所示，逐漸流失。此一支持度流失的證據具體顯現 2014 年底的地方選舉，在該次選舉當中，國民黨在六個直轄市的選舉當中只有贏得新北市，台北市則輸給無黨籍的柯文哲，其他四個直轄市則全由民進黨獲勝，至於其他縣市長的選舉，國民黨也是乏善可陳地僅取少數的縣市長席次，整體而言，在 2014 年的地方選舉之後，國民黨除了尚未改選的總統與立委之外，實際上已經居於少數黨的地位。

　　整體而言，從長期趨勢與短期發展來看 2016 年大選，必須先有幾個認識：

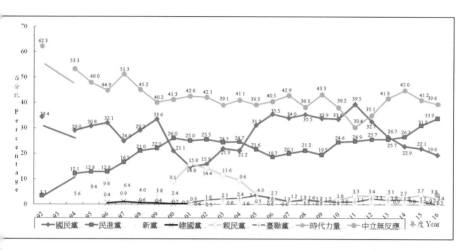

圖 3-1　台灣民眾政黨認同長期趨勢

資料來源：國立政治大學選舉研究中心。

一、台灣長期來講沒有政黨認同者持續存在，且其數量高、不
容忽視。

二、國民黨與民進黨仍舊居於兩大黨的地位，其領先地位則在
不同時間有所互換。

三、小政黨雖然仍有市場，但整體認同者數量不足與兩大黨相
匹配。

四、國民黨、民進黨以外的新政黨固然有出現的空間，但過去
經驗顯示要取代兩大黨之一有所困難。

五、值得注意的是，國民黨持續的衰退以及 2014 年地方選舉
結果讓新的社會勢力興起，並在 2016 年選舉中取得一席
之地，更加削弱國民黨的地位。

六、民進黨在 2016 年大勝，接下來需要再看國民黨在 2016 年
　　大敗之後能否像其在 2000 年敗選之後一樣重整旗鼓，再
　　贏回民眾的支持。

七、新舊成立的小黨如何與大黨在合作又競爭的互動模式中取
　　得突顯自身特色的機會，如此才有持續成長的可能性，也
　　為台灣的選民與政黨連結提供不同的面貌。

肆、2016 年總統選舉的分析

　　藉由 2016 年台灣選舉與民主化調查（Taiwan's Election
and Democratization Study，以下簡稱 TEDS2016）的結果，來
看初步的政黨認同分布，如表 3-1 所示，發現有 35% 的民眾
表示其認同的政黨是民進黨，其次是有將近 23% 的民眾表示
其認同國民黨，這兩個政黨是目前受到較多民眾認同的政黨，

表 3-1　民眾的政黨認同分布

	個數	百分比
國民黨	385	22.8
民進黨	591	35.0
新黨	3	0.2
親民黨	32	1.9
台聯	5	0.3
時代力量	45	2.6
其他政黨、中立、無反應	629	37.2
總計	1,690	100.0

資料來源：TEDS2016。

其他政黨受到民眾認同的程度則相對較少，例如時代力量與親民黨的認同者分別只有 2.6% 與 1.9%，至於新黨與台聯的認同者則都不足 1 個百分點。而值得注意的是，調查結果也顯示有超過 37% 的民眾，表示他們並沒有特別認同前述幾個政黨或是抱持政黨中立的態度，前者或許是有認同其他政黨，例如綠黨、民國黨、社會民主黨、樹黨等等，只是其比例太低而沒有在此顯現出來，而後者則可能是真的對所有政黨都沒有特別偏好。但值得注意的是，這些政黨中立者在政治上不見得比那些主要政黨認同者來得消極，只是他們在政黨認同議題上沒有特定立場，這一特定政黨立場與其是否會參與政治在許多時候並不必然有關聯性，甚至可以說，這些政黨中立人士與其他具有政黨認同傾向的民眾一樣，也會在選舉中去投票，甚至會比具有政黨認同者更強的動機去接觸政治訊息、採取政治行動等（Keith et al., 1992; Wang and Yu, 2011）。總歸一句，沒有具體政黨認同者，並不表示其政治參與程度就比較低，在許多時候是看個案以及分析方法而定。

　　再就民眾的政黨認同與其投票對象的關聯上，如表 3-2 所示，國民黨的認同者當中，有超過 80% 的民眾在總統選舉當中支持國民黨的候選人朱立倫，有將近 12% 的國民黨認同者在選舉中支持親民黨的宋楚瑜，只有 6.9% 的國民黨認同者在選舉中支持民進黨的蔡英文。相較於國民黨認同者的投票決定，民進黨認同者當中有高達 96% 支持民進黨的候選人蔡英文，而支持親民黨或是國民黨候選人的比例極少，分別只有 2.5% 以及 1.1%。至於親民黨的認同者，則有 82% 左右投票支

表 3-2　民眾政黨認同與總統投票交叉分析

	國民黨 朱立倫	民進黨 蔡英文	親民黨 宋楚瑜	數量
總體	27.3%	62.50%	10.3%	N = 1,250
國民黨認同者	81.3%	6.9%	11.9%	n = 320
	(76.2%)	(2.8%)	(29.5%)	
民進黨認同者	1.1%	96.4%	2.5%	n = 530
	(1.8%)	(65.3%)	(10.1%)	
新黨認同者	66.7%	0.0%	33.3%	n = 3
	(0.6%)	(0.0%)	(0.8%)	
親民黨認同者	14.3%	3.6%	82.1%	n = 28
	(1.2%)	(0.1%)	(17.8%)	
台聯認同者	0.0%	75.0%	25.0%	n = 4
	(0.0%)	(0.4%)	(0.8%)	
時代力量認同者	0.0%	88.2%	11.8%	n = 34
	(0.0%)	(3.8%)	(3.1%)	
其他政黨認同者或無政黨認同者	20.7%	64.6%	14.7%	n = 333
	(20.2%)	(27.5%)	(38.0%)	

資料來源：TEDS2016。

註：(1) 表中數據以訪問中有回答投票對象的民眾為主，受訪民眾若表示沒有去投票，或記不得投票對象，或不願意透露投票對象則排除在本表的分析之外，因此，總數會低於 TEDS2016 完訪成功的樣本數，而各總統候選人的支持度也因為是以調查中有表態的民眾為主，其分布也會與實際選舉結果有所不同。

(2) 各政黨認同者的投票對象中的第一行數據是該政黨認同者的橫行（row）百分比，表示該政黨認同者的投票對象分布；第二行數據則是直欄（column）百分比，表示該候選人得票在各政黨認同者中的分布。

(3) 由於本表主要是呈現不同政黨認同者的投票對象，因此，將 TEDS2016 調查中有列名的政黨之認同者都一併列出，但也因為政黨大小不一，除了兩大政黨之外，其餘政黨的認同者數量皆不多，不宜統計檢定，只以數據分布為主。

持親民黨的總統候選人宋楚瑜，也有 14% 左右支持國民黨的朱立倫，支持民進黨候選人的數量只有 3.6%。而其他三個沒有提出候選人的政黨中，新黨與台聯由於受訪民眾個數極少，難以看出其投票趨勢，而時代力量的認同者則分別有超過 88% 以及將近 12% 的數量分別支持民進黨的候選人以及親民黨的候選人。最後，在沒有明確表態政黨認同或屬於沒有政黨認同的民眾當中，有超過 64% 的數量支持民進黨的蔡英文，接下來則有 20% 的數量支持國民黨的朱立倫，以及有將近 15% 的數量支持親民黨的宋楚瑜。整體而言，可以發現民眾的政黨認同與其投票對象具有密切的關聯性，只要民眾所認同的政黨有推出候選人，則民眾的投票決定就會有很大的機會投給該政黨的候選人，此一情形尤其是在民進黨的認同民眾當中更為明顯，而沒有政黨認同的民眾則分別對三個政黨的候選人有不同程度的支持。

　　而如果再從候選人得票的來源來看（即表 3-2 當中的第二行括號部分，候選人的支持直欄百分比），國民黨候選人朱立倫有 76% 的支持是來自國民黨的支持者，接下來有將近 21% 的數量來自其他黨派或是沒有政黨認同者；民進黨的候選人蔡英文所獲得的支持當中，有 65% 是來自民進黨認同者的支持，以及有 27% 是來自其他黨派認同者或是沒有特定政黨認同者，至於親民黨宋楚瑜的支持來原則比較分散，分別是來自親民黨認同者、國民黨認同者，以及其他政黨認同者或無政黨認同者的民眾。從以一數據的分布也可以看出民進黨的蔡英文所獲得的支持度固然有比較高比例是來自民進黨的認同者，但

相較於國民黨的朱立倫來講，其獲得的支持來源仍是比較多元。而親民黨宋楚瑜的支持來源則幾乎分散到各個不同類型的民眾當中，沒有特定政黨認同的民眾反而是比較大的支持來源。

前述說明了台灣民眾對政黨認同、整體政黨體系與政黨競爭的問題之後，下一個問題還要更深入了解的是，在現階段，尤其是在 2016 年大選之後，不同特性的民眾在政黨認同上是否有差異？針對此一問題首先要處理的是，在眾多政黨當中，部分政黨的認同者因為數量太少而無法進行有意義的比較，因此必須在分析對象上先做選擇，以利簡單的統計分析。考量各政黨的認同者數量，以及分析方法的需求，僅能以國民黨與民進黨兩個最大的政黨為例，從中探索不同社會與人口特性的民眾，與其政黨認同對象之間究竟有何關聯性，以及兩大黨各自的認同者究竟有何差異。

表 3-3 所呈現的就是國民黨認同者與民進黨認同者在社會人口因素上的差異。以性別來講，不論性別為何，比較多數的民眾仍舊是其他政黨的認同者或者是沒有政黨認同，相較之下，女性民眾比男性民眾有更高的數量認同國民黨，而男性民眾則比女性民眾有更高的數量認同民進黨，但此種差異並沒有達到統計上的顯著水準，顯示性別因素並沒有辦法有效看出國民黨與民進黨支持者的差異。

以年齡來講，不論年齡高低，比較多數的民眾仍舊是其他政黨的認同者或者是沒有政黨認同，在相對上，20-29 歲的民眾比其他年齡層的民眾有更低的數量認同國民黨，且有更高

表 3-3　兩大政黨認同者的社會人口特徵

	國民黨認同者	民進黨認同者	其他政黨或無政黨認同者	統計值
總體	22.8%	35.0%	42.2%	N = 1,690
性別				$\chi^2 = 2.628$, df = 2, $p = .269$
1. 男性	21.2%	36.4%	42.4%	n = 833
2. 女性	24.3%	33.6%	42.1%	n = 857
年齡				$\chi^2 = 24.149$, df = 8, $p = .002$
1. 20-29 歲	14.6%	35.9%	49.5%	n = 287
2. 30-39 歲	19.5%	38.8%	41.6%	n = 353
3. 40-49 歲	27.1%	32.0%	40.9%	n = 325
4. 50-59 歲	27.1%	34.5%	38.5%	n = 325
5. 60 歲及以上	24.7%	33.7%	41.6%	n = 401
教育程度				$\chi^2 = 43.255$, df = 8, $p = .000$
1. 小學及以下	14.5%	33.7%	51.8%	n = 249
2. 國初中	19.5%	42.3%	38.1%	n = 215
3. 高中職	26.5%	32.8%	40.7%	n = 472
4. 專科	34.8%	25.1%	40.1%	n = 207
5. 大學及以上	20.5%	38.2%	41.3%	n = 537
職業				$\chi^2 = 53.036$, df = 14, $P = .000$
1. 公部門人員	37.0%	23.3%	39.7%	n = 189
2. 私部門管理／專業人員	27.4%	39.5%	33.1%	n = 263
3. 私部門職員	21.8%	35.1%	43.1%	n = 353
4. 勞工	17.4%	37.7%	44.9%	n = 454
5. 農民	12.9%	38.6%	48.6%	n = 70
6. 學生及在職訓練者	16.2%	43.2%	40.5%	n = 74
7. 家管	25.4%	29.3%	45.3%	n = 232
8. 其他	15.8%	38.6%	45.6%	n = 57
地理區域				$\chi^2 = 37.655$, df = 10, $p = .000$
1. 台北、新北、基隆、宜蘭	26.8%	34.5%	38.7%	n = 545
2. 桃園、新竹、苗栗	26.9%	30.0%	43.1%	n = 253
3. 台中、彰化、南投	22.7%	30.4%	46.9%	n = 322
4. 雲林、嘉義、台南	13.5%	46.9%	39.6%	n = 245
5. 高雄、屏東、澎湖	19.9%	37.1%	43.0%	n = 272
6. 花蓮、台東、離島地區	21.2%	25.0%	53.8%	n = 52

資料來源：TEDS2016。

的數量沒有特定政黨認同；30~39 歲的民眾對國民黨的認同也同樣偏低，而對民進黨則有比較高的認同；40~49 歲的民眾則有比較高的數量認同國民黨，以及比較低的數量屬於其他政黨認同者或沒有政黨認同；50~59 歲的民眾也有相對較高的數量認同國民黨，但抱持其他政黨認同或無政黨認同的數量則比較低；至於 60 歲及以上的民眾則與全體民眾相差不大。

　　以教育程度來講，除了國初中教育程度的民眾有更高比例認同民進黨之外，其餘民眾不論教育程度為何，比較多數的民眾仍舊是其他政黨的認同者或者是沒有政黨認同。在相對上，小學及以下教育程度的民眾比其他年齡層的民眾有更低的數量認同國民黨，但有更高的數量沒有特定政黨認同，或是認同國民黨與民進黨以外的政黨；高中職教育程度的民眾對國民黨的認同則相對較高，而對民進黨則有比較低的認同；專科教育程度的民眾則有更高的數量認同國民黨，以及更低的數量認同民進黨；大學及以上教育程度則有較高的數量認同民進黨。

　　以民眾的職業來講，除了目前身為學生或仍為在職訓練的民眾有最高的數量認同民進黨，以及較低的數量認同國民黨外，其餘不論民眾的職業屬於何種類別，比較多數的民眾仍舊是其他政黨的認同者或者是沒有政黨認同。在相對上，任職公部門的民眾明顯有比較高的數量認同國民黨，較少認同民進黨；位居私部門管理階層或專業人員的民眾比較多數認同民進黨，較少認同國民黨；隸屬私部門職員的民眾則與全體民眾的認同分布差異不大；勞工身分的民眾則有較高的數量認同民進黨，對國民黨的認同則較少；從事農林漁牧的民眾則有更高的

數量認同民進黨，以及比更低的數量認同國民黨；屬於家管的民眾對於兩個政黨的認同數量都偏低，比較多數仍是沒有政黨認同或認同兩大黨以外的其他政黨；其他職業的民眾則以民進黨的認同數量稍高。

　　以民眾的居住地區來講，除了目前居住於雲、嘉、南地區的民眾有最高的數量認同民進黨，以及最低的數量認同國民黨外，其餘不論民眾的居住區域何在，比較多數仍舊是其他政黨的認同者或者是沒有政黨認同。在相對上，北部地區的台北市、新北市、基隆市，以及宜蘭有比較高的數量認同國民黨，但仍舊低於認同民進黨的數量；居住於桃園、新竹、苗栗地區的民眾則有相對較高的數量認同國民黨，但同樣低於認同民進黨的數量；居住於台中市、彰化縣、南投縣的民眾有更高的數量沒有政黨認同或者認同兩大黨以外的政黨，以及有相對較低的數量認同民進黨；居住於高雄市、屏東縣與澎湖縣的民眾相對有較高的比例認同民進黨；而位居東部的花蓮、台東與離島地區則有最高的數量沒有政黨認同或認同兩大黨以外的政黨。

伍、結論

　　前述討論說明了政黨社會基礎在內涵上即包含一種選民與政黨相當時間的連結狀況，因此，政黨的社會基礎理應是穩定多於變遷的。然而，如果以政黨社會基礎的特性而接受其穩定多於變遷的特性並不完全正確，因為，政黨的社會基礎並不是固定不動，它是會變化的，只是它的變化有時候不容易看出。

　　此一問題可以藉助 V. O. Key（1955; 1959）有關政黨重組的相關概念來理解。Key 從美國歷屆的總統選舉結果觀察，發現美國的政黨與其選民之間的連結雖然穩定，但卻也會有政黨重組的現象出現，大概在每 30 年左右就會出現不同型態的選民與政黨組合。但是此種政黨重組並非一夕之間所造成，而是**透過漸進式的重組**（secular realignment）所達成，此種漸進性的重組不只是時間的累積，也包含地理區域的變化，即在完成重組之前，局部區域的政黨社會基礎已經改變，再逐次擴大到更大的範圍。此一漸進式的政黨重組，經過所謂**關鍵性選舉**（critical election）才明顯確立。依照 Key 的說法，關鍵性的選舉必須包含三個要素：一、選舉結果與現狀有所不同，也就是反對陣營在選舉中獲勝取代執政黨的政黨輪替選舉；二、該次選舉中普遍選民的參與，意即造成政黨輪替的選舉不是少數民眾參與的結果，而是多數意見的表示；三、此一新型態的選民與政黨的連結會持續穩定一段時間，不會在短時間，如下一次選舉，就又回復原來的型態。Key 對於關鍵性選舉的要素，以及政黨漸進式政黨重組的概念，明白點出了政黨社會基礎同時具有穩定與變遷的可能性。依循這樣的脈絡，我們可以比較清楚且簡單地去理解近期台灣選舉的結果。

　　民主轉型之前的台灣，由於各種複雜的歷史與政治因素，在國民黨的威權統治型態之下，其他具有意義的反對黨沒有出現的空間，重要的政治結構，例如憲法、總統與立法院等，沒有全面的民主化，此時無法討論太實際的政黨重組問題。直到 1980 年代中期民主化快速進展之後，新的政黨陸續成立，有

不同形式的政黨競爭，而 2000 年的政黨輪替之後，才有機會檢視政黨重組概念在台灣的應用。而如果依照 Key 前述對關鍵性選舉以及政黨重組的看法，顯然民進黨在 2000 年到 2008 年的執政之後，隨即由國民黨在 2008 年到 2016 年的執政所取代，而國民黨執政八年之後，又被民進黨所取代，在這十六年期間政黨輪替的過程過於快速，每一個政黨執政的時間並不夠長到可以發展出一種新且穩定的選民與政黨連結關係，也因而無法有效看出是否真的有政黨重組的出現。此一結果同時也與坊間媒體或政治評論家經常談論的「政黨重組」之內涵有所不同，主要差異在於這些媒體與政治評論並沒有對「政黨重組」一詞給予更完整與一致的定義，而其所指涉的現象，是比較接近快速政黨體系變遷的現象，並不是在討論 Key 所提出的「政黨重組」概念。因此，2016 年的選舉固然也造成政黨輪替，也有相當多的民眾參與其中，但是，是否就是一個關鍵性的選舉，並開啟政黨重組新時代，仍需要看民進黨是否能夠持續執政更長的時間，才有機會檢驗新的選民與政黨間的連結是否真的出現。

　　除了政黨重組的可能性之外，另外一個值得注意的是政黨互動的發展方向，包含小黨與大黨之間的互動情形，也將影響台灣民主政治的實質內容。從 2000 年之後的「泛藍」、「泛綠」之間的競爭是否仍會繼續存在？如果從政治分歧的角度來看，既有的統獨分歧、認同差異，以及在大陸政策上的差異，仍舊存在於「泛藍」與「泛綠」兩大陣營之間，這些差異在性質上有相當高的程度是強調意識型態與認同問題，具有長期與

穩定的特性，也因而容易讓民眾對政黨之間的差異有所認識。但另一方面，除了這些與意識型態相關的政治分歧之外，在台灣的民主發展過程中，也可以看到日益明顯的政黨競爭並不僅僅立基於意識型態的差異，同時也會受到與施政表現相關的問題所影響。也就是說，民眾對執政黨施政表現的好壞評價，或者民眾對現任領導人評價的高低，甚至是對重大社會問題的處理評價等，也會影響民眾的政黨支持（蕭怡靖、游清鑫，2008）。因此，「泛藍」與「泛綠」的互動固然持續強調意識型態的差異，但非意識型態的競爭也同時存在。

　　而在這些長期意識型態或是短期施政表現的差異之外，還有一個值得注意的問題是，現階段台灣在經濟、社會與政治各層面的改革也會對政黨競爭產生新的影響。例如對與社會安

勞工在勞動節上街抗議，是世界各國都必須面對的問題之一。

全與福利問題相關的老人照護、健保改革、年金改革、最低薪
資、工時上限問題、甚至是縮小貧富差距等問題等，各個主要
政黨都無法否定改革的必要性，但是對於改革的方式卻有不同
的看法。這些改革議題的最後成效同樣也會影響民眾對政黨表
現的評價，進而影響台灣政黨體系的發展。

第四章

台灣認同與選民投票抉擇

鄭夙芬、王德育、林珮婷

- 壹、前言
- 貳、台灣認同發展三階段
- 參、台灣認同在總統選舉的作用（1996-2012）
- 肆、台灣認同與 2016 年總統選舉
- 伍、結論

壹、前言

　　自 1895 年至今，台灣經歷了三個不同的統治階段，先被清朝割讓給日本，在日本統治 50 年後，又在 1945 年交給中華民國。隨著 1949 年國民政府播遷來台，台灣和中國大陸開始了將近 50 年的分隔，一直到 1987 年後，兩岸才再度有所接觸。在此一特殊的政治歷史環境之下，造成台灣民眾的認同呈現多元化的面貌，同時也展現階段性的變化。而在過去的 10 數年間，台灣政治上歷經三次政黨輪替（2000 年、2008 年及 2016 年），由於國家領袖及所屬政黨的意識型態不同，台灣民眾的認同也在政黨輪替的過程中，經歷了不同的轉換期。認同做為民眾情感的依附，除了對個人的政治態度與行為有所影響之外（Cheng, Yu, and Liu, 2008；陳陸輝，2000；陳義彥、盛杏湲，2003；陳陸輝、耿曙、王德育，2009），也在 1996~2012 年間的五次總統選舉中，扮演重要的角色（鄭夙芬，2009；2013）。本文承續過去的研究，探討認同在 2016 年總統選舉中的特質與所扮演的角色。

貳、台灣認同發展三階段

　　「認同」是一種群體成員據以和其他群體區分的「特徵」或「意識」。其關鍵在於主觀上意識到他人與自己之間的差異，因而界定出「我群」（we group）與「他群」（they group）的分野。因此，認同的本質是一種「界限設定」

（boundary setting）（Bourdieu, 1984）。從認同的形成過程而言，Abdelal 等人（200: 19-32）認為集體認同（collective identity）包括內容（content）及爭議（contestation）二個面向。因為一個群體在建構認同的過程中，會有共識也會有歧見。許多認同的內容是透過團體成員在內部不斷的協商與爭論所達成。不過集體的認同並非固定不變，認同的內涵會因為環境的變化，使得內部成員對認同的意義產生不同看法而有所變動，所以認同也具有流動性。從這個觀點來看，台灣民眾認同的發展，大致可以分為三個階段。以下我們將分別敘述每個階段的族群界限與認同內容的共識及歧見（Wang, 2017；鄭夙芬，2009；2013）。

　　台灣認同的第一階段，主要是「本省人／外省人」的省籍對立。自 1895 年至 1945 年半個世紀之間，日本在台灣建立的殖民政府雖然是以剝削及壟斷資源為目的，但也在台灣進行許多基礎建設，並施行多項促進台灣工業化的措施，包括修建道路、鐵路與港灣，設立電廠以及建造水庫。日本殖民政府同時也推動教育普及化、改良民眾衛生習慣、整頓社會治安及培養法治觀念，甚至也在台灣舉行了幾次的選舉。因此，1945 年時的台灣已具有現代國家的雛型。在經濟及社會各方面，都較經歷連年戰亂的中國大陸來得進步[1]（王甫昌，2003；張炎憲，2006；李筱峰，1998）。雖然為了統治的便利性，日本政府致力於台灣民眾的「皇民化」，但在殖民時期，台灣人的地位仍然不能與日本人相比。因此，當台灣的主權在二戰結束後被歸還給中國時，許多民眾歡欣鼓舞，殷切期盼回歸祖國的

懷抱（李筱峰，1998：26）。但是，在大陸的中國人眼中，因為與日本抗戰八年的經歷，使得他們覺得台灣的社會與文化無異於日本，不免對台灣民眾產生敵意。所以即使是回歸中國之後，台灣民眾感覺受到歧視，仍舊覺得自己是二等公民（張炎憲，2006：474-475）。尤其是在 1949 年後，隨國民政府撤退來台的大陸各省軍民，和當時台灣的閩南、客家及原住民等族群，因為文化的差距產生許多磨擦。二二八事件的發生，更加深了「本省人」與「外省人」的猜忌與敵視。再加上政府當時為了反攻大陸，以中國正統自居，除了全面強調中華文化之外，壓抑台灣本土的語言及文化，台灣的政治權力也幾乎由外省人所壟斷 [2]（Tien, 1989；王甫昌，2003；2008）。這些在文化及政治上的高壓政策，使得外省族群明顯地有別於本省的閩南、客家及原住民族群（王甫昌，1993；2003；吳乃德，2002；2005；張茂桂，1993）。因此，在台灣光復之初，國民政府所採行的壓制策略，引起本省與外省兩個族群之間的對立與敵視，使得「省籍」成為台灣社會中一個關鍵性的認同區分界限。基於這個在文化上及政治上所受到的不公平待遇，本省族群便開始藉由集體抗爭行動爭取自身的權益。這些抗爭使得當時的國民黨政府不得不讓本省人也有參與中央權力機構的機會，從 1972 年開放中央公職人員增額選舉，開始慢慢增加本省籍菁英進入政府的機會（王甫昌，2003：86）。此種由省籍之分及政治上的不平等待遇而引發的族群運動，隨著民主化的浪潮，以及現代國家與公民觀念的引入，造就台灣的族群運動與民主化同時發展的特性。

　　1970 年代，台灣發生的本土化運動，主要是以本省人的弱勢族群意識，對抗外省人強調中國法統的威權統治，而在1980 年代民主化開始後，本省與外省族群在政治權力上角色開始對換，在此種本土化及民主化浪潮的衝擊之下，國民黨政府無法再維持一黨專政的威權體制。於是 1987 年政府宣布解除戒嚴及開放黨禁，1991 年開放國會全面改選，並於 1996 年施行總統的直選。值得注意的是，族群（認同）運動往往會以建立主權國家做為運動的目標（Abdelal et al., 2009: 23；吳乃德，2005：13），民進黨成立後的族群論述，在這方面就表現得很清楚。該黨於 1986 年成立之後，便是以「政治民主化」及「本土化」為訴求，以求建立一個屬於「台灣民族」（包括認同台灣這塊土地的本省人及外省人）的國家（王甫昌，2003）。另一方面，如同團體支配理論所指出的，在一個政治體系中，支配的族群通常對於國家的資源以及政治符號具有宰制權，在國家認同（national identity/national attachment）上會遠高於其他被支配的團體（Sidanius 1993: 183-219）。所以人數上處於劣勢但過去擁有宰制特權的外省族群，對於中國意識的認同，遠高於其他被支配的族群（本省閩南、客家及原住民）。也因為面對高漲的台灣本土意識，引發了外省族群的危機意識，開始建構「以國家認同的符號及情操，來召喚民眾的中華民族意識，以對抗台獨勢力的擴張」。（王甫昌，1998：166）此種族群間以台灣意識／中國意識做為號召的情況，使得台灣的認同發展進入第二階段。在此一階段，權力的分配和使用已不再是台灣族群衝突的重心，「台灣民族主義」（台灣

意識）與「中國民族主義」（中國意識）的對立才是了解台灣族群關係的核心癥結（王甫昌，1997a；1997b；2003；吳乃德，2002；徐火炎，1996；張茂桂，1993）。這種意識型態的對立，連帶地也使得族群運動與政黨發展互相結合，隱然有民進黨代表本省人及台灣意識、國民黨代表外省人及中國意識的態勢。因此，意識型態的差異便成為台灣政黨間的主要區辨標準（陳文俊，2003）。

　　就在台灣內部政治體制發生改變的時期，台海兩岸於1987年恢復交流，從此兩岸往來日益密切，然而這些交流與接觸，似乎並沒有增進彼此的相互理解與感情，其關鍵在於中國大陸的對台政策一直無法獲得台灣民眾的認同與信任。這是因為北京政府不斷強調台灣是「中國不可分割的一部分」，以及兩岸統一是北京唯一可以接受的結果。中國大陸早期採取文攻武嚇的策略，以言語或是軍事行動做為恫嚇台灣民眾的手段。雖然在2006年之後，改採以商圍政以及軟硬兼施的「兩手策略」，一方面透過「軟的一手」，有計畫地對台灣施惠，企圖影響台灣民意走向，左右台灣的大陸政策。另一方面又藉由訂立「反分裂國家法」[3]，在反對台灣獨立的立場上完全不退讓，並在國際社會中採取外交圍堵的「硬的一手」策略（耿曙，2009）。就效果而言，雖然此種兩手策略降低了台灣民眾所感受到的敵意，[4] 但也引起台灣民眾擔心中國大陸會「以商逼政，以經促統」的焦慮，再加上中國大陸在國際上刻意地排擠與圍堵「中華民國」，使得台灣長期被孤立於國際社會之外。這些種種的挫折，反而讓台灣民眾產生自我定位的心理需

求，尤其是相對於共產中國的威權體制，台灣已是自由與民主的社會，也有直接民選的國會與總統，在在表現出台灣是一個主權獨立的國家，更使得民眾感受到台灣與中國大陸之間的差異與距離。

　　從台灣認同的發展來看，1999年李登輝總統所提出的「特殊國與國的關係」[5]，及2002年陳水扁總統宣稱的「一邊一國」[6]（一般所謂的「兩國論」），皆可以視為是族群運動以建國為目標的呼應。在這個過程中，吳乃德指出：「『台灣人』的內涵正由文化的族群概念成為政治的民族概念。」（吳乃德，2013：120）在台灣認同發展的第一及第二階段中，我群與他群的界限，僅是以台灣為中心的地理範圍內各族群間之意識差異，但因為中國因素的介入，使得台灣認同的發展進入第三階段，認同的界限轉變成以「台灣」（我群／我國），與「中國」（他群／他國）對立。因此，台灣認同由原本在台灣內部民眾之間的意識差異，轉變為「台灣／中華民國」與「中國／中華人民共和國」之間的「國家」認同問題，讓台灣認同的發展從「族群認同」轉換成「國家認同」的層次（鄭夙芬，2013）。下面的分析會顯示，在第三個階段，台灣民眾在認同上的歧見與爭論，主要集中在對兩岸關係及未來國家的走向，目前尚未達成有共識的集體認同，也正因為這些歧異，使得台灣民眾的認同在歷次的總統選舉中，都扮演了一個重要的角色。

參、台灣認同在總統選舉的作用（1996-2012）

　　總統是國家的領導人，對於國家未來的走向有重大影響，因為台灣認同的發展牽涉到兩岸關係的走向，因而在歷次的總統選舉中，認同不可避免地成為競選期間的重要議題。從台灣認同發展的歷程來看，泛藍的主要政黨國民黨、親民黨及新黨，被認為較傾向中國意識並且較為傾向統一，而泛綠政黨的民進黨、台灣團結聯盟及建國黨，則較堅持台灣本土意識並且比較傾向獨立（陳文俊，2003；鄭夙芬，2007）。隨著台灣內部日益高漲的本土意識，以及中國大陸對台灣在外交上的處處打壓，泛藍政黨的親中色彩經常受到質疑。從表 4-1 可以看出，在歷次的總統選舉中，主要都是泛藍及泛綠陣營的對壘，而雙方候選人對於兩岸議題的立場及政策，往往成為競選活動中互相攻擊或防衛的重點，例如 2008 年謝長廷攻擊馬英九的「兩岸共同市場」，就是「一中市場」，或是 2012 年選前一些重要的企業界人士如王文淵、宣明智及王雪紅出面支持「九二共識」，甚或與投票日同時舉行的公投，不論是 2004 年的「強化國防」[7] 與「對等談判」[8] 公投，或是 2008 年的民進黨提出的「台灣入聯合國」[9] 及國民黨提出的「務實返聯」[10] 公投，中國因素都牽涉其中，顯示「台灣／中華民國」作為一個主權國家的議題，幾乎都在歷次的總統選舉中成為選戰的議題，而民眾對台灣主體性的堅持，也明白地顯示台灣認同的界限，是以「台灣／中華民國」為我群，與「中國／中華人民共和國」的他群相對立。

表 4-1　1996-2012 年總統選舉中的認同議題

選舉年度	認同相關議題
1996	• 台灣第一次的總統直選，李登輝以第一位「台灣人的民選總統」做為號召，即使民進黨推出台獨色彩濃厚的彭明敏與謝長廷這組候選人，仍不敵「李登輝情結」[11] 的效用。 • 在選舉期間，中國大陸政府於東南沿海行飛彈試射及軍事演習，被認為是試圖干擾台灣的總統選舉。
2000	• 選舉前 3 天，中共總理朱鎔基對台獨發表的嚴厲言論，稱「誰上台都不可搞台獨，任何形式的台獨都不能成立，這是我們的底線」，否則，主張台獨的人「不會有好下場」，並警告台灣選民「不要一時衝動，以免後悔莫及」，引起許多台灣民眾不滿。
2004	• 泛綠陣營發動「二二八手護台灣運動」，參加者從台灣北部基隆的和平島，到台灣南部屏東昌隆的公路上手牽手一路排開，由李登輝前總統擔任總指揮，強調全民守護台灣，抗議中國對台部署導彈，及維持台灣主權獨立，估計有約 200 萬人左右參與，活動中高喊「Say Yes to Taiwan」及「Say No to China」。此一運動被認為對陳水扁選情的提升有所助益。 • 民進黨推動「強化國防」與「對等談判」二項公投案。 • 選舉前夕發生三一九槍擊事件，民進黨候選人陳水扁及呂秀蓮於台南市掃街拜票時受到槍傷，當時親綠地下電台稱是「中國人暗殺台灣人總統陳水扁」。
2008	• 國民黨的「兩岸共同市場」主張，被民進黨陣營指稱即是「一中市場」，認為將嚴重危害台灣的經濟福祉。 • 民進黨總統候選人謝長廷揭發國民黨總統候選人馬英九及其家人持有綠卡，馬英九原本聲稱本人及家人都未持有綠卡，但後來承認其本人與妻子曾持有綠卡但多年未用，已視同失效；謝長廷陣營則認為馬英九的綠卡仍有效，依此質疑馬英九對台灣的忠誠度。 • 由前民進黨主席游錫堃提出「台灣入聯合國」公投案；國民黨則由副總統參選人蕭萬長提出「務實返聯公投」。
2012	• 民進黨總統候選人蔡英文將「台灣共識」、「我是台灣人」、及「Taiwan Next」當作選戰的主軸與口號。 • 國民黨總統候選人馬英九提出「認同三段論」：「血統上，我是中華民族炎黃子孫；身分上，我認同台灣、為台灣打拚，我是台灣人；國籍上，我是中華民國國民，也是中華民國總統」。 • 選前幾天一些重要的企業界人士如王文淵、宣明智及王雪紅出面支持「九二共識」；民進黨則召開國際記者會強調九二共識不存在，蔡英文提出的「台灣共識」才是兩岸互動的基礎。

資料來源：作者編纂。

　　經驗研究指出，認同因素不僅是歷次總統選舉中的重要議題，也是影響民眾投票抉擇的重要因素之一（張傳賢、黃紀，2011）。鄭夙芬（2009；2013）對認同與選民投票行為關聯性之系列研究指出，在 1996-2012 年的五次總統直選中，具有不同程度台灣認同意識的民眾，其投票行為也有所不同，除了 1996 年國民黨的李登輝普遍得到不同程度台灣認同者的支持之外，在其他的選舉年中，都是台灣認同程度較高者，明顯地較支持民進黨的候選人，而他們支持國民黨或是泛藍候選人的比例也都比較低；相反地，台灣認同程度較低者，都較支持泛藍政黨的候選人[12]。若就個別總統候選人[13]的選票結構來看（見圖 4-1），民進黨候選人有高達七成以上的支持者是來自台灣認同意識最高的民眾；泛藍政黨候選人的支持結構，則較平均分配於不同認同程度的民眾；而台灣認同程度較高者，支持泛藍候選人的傾向明顯較低。此種情形顯示兩黨在認同的意識型態上的確有所不同，但也突顯民進黨在過去五次總統選舉中選票的侷限性，尤其得不到中度台灣認同者的支持。這或許是因為民進黨在認同的論述上，忽略了台灣與中國大陸在歷史血緣上的聯繫，也無法因應兩岸在政治經濟上糾葛的複雜關係。

　　上述的分析顯示，不論從選民的投票對象或是候選人的支持結構來看，台灣認同意識較高者，顯著地較支持泛綠候選人，而台灣認同意識較低者，則較支持泛藍候選人，兩個陣營候選人的支持基礎有明顯的差異。這些結果顯示認同在過去五次總統選舉中，扮演了一個重要的角色。

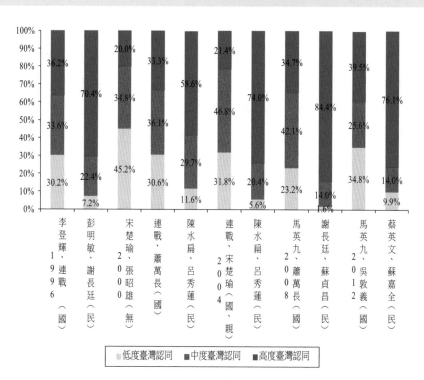

圖4-1　1996-2012年總統選舉主要候選人的支持結構

資料來源：謝復生（1997）、陳義彥（2001）、黃秀端（2005）、游清鑫（2009）、鄭夙芬（2012）。

肆、台灣認同與2016年總統選舉

　　和之前的五次選舉一樣，認同在2016年的總統選舉中，也是選戰中重要的攻防議題，候選人的論述尤其集中在與兩岸密切相關的「九二共識」與如何維持現狀。自2008年馬英九

總統上任後，馬政府積極推動兩岸互動，讓台灣與大陸維持了相對穩定的和平關係。雖然馬總統第一任的施政滿意度不甚理想，卻仍然得以在 2012 年當選連任，其中一個重要的因素就是其兩岸政策能夠獲得民眾的支持（鄭夙芬，2014）。不過，在馬總統八年的任期中，他也經常被批評過於「傾中／親中」，有損台灣主權，尤其是 2014 年 3 月因兩岸服務貿易協定的立法程序，被批評是黑箱作業，引發「太陽花學運」，接著在同年 10 月又發生了頂新企業黑心油事件。後者雖然是食品安全問題，但是讓民眾開始注意兩岸經貿紅利，似乎為財團或特定人士所獨占。許多民眾開始覺得馬英九政府的兩岸政策，不僅無法有效振興經濟，也不能讓多數民眾享受兩岸交流的成果，反而造成貧富差距的嚴重擴大及社會階級流動的停滯，民眾因此對國民黨政府所推動的兩岸政策產生質疑（Wang and Cheng, 2017），這使得一向在兩岸議題上有優勢的國民黨，卻在兩岸政策上進退失據。也由於馬英九總統八年的政績不佳，2016 年的總統選舉，國民黨從候選人的提名開始，即陷入苦戰，一開始並沒有任何人願意代表國民黨參選，後來僅有洪秀柱以「拋磚引玉」為名主動表態。但她在獲得國民黨提名之後，即提出「一中同表」的主張，甚至表示「不能說中華民國的存在」，也因為她在兩岸議題上過於統派的形象與主張，讓當時的國民黨主席朱立倫以洪秀柱的「兩岸政策均與國民黨長期主張和台灣主流民意有所偏離」，史無前例地在總統候選人提名確定之後，將洪秀柱換下由朱立倫自己取代。[14]

朱立倫在成為總統候選人之後，試圖將選戰的主軸拉回國

民黨傳統上的「九二共識、一中各表」主張，開始攻擊民進黨的台獨黨綱及民進黨總統參選人蔡英文的兩岸政策：他批評蔡英文主張兩國論，當選後可能會透過修憲變更中華民國國號，強調國民黨捍衛中華民國的立場。同時他也重申九二共識是兩岸關係重要基礎，並質疑蔡英文的兩岸政策充滿矛盾，一面要「維持現狀」，另一面又不願意承認「九二共識」，讓維持現狀成為不可能的任務。[15] 他也說明「九二共識在每個階段有不同意義：上一個世代，九二共識最重要的意義是結束兩岸敵對關係。這個世代，是兩岸關係從九二共識推向和平發展。下一個世代，要在九二共識基礎上，從和平發展走向合作雙贏。」[16] 對於朱立倫的質疑，民進黨總統參選人蔡英文在競選總部成立大會上，重申民進黨兩岸政策的重點，「是要『維持現狀』，而維持現狀有兩個成分，第一，維持台灣自由民主的生活方式和既有的憲政體制；第二，兩岸之間要維持和平穩定的發展關係。」她並表示，「會盡一切的努力，確保台海局勢的穩定。」[17] 蔡英文的選戰策略是淡化九二共識的議題，將重點放在維持台灣的自由民主及兩岸的和平穩定。

就在選戰當中，馬英九總統與中國國家主席習近平突然於 2015 年 11 月 7 日在新加坡召開會談（簡稱「馬習會」）。在會談的開場演說中，馬總統強調了「九二共識」但沒有提到「一中各表」，因而遭到強烈的批評。雖然陸委會在會後公布了正式會談的內容，表示馬總統在會談中的確提到「海峽兩岸均堅持『一個中國』原則，其涵義可以口頭聲明方式各自表達，來說明『一中各表』的『九二共識』」。[18] 但馬習會對國

民黨候選人朱立倫的選情並沒有幫助。馬英九總統在新加坡關於「九二共識」的談話，是否包括「一中各表」仍然受到質疑。因為中國大陸對於「九二共識」的內容，始終強調「一個中國」的原則，而台灣方面則主張「各自表述」，此種必須要有各自表述的堅持，則充分反映了台灣認同的意涵及糾葛。就在大選的前一天發生「周子瑜（道歉）事件」[19]，更讓許多台灣民眾認為中國大陸只堅持「九二共識」中的「一中」，而不承認其中的「各表」。台灣民眾對「周子瑜事件」的反應，也顯示台灣認同的發展，已經提升到國家認同的層次，並對國民黨的選情有一定程度的傷害[20]。

　　從認同的「內容」及「爭論」的觀點來看，台灣認同的共識及歧見，主要展現在對原生的血緣、歷史等與中國大陸在文化上的聯結，以及政治上中華民國和中華人民共和國的區別；而國、民兩黨長期以來對台灣未來走向立場上的差異與爭議，即是台灣社會的集體認同尚未達到共識的具體表現。為了探討台灣認同對總統選舉的影響，我們根據台灣民眾在文化及政治二個認同面向的共識與歧見，設計二道題目來測量 2016 年民眾的台灣認同程度：

- 有關台灣文化和中華文化的內容，請問您認為是完全相同，大部分相同，大部分不同，還是完全不同？

- 有人說：「台灣與大陸是二個獨立的國家」；也有人說：「台灣與大陸是同一個國家，只是目前暫時

分開」，請問您比較同意哪一種說法？

　　上面的第一個問題，在於探討民眾對中華文化與台灣文化之間關係的界限與程度；第二個問題則是在測量民眾對兩岸的國家關係定位，然後再依此建構一個「台灣認同」指標。[21] 如表 4-2 所示：在文化認同方面，當受訪者認為台灣文化和中華文化「大部分不同」及「完全不同」者，將之歸為「不同」類別，代表其對台灣文化獨特性的認同程度較高，以 1 代表；反之，認為台灣文化和中華文化「大部分相同」及「完全相同」者，將之歸為「相同」類別，代表其對台灣文化獨特性的認同程度較低，以 0 來代表。在政治認同上，當受訪者認為「台灣與中國為不同國家」，表示其對台灣國家主體性認同程度較高，以 1 代表；若認為「台灣與中國為相同國家」，表示其對台灣國家主體性認同程度較低，以 0 來代表。然後將受訪者在這兩道題目的答案數值相加，得到一個由 0 至 2 分的尺度，0 表示台灣認同的程度最低，2 表示台灣認同程度最高。我們據此將受訪者分成「高度台灣認同」、「中度台灣認同」以及「低度台灣認同」三類。此種分類法係以傾向台灣文化獨立性及台灣政治主體性的程度為標準，程度愈高者代表對台灣在文

表 4-2　台灣認同意識建構表

	台灣與大陸為同一個國家（0）	台灣與大陸為不同國家（1）
台灣文化與中華文化相同（0）	0	1
台灣文化與中華文化不同（1）	1	2

表 4-3　2016 年台灣認同意識的分布

	%（人數）
低度台灣認同	18.0（294）
中度台灣認同	37.9（621）
高度台灣認同	44.2（724）
合計	100.0（1,640）

資料來源：鄭夙芬（2016）。

化上及政治上的認同程度愈高，此種歸類並不牽涉價值判斷的
意義，純粹是就受訪者對台灣與中國大陸在文化與政治上的接
近性而定。

　　依照上述的分類，受訪者的認同程度分布如表 4-3 所示，
有 44.2% 的受訪者被歸為高度的台灣認同者，這群受訪者在文
化與政治層面上，都認為台灣與中國大陸的關係不高；中度台
灣認同者則有 37.9%，他們認為台灣與中國大陸在文化或政治
上，僅有一個層面是有連結的；低度台灣認同者僅占 18.0%，
他們是台灣社會中，與中國大陸連結性最強的一群人，他們相
信台灣與中國大陸文化相同，也是同一個國家。此一結果顯示
台灣和中國大陸經過長期的分隔，雖然近年來交流往來頻繁，
但整體而言，認為台灣與中國大陸不論是文化或政治上關聯性
不高，或是僅有一個面向的連結者，已占全體受訪者的八成以
上，可謂台灣民眾已發展出自我的認同意識。

　　表 4-4 顯示台灣認同者的人口特徵。高度台灣認同者的主
要特徵是：女性（47.1%）、20-29 歲（46.6%）、國中小及以
下教育程度（47.8%）、南部地區的居民（48.2%）、本省閩

南人（48.9%）、認為自己是台灣人（58.8%）、偏向支持台灣獨立（66.8%）、支持泛綠政黨（62.8%）；而低度台灣認同者則主要是：男性（22.0%）、高中職教育程度（21.1%）、北部地區的居民（19.8%）、大陸各省市人（34.1%）、認為自己是中國人（66.7%）、偏向支持兩岸統一（45.3%）、支持泛藍政黨（37.0%）。

　　就人口特徵分布也可以看出，30 歲以下年輕人的台灣認同意識較其他年齡層高，有八成以上都屬於中、高度的台灣認同者，他們成長於本土化運動的時期，本土化的結果，可能讓這些年輕人感受到與中國在文化和政治上的距離愈來愈遠。由年輕人在 2014 年發起的太陽花運動及 2015 年的課綱運動，雖然都是反對馬英九政府的政策，但其中也都牽涉了「反中（國）」的情緒，顯示台灣年輕世代的認同有著與中國漸行漸遠的趨勢。

　　南部民眾的台灣認同程度高於北部的民眾，此種分布可能與近年來南北部在產業結構上的差異，造成與中國的關係不同有關，近年來兩岸密切的經濟往來中，南部的產業屬於較為弱勢甚至是被犧牲的一方（耿曙、陳陸輝，2003），他們對於中國容易有負面的情緒，相對而言較能接受民進黨的本土論述，近年來中央層級的選舉結果呈現北藍南綠的情況，[22] 也應是一種認同差異的反映。

　　就省籍而言，本省閩南人及本省客家人的台灣認同程度，明顯高於大陸各省市的受訪者，然而較為值得注意的是，過去國民黨在政治操作上較拉攏客家族群，使得客家族群在政治及

文化的認同上與外省族群較為接近（鄭夙芬，2013），但這次的調查結果卻顯示，客家族群的台灣認同模式較接近本省閩南人。這是否代表一個永久性的變化，仍需要後續的觀察。以往的研究顯示省籍已不再是民眾投票時的主要考量（鄭夙芬、陳陸輝、劉嘉薇，2005；張佑宗，2006；包正豪，2009；鄭夙芬，2009），但這並不代表省籍因素對於認同沒有影響，省籍差異在過去曾是台灣社會對立的主因，也在社會留下創傷，並不容易消弭，在政治與社會層面都還有一定的影響力（洪永泰，2015）。

在台灣人／中國人認同的差異上，認為自己是台灣人者有較高的台灣認同意識，相反地，自認為是中國人的民眾，其台灣認同程度較低，然而認為自己既是台灣人又是中國人的雙重認同者，有將近四成（39.0%）是屬於低度台灣認同者，也同樣有四成左右（39.9%）是中度台灣認同者，顯示雙重認同者在認同意識上的不確定性，也表示「中國」對他們仍然有相當的吸引力。

具有不同認同程度的受訪者，其統獨立場與政黨認同也有明顯的差異。在高度台灣認同的民眾中，超過 60% 以上都支持獨立與認同泛綠政黨；相對來說，在文化及政治認同上較傾向中國意識的民眾，則偏向認同泛藍政黨與偏向支持統一。中度台灣認同的民眾，在統獨立場與政黨認同較為分歧，不過大體而言，這些民眾比較偏向支持維持現狀或支持統一，而在政黨認同上，則較支持泛藍政黨，或為不具政黨傾向的獨立選民。

表 4-4 不同程度台灣認同意識者的基本人口特徵

	低	中	高	樣本數	檢定值
合計	18.0%	37.9%	44.1%	1,640	
性別					
1. 男性	22.0%	36.6%	41.4%	853	$\chi^2 = 20.079$
2. 女性	13.6%	39.3%	47.1%	787	df = 2 $p = .000$
年齡					
1. 20-29 歲	9.5%	43.9%	46.6%	305	$\chi^2 = 30.509$
2. 30-39 歲	15.0%	40.4%	44.6%	379	df = 8
3. 40-49 歲	20.3%	38.2%	41.5%	330	$p = .000$
4. 50-59 歲	21.1%	33.3%	45.6%	318	
5. 60 歲以上	23.8%	33.1%	43.1%	290	
教育程度					
1. 國中小及以下	15.1%	37.1%	47.8%	372	$\chi^2 = 9.287$
2. 高中職	21.1%	34.3%	44.6%	475	df = 4
3. 專科及大學以上	17.5%	40.4%	42.1%	787	$p = .054$
居住區域					
1. 北部	19.8%	37.9%	42.3%	1,122	$\chi^2 = 9.457$
2. 南部	13.9%	37.9%	48.2%	504	df = 2 $p = .009$
籍貫					
1. 本省客家人	22.7%	42.3%	35.1%	194	$\chi^2 = 68.262$
2. 本省閩南人	15.2%	35.9%	48.9%	1,239	df = 4
3. 大陸各省市人	34.1%	45.3%	20.6%	170	$p = .000$
職業					
1. 高、中及白領	19.0%	36.2%	44.9%	680	$\chi^2 = 2.666$
2. 中低、低及白領	17.3%	39.0%	43.7%	526	df = 8
3. 農林漁牧	15.2%	36.7%	48.1%	79	$p = .954$
4. 藍領	17.3%	40.1%	42.6%	312	
5. 其他	16.3%	39.5%	44.2%	43	

表 4-4　不同程度台灣認同意識者的基本人口特徵（續）

	低	中	高	樣本數	檢定值
台灣人／中國人認同					
1. 台灣人	3.9%	37.2%	58.8%	1,013	$\chi^2 = 441.837$
2. 都是	39.0%	39.9%	21.2%	562	df = 4
3. 中國人	66.7%	24.4%	8.9%	45	$p = .000$
統獨立場					
1. 偏統一	45.3%	34.8%	19.9%	161	$\chi^2 = 234.286$
2. 維持現狀	20.5%	42.7%	36.8%	943	df = 4
3. 偏獨立	3.1%	30.1%	66.8%	482	$p = .000$
政黨認同					
1. 泛藍政黨	37.0%	42.7%	20.3%	403	$\chi^2 = 226.460$
2. 中立無反應	15.8%	40.5%	43.7%	707	df = 4
3. 泛綠政黨	6.4%	30.8%	62.8%	530	$p = .000$

資料來源：鄭夙芬（2016）。

　　總而言之，就人口特徵的分布來看，台灣民眾在認同上有著相當程度的分歧，顯示台灣認同仍有其不穩定性，但可見的趨勢是台灣民眾比較偏向認為台灣文化有其獨特性，也有高度的政治自主意識。

　　圖 4-2 進一步分析台灣認同與總統選舉投票抉擇的關係。大體而言，台灣認同程度愈高者，投給民進黨候選人蔡英文的比例愈高。在具有高度台灣認同的受訪者中，有超過七成投給了蔡英文，而僅有 11.6% 投給國民黨候選人朱立倫。反之，台灣認同程度較低的受訪者，則有 55.7% 的人投給朱立倫，僅有 26.9% 投給蔡英文。中度台灣認同者也顯然比較支持蔡英文。親民黨總統候選人宋楚瑜[23] 在這次的選舉中，是被邊緣化的

角色，無論台灣意識的強弱，投給他的比例都不高，但可以看出宋楚瑜有逐漸擺脫深藍色彩的趨勢，甚至比朱立倫還得到更多高度台灣認同者的支持。總而言之，在這次選舉中，國民黨的認同論述，似乎較無法得到民眾的支持，同時也顯示認同在2016年總統選舉中，仍然是影響選民投票抉擇的重要因素。

　　就選票的支持結構而言，從圖4-3可以看出，蔡英文的選票中，有58.0%來自高度台灣認同者，有33.4%的支持來自中等程度的台灣認同者，來自低度台灣認同者僅有8.6%。朱立倫的選票則將近八成（38.0% + 41.7%）來自低度與中度台灣認同的民眾。比較值得注意的現象，是宋楚瑜雖然這在這次的選舉中僅拿到12.83%的總得票數，[24] 但調查資料顯示，他

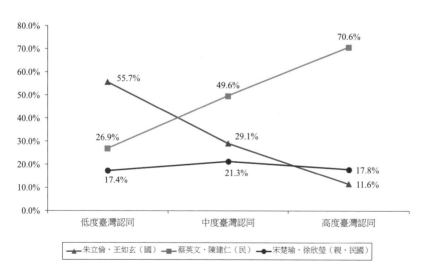

圖 4-2　2016 年台灣認同與總統選舉投票抉擇

資料來源：鄭夙芬（2016）。

的主要支持者集中於中度及高度的台灣認同者，這除了顯示他本人及親民黨在認同光譜上有所變化之外 [25]，也代表在這次選舉中，他所影響的可能是蔡英文的選票，而不是朱立倫的。同時，從調查資料來看，蔡英文的選票結構顯然已有一些變化，除了仍然無法吸引低度台灣認同者的支持外，她的選票結構中，也有三成多來自中度台灣認同者，顯示她的選票基礎已有一些突破，不再仰賴傳統的深綠選票。

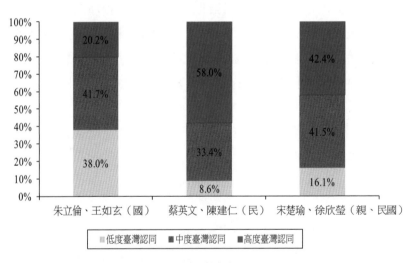

圖 4-3　2016 年總統選舉候選人的支持結構

資料來源：鄭夙芬（2016）。

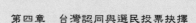

伍、結論

　　本章延續過去認同因素在總統選舉中作用的研究，從建立認同指標，來探討民眾的台灣認同是否會影響他們的投票行為。在認同指標的建構上，我們將台灣認同發展過程中的共識及歧見，以台灣與中國大陸在文化上的原生聯繫強度，以及政治上對兩岸的國家定位，將受訪民眾歸納為高度台灣認同者、中度台灣認同者，及低度台灣認同者。資料分析的結果發現，高度台灣認同者，占全體受訪者的 44.2%，這些民眾認為台灣與中國大陸連結程度較低；認為台灣與中國大陸僅在文化或是僅在政治上有連結關係的中度台灣認同者，則占 37.9%；至於低度台灣認同者，則僅占 18.0%，這些民眾相信台灣與中國大陸在文化及政治層面都有較高程度的連結。此種結果顯示台灣民眾已發展出自我的認同意識，但因為還有超過半數的民眾，仍然認為台灣與中國大陸在文化與政治上有不同程度的關係，代表台灣社會尚未達到一個集體認同，歧見與爭議仍持續存在。

　　認同因素在 2016 年的選舉中，也依舊扮演重要的角色。資料顯示台灣認同程度愈高者，投給蔡英文的比例愈高，反之，台灣認同程度較低者，比較傾向投給國民黨的朱立倫。此外，也有相當比例的中度台灣認同者，支持民進黨的蔡英文，代表國民黨的認同論述，在這次選舉中似乎較無法得到民眾的支持，然而這是不是代表國民黨長期所支持的「九二共識」與「一中各表」論述，已失去民眾的信任，則仍有待觀察。就各

候選人的支持結構而言，雖然民進黨仍然相當仰賴高度台灣認同者的支持，不過資料分析結果也發現蔡英文的選票中，已有三成左右來自中度台灣認同者，顯示相對於過去民進黨鮮明的台獨立場，蔡英文維持現狀的主張，較能吸引民眾支持。親民黨宋楚瑜的選票結構則值得討論，親民黨成立之初，在意識型態上，被認為比國民黨更傾向中國，但在這次選舉中，宋楚瑜的選票結構有八成以上來自高度及中度台灣認同者，宋楚瑜在意識型態形象上的轉變，或許是一個政治人物敏銳地感受到政治環境的變化所做的調適與因應，不過，他的轉變也代表了台灣認同的趨勢走向 —— 也就是傾向台灣文化的獨特性與政治的自主性。

附錄

附錄表 4-1　2016 年台灣認同與總統選舉投票抉擇

台灣認同程度	投票對象			
	朱立倫	蔡英文	宋楚瑜	樣本數
低	55.7%	26.9%	17.4%	219
中	29.1%	49.6%	21.3%	460
高	11.6%	70.6%	17.8%	561
總計	25.9%	55.1%	19.0%	1,240

資料來源：鄭夙芬（2016）。

說明：1. 表內數字為橫列百分比。

　　　2. 卡方值 = 181.940；自由度 = 4；$p < .001$。

附錄表 4-2　2016 年總統選舉候選人的支持結構

台灣認同程度	投票對象			
	朱立倫	蔡英文	宋楚瑜	樣本數
低	38.0%	8.6%	16.1%	219
中	41.7%	33.4%	41.5%	460
高	20.2%	58.0%	42.4%	561
總計	100.0%	100.0%	100.0%	1,240
（樣本數）	（321）	（683）	（236）	

資料來源：鄭夙芬（2016）。

說明：1. 表內數字為直行百分比。

　　　2. 卡方值 = 181.940；自由度 = 4；$p < .001$。

註解

1. 例如李筱峰（1998：90-93）指出，在 1943 年時，台灣每人平均分配發電容量，是中國大陸的 233 倍；1945 年台灣學齡兒童就學率是 80.0%，而中國大陸學齡兒童就學率為 61.0%。

2. Hung mao Tien 指出：人數僅占 13% 左右的外省人壟斷中央政府約 80% 的職位；王甫昌也引述 1959 年台灣省議員李萬居的質詢，指出立法院 500 多名的民意代表中，台灣籍立法委員僅有 8 人。

3. 《反分裂國家法》第 6 條為：國家採取下列措施，維護台灣海峽地區和平穩定，發展兩岸關係：（一）鼓勵和推動兩岸人員往來，增進了解，增強互信；（二）鼓勵和推動兩岸經濟交流與合作，直接通郵通航通商，密切兩岸經濟關係，互利互惠；（三）鼓勵和推動兩岸教育、科技、文化、衛生、體育交流，共同弘揚中華文化的優秀傳統；（四）鼓勵和推動兩岸共同打擊犯罪；（五）鼓勵和推動有利於維護台灣海峽地區和平穩定、發展兩岸關係的其他活動。國家依法保護台灣同胞的權利和利益。其第八條則為：「台獨」分裂勢力以任何名義、任何方式造成台灣從中國分裂出去的事實，或者發生將會導致台灣從中國分裂出去的重大事變，或者和平統一的可能性完全喪失，國家得採取非和平方式及其他必要措施，捍衛國家主權和領土完整。依照前款規定採取非和平方式及其他必要措施，由國務院、中央軍事委員會決定和組織實施，並及時向全國人民代表大會常務委員會報告。資料來源：行政院大陸委員會，「兩岸關係大事記」，行政院大陸委員會網站：http://www.mac.gov.tw/mlpolicy/cschrono/scmain.htm（檢索日期：2009 年 6 月 11 日）。

4. 民眾認為大陸政府對我政府及人民不友善的感覺，在 2008 年之後，有較大幅度的下降，資料來源：陸委會，http://www.mac.gov.

tw/public/Attachment/2122714405191.gif（檢索日期：2012 年 4 月 27 日）。

5. 陸委會「兩岸大事紀」記載，1999 年 7 月 9 日李登輝總統在總統府接受「德國之聲」專訪時表示，中華民國自 1991 年修憲以來，已將兩岸關係定位在「國家與國家，至少是特殊的國與國關係」，而非一合法政府、一叛亂團體，或一中央政府、一地方政府的「一個中國」內部關係。資料來源：大陸委員會，http://www.mac.gov.tw/english/index1-e.htm（檢索日期：2006 年 8 月 1 日）。

6. 陸委會「兩岸大事紀」記載，2002 年第 29 屆世界台灣同鄉會聯合會在東京召開，陳水扁總統在總統府透過視訊直播方式致開幕詞時強調：「台灣是我們的國家，台灣不是別人的一部分，不是別人的地方政府，也不是人家的一省，不可成為第二個香港或澳門，由於台灣是主權獨立，台灣和對岸的中國是『一邊一國』，需要分清楚，中共未放棄對臺動武，且在國際上進行打壓，對台灣人民的感情有極大的傷害。」資料來源：大陸委員會，http://www.mac.gov.tw/english/index1-e.htm（檢索日期：2006 年 8 月 1 日）。

7. 「強化國防」公投案為：「台灣人民堅持台海問題應該和平解決。如果中共不撤除瞄準台灣的飛彈、不放棄對台灣使用武力，您是否贊成政府增加購置反飛彈裝備，以強化台灣自我防衛能力？」

8. 「對等談判」公投案為：「您是否同意政府與中共展開協商，推動建立兩岸和平穩定的互動架構，以謀求兩岸的共識與人民的福祉？」

9. 「台灣入聯合國」公投案為：「1971 年中華人民共和國進入聯合國，取代中華民國，台灣成為國際孤兒。為強烈表達台灣人民的意志，提升台灣的國際地位及參與，您是否同意政府以『台灣』名義加入聯合國？」

10. 「務實返聯」公投案為：「您是否同意我國申請重返聯合國及加入其他組織，名稱採務實、有彈性的策略，亦即贊成以中華民國

　　名義、或以台灣名義、或以其他有助於成功並兼顧尊嚴的名稱，申請重返聯合國及加入其他國際組織？」

11. 李登輝先生在 1988 年蔣經國總統逝世後，繼任為中華民國第七任總統，對於許多台灣人（尤其是老一輩受過日本教育者）而言，「第一位台灣人的總統」的意義是長期受到壓迫的台灣人出頭天，以及本省籍精英在政治上重新得到地位的象徵，也因為他推動台灣意識及「台灣優先」價值觀，而在當時有所謂的「李登輝情結」產生。有關李登輝情結的論述，請見徐火炎（1998）。

12. 2000 年宋楚瑜與張昭雄雖是以無黨籍參選，但屬性上仍應被歸於泛藍政黨，2004 年國民黨連戰和親民黨宋楚瑜搭檔競選，也是泛藍組合。

13. 各年度較次要的幾組候選人未放到圖中。

14. 端傳媒，https://theinitium.com/article/20151007-taiwan-HungHsiuChu/（檢索日期：2015 年 10 月 8 日）。

15. 聯合報，http://udn.com/news/story/8841/1257793-%E5%B0%88%E8%A8%AA%EF%BC%8F%E6%9C%B1%E7%AB%8B%E5%80%AB%EF%BC%9A%E8%94%A1%E8%8B%B1%E6%96%87%E7%95%B6%E9%81%B8-%E6%81%90%E8%AE%8A%E6%9B%B4%E4%B8%AD%E8%8F%AF%E6%B0%91%E5%9C%8B（檢索日期：2015 年 10 月 19 日）。

16. 旺旺中時，http://www.chinatimes.com/news-papers/20151019000306-260102（檢索日期：2015 年 10 月 19 日）。

17. 蘋果日報，http://www.appledaily.com.tw/realtimenews/article/new/20151018/714050/（檢索日期：2015 年 10 月 19 日）。

18. 中央社，http://www.cna.com.tw/news/firstnews/201511095008-1.aspx（檢索日期：2016 年 9 月 9 日）。

19. 台灣藝人黃安舉報南韓女團「TWICE」的台灣成員周子瑜手拿青天白日滿地紅國旗的照片，是台獨份子，引起大陸方面反彈與抵

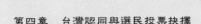

制，韓國經紀公司要求周子瑜為此道歉，聲明稿申明：「中國只有一個，海峽兩岸是一體的，我始終為自己是一個中國人而感到驕傲」的文句。道歉影片於選前一天晚上競選活動結束後播出，在網路上迅速發酵，引起許多台灣民眾的反感。中時電子報，http://photo.chinatimes.com/20160116002972-260806（檢索日期：2016年9月9日）。

20. 東森新聞雲，http://www.ettoday.net/news/20160116/631788.htm（檢索日期：2016年9月9日）。

21. 2016年的台灣認同指標，與2012年的指標建構依據，都是測量文化與政治兩個層面的共識與歧見，但政治認同的測量題目，則再經過改良。關於測量指標建構的詳細說明，請見鄭夙芬（2009；2013）。

22. Cheng, Su-feng, Ching-hsin Yu and Chia-wei Liu, "South verse North? Taiwan's Changing Party System." Paper delivered at the Annual meeting of the 2008 American Political Science Association. Aug. 27th-31st. 2008, Boston, USA.

23. 2016年宋楚瑜和民國黨黨主席徐欣瑩搭檔競選。

24. 根據中央選舉委員會的公告，2016年總統選舉結果，蔡英文得票率為56.12%，朱立倫為31.04%，宋楚瑜為12.83%，http://db.cec.gov.tw/histQuery.jsp?voteCode=20160101P1A1&qryType=ctks（檢索日期：2016年9月13日）。

25. 根據台灣選舉與民主化調查：民國90年立法委員選舉全國大型民意調查研究（TEDS2001）的調查結果，親民黨在統獨的光譜上，被認為比國民黨更傾向和中國統一。

第五章

候選人因素與總統選舉

陳陸輝

壹、研究問題

　　「選賢與能」或是「選人不選黨」，是台灣選舉的政治中經常聽到的口號，如果說特定民眾對政黨的認同或是支持相對穩定，新興的甚至是爆炸性的選舉議題在選戰中影響有限或是鮮少出現的話，那左右不同選舉結果變化的，當推候選人因素。因此，候選人條件的優劣，無疑是改變選舉結果的重要關鍵。

　　本章將從民眾對於總統候選人特質的評估、對其好惡以及政治情緒反應，分析這些與候選人有關的因素，如何影響選民在總統選舉的投票抉擇。當民眾要選擇領導國家未來四年走向的總統時，對候選人能力的評估、候選人是否了解民眾需要、民眾對候選人的喜好程度以及對其的政治情緒反應，皆在選民思考要不要將神聖一票投票給特定的候選人時，具有重要的影響。我們將檢視上述因素對選民在 2016 年總統選舉投票抉擇的作用。由於 2012 年與 2016 年選舉時的在野黨總統候選人相同，我們也將同時納入民眾在 2012 年總統選舉的投票行為當作對照組，以深入分析候選人因素對其投票行為的影響。

貳、候選人特質與好惡評價

　　Stokes（1966: 27）認為，因為不同總統的選舉中，會出現不同的候選人，他們提供了美國政治不同的刺激（stimulus objects），也可能會帶來不同政黨入主政府的政治變遷。因此，好的候選人無疑是一個國家政治變化的重要關鍵。就美國

政治來說，自 1993 年起，分別由民主黨與共和黨在各黨任滿兩任總統之後，由另外一黨輪流執政迄今。我國從 1996 年開始舉行總統由人民直接選舉以來，自 2000 年以後，也是由國內兩個主要政黨各自任滿兩任之後，另外一黨輪流執政迄今。因此，Campbell（1964）在討論選舉類型時就指出，選民以政黨認同來決定其投票行為稱為「常規投票」（normal vote），但是，條件好的候選人可以吸引選民不再「常規投票」，而造成政治變遷。除非選舉制度是政黨比例代表制，否則候選人通常是競選活動中大眾注意的焦點。而行政職務領導者的選舉更受選民矚目，其中，總統選舉當然是大家關注的焦點。Kinder（1986: 234）認為，選民期待總統讓國家有健康的經濟、安定的社會、廉能的行政團隊以及締造和平的世界。因此，選民對於總統表現的期望是相當高的，總統候選人的個人特質（personal traits）、候選人過去的參政表現以及民眾對於候選人的好惡程度等，對於選民投票抉擇的影響，毫無意外地，一直是選舉研究的重要主題。觀諸國內與國外候選人形象相關的研究文獻，即可了解候選人因素對於選民投票抉擇的影響，向來受到重視。

選民對總統候選人進行評價時，心目中是否有一個理想總統應該具備的個人特質以及表現的具體想法呢？依據 Kinder 等人（1980）的分析，他們發現，民眾主要是以在位的總統為參照對象，來評斷一個理想總統應該具備的特質與表現。其中，又以他的能力（competence）以及值不值得信任（trustworthiness）最重要。

　　其他學者也從政治人物的角度出發，討論政治人物如何塑造他們在選民心中的印象。McGraw（2003）就指出，印象（impression）包含我們對他人所知以及所信的相關資訊，不過，對他人印象的建構是一個隨時間演進的動態過程，而我們對於他人的印象或是形象主要是以**外貌**（appearance）、**行為**（behavior）以及**特質**（traits）三項為主。至於對於政治人物的相關刻板印象，則包括外貌、性別、種族以及黨派四項。

　　不過，政治人物，特別是總統候選人或是總統，除了民眾對他們的印象之外，是否應該具備一定的個人特質，才可以爭取到人民的支持？Kinder（1986）將總統候選人的特質（presidential character）分成四個面向，分別是：能力（competence）、領導（leadership）、操守（integrity）與同理心（empathy）。其中，能力主要是以見多識廣（knowledgeable）與聰明（intelligent）為測量；領導則是啟迪人心（inspiring）與提供強有力領導（providing strong leadership）；操守則聚焦在道德（moral）與誠實（honest）；同理心則為憐憫（compassionate）以及真心關懷人民（really cares about people like me）（Funk, 1999: 702; Miller and Shanks, 1996）。這些測量對於總統候選人的人格特質提供了重要的依據。Kinder（1986）指出，候選人的特質中，能力對於主要候選人的整體評估最為重要。不過，從 Funk（1999）的分析卻顯示：相對而言，候選人的領導力較為重要。當然，Funk 也認為，因為選舉不同，候選人不同的特質會被突顯。Mondak（1995）則認為對國會的現任者議員來說，他的能力

以及操守對於他們勝選與否扮演關鍵的角色。

　　除了候選人的形象與特質之外，美國選舉研究在 1980 年代初，即開始針對選民對候選人的候選人情緒，提出有系統的問卷設計，以掌握民眾對候選人的情緒反應。正如 Lodge 與 Taber（2013: 20）所云，情感（affect）會在人們處理資訊的過程中出現，它是無意識的且難以駕馭，但是當我們在決策思維中，有了好惡（affectively charged）之後，對後續的心智活動過程將具有重要的影響力。因此，Abelson 等人將民眾對於候選人的情緒歸類為負面情緒（包括：害怕、生氣、噁心、不喜歡、沮喪、難過與不安）及正面情緒（高興、有希望、喜歡、驕傲與同情），他們發現：正面情緒與負面情緒彼此之間是相對獨立的，且可用來預測對候選人喜好度的評價（Abelson et al., 1982）。

　　在台灣的選舉研究中，候選人的個人能力、操守與形象，一直是重要的主題，也是每次選舉中，大眾傳播媒體爭相報導的焦點。在過去的研究中，候選人的因素一直是選民決定投票支持給特定候選人的重要因素（胡佛、游盈隆，1984；陳義彥，1986）。不過，早期的研究是以開放式問題（open-ended question）[1] 詢問選民投票的原因，再依據選民所提供的原因，歸納選民的投票傾向。因此，不論是在縣市長選舉或是當選席次超過一席的複數選區（multi-member district）之民意代表選舉中，因為影響選民投票抉擇的因素眾多，除了符合「選賢與能」社會期待的候選人因素外，選民一般較難在開放性的問卷題目中提到像政黨因素或是議題因素，且利用選民自己在選後

提出的投票原因來進行歸類，往往是選民「合理化」自己的投票抉擇，未必可以完全理解真正決定選民投票抉擇的因素。也因此對於候選人各方面的特質，較難作較有系統的比較、整理與分析。

自 1990 年代開始，有關選民對候選人的評價的測量，漸漸使用結構式問題（structured questions）或是封閉式問題[2]，分別詢問選民對於候選人的特質，從能力（competence）與操守（integrity）等面向據以評價，也加入選民對候選人的喜好度，再討論這些評價對其投票行為的影響（Hawang, 1997；陳義彥，1994；黃秀端，1996；2006；梁世武，1994；游清鑫，2003；劉嘉薇，2013；劉嘉薇、鄭夙芬、陳陸輝，2009；鄭夙芬、陳陸輝、劉嘉薇，2005）。

國內運用情緒來討論選舉政治或兩岸關係之研究並不多見，徐火炎（1996）提出「李登輝情節」是台灣從情緒角度研究選舉政治的重要起點，在黃紀擔任計畫總主持人的「台灣選舉與民主化調查」（Taiwan's Election and Democratization Study, TEDS）中，於 2012 年與 2016 年總統選舉的資料庫，也有針對候選人政治情緒的相關測量題目及研究成果（徐火炎、陳澤鑫，2012），這些多歸功於 TEDS 研究團隊及徐火炎在此一領域的長期耕耘。陳陸輝與陳映男（2014；2016）則利用橫斷面研究[3]的資料以及定群追蹤[4]資料，從政治情緒的角度分析大學生對中國大陸與台灣的情緒對其兩岸經貿交流態度的影響。因此，本研究也將納入選民對候選人的政治情緒，看他們對選民投票行為的影響情況。

參、研究資料與概念測量

　　本研究運用前述「台灣選舉與民主化調查」（TEDS）
在 2012 年與 2016 年總統與立法委員選舉之後進行的全台灣
地區的面訪資料，在 2012 年的總統選舉中，完成的獨立訪問
樣本數為 1,826 份（以下稱為 TEDS2012），在 2016 年完成
的獨立樣本訪問為 1,690 份（以下稱為 TEDS2016）。TEDS
計畫自 2001 年開始執行以來，研究計畫的主持人為黃紀，在
TEDS2012 的計畫主持人為朱雲漢，而 TEDS2016 的計畫主持
人為黃紀。兩次計畫具體的研究設計可以參考兩個調查的研究
報告書（朱雲漢，2012；黃紀，2016）。本研究除了感謝計
畫主持人以及研究團隊所提供的資料之外，對於資料內容的詮
釋，由本章作者擔負全責。

　　本章研究與候選人相關的變數包括台灣民眾對主要總統候
選人的人格特質的評價、喜好程度以及他們對總統候選人的政
治情緒，與其投票行為的關聯性。具體的概念操作，茲分述如
下。

　　在候選人的特質上，我們運用以下兩個面向共四道題目來
評估總統候選人。從國外的研究中發現，總統候選人的能力以
及同理心是影響選民支持他們與否的重要變數，我們以選民對
候選人的「總體能力評估」、「了解民眾需要」的程度、「維
護台灣利益」的評估以及「維持兩岸和平」的評估等四個題
目，來進行分析。我們可以發現：TEDS 研究團隊聚焦在候選
人的「能力」以及「同理心」兩個面向上。其中，上述對候選

人「整體能力評估」，以及能不能「維護台灣利益」的與「維持兩岸和平」的評估是屬於「能力」的面向，而「了解民眾需要」則屬於同理心的部分。此外，國外會用對總統候選人或是政治人物的情感溫度計（feeling thermometer），來測量他們對政治人物的整體好惡程度，並操作化成為一個重要的候選人評價指標（Abelson et al., 1980; Page and Jones, 1979），這個也是一個對候選人的好惡程度不錯的測量，本研究也一併納入。我們詢問受訪者對於主要候選人的能力、同理心以及喜好程度，是以 0 到 10 來進行評分。我們重新進行編碼，以 0 ～ 4 表示「能力差」、「不了解」民眾需要、「不能維護」台灣利益或是兩岸和平，以及「不喜歡」該候選人，以 5 來代表「普通」，再以 6 ～ 10 表示選民認為該候選人「能力好」、「了解」民眾需要、「能維護」台灣利益或是兩岸和平，以及「喜歡」該候選人。此外，對於候選人的政治情緒也是研究候選人因素的一個重要變數，本研究也一併納入考量。我們詢問民眾對於候選人是否覺得生氣、感到擔心，以及覺得台灣有希望等三個面向，來進行分析。具體的問卷題目內容、編碼方式以及次數分配，請參考附錄 5-1 與附錄 5-2 的說明。在附錄 5-2 的基本變數描述性統計表中，我們將「無反應」的直欄百分比納入，但是在本文後的分析中，為了簡化，我們不予納入或再加以說明。

以下，我們就針對民眾對於兩次選舉中的三位主要候選人，在個人特質、能力、喜好度以及政治情緒上等各個面向，對其投票行為的影響進行分析。

肆、資料分析

　　正如前述所言，選舉的目的是希望「選賢與能」，因此，候選人的能力、各方面的特質以及選民對其好惡程度，是選民投票時重要的考慮因素，這個也在國內外的相關研究得到驗證。為了方便比較起見，我們納入 2012 年與 2016 年的選後調查資料，檢視民眾在候選人各個面向的評估，對其總統選舉投票行為的影響。以下依據候選人形象能力評估以及民眾對候選人喜好程度與政治情緒，區分為兩大部分，依序加以說明。

（一）候選人形象能力與選民投票的分析

　　表 5-1 中最上面的全體平均是橫列百分比，它們是我們在選後的調查中，受訪民眾表示他們支持三位候選人的情況。2012 年的實際選舉結果，馬英九獲得 51.5%、蔡英文獲得 45.6%，而宋楚瑜獲得 2.8% 的得票率。一般在選後的調查中，獲勝者得到選民回報的支持率通常會比實際的得票較高一點，所以表 5-1 中，馬英九在調查得到的支持度是 58.8%、蔡英文是 38.5%，而宋楚瑜是 2.7%。三人之中，宋楚瑜與實際得票接近，馬英九與蔡英文的得票各被高估或低估約 7 個百分點上下。至於表 5-1 的右半邊，我們看到在 2016 年選舉中，選民表示支持朱立倫的有 27.3%、投給蔡英文的有 62.5%，至於宋楚瑜則有 10.3%。在實際的選舉中，朱立倫獲得 31.0%、蔡英文獲得 56.1%，而宋楚瑜獲得 12.8%。所以在我們的調查中，蔡英文被高估了 6 個百分點，朱立倫被低估了

約 4 個百分點，宋楚瑜為 2.5%。

在進入表 5-1 之前，我們先從附錄 5-2 檢視一下，民眾在 2012 年時，對於當時三位候選人形象能力的評價。民眾對於馬英九以及蔡英文在能力評估或是了解民眾需要上，兩者差距不大，比例大約都是 50% 左右。不過在維護台灣利益上，蔡英文「能夠維護」的比例，略低於 50%，馬英九則仍有 57%。兩者差距最多者，在於「維護兩岸和平」上，蔡英文僅約三分之一，但馬英九接近 70%。顯示在 2012 年，民眾對於蔡英文能否維持兩岸和平上，具有相當的疑慮。不過，到了 2016 年，我們發現民眾對蔡英文在能力評估、了解民眾需要以及維護台灣利益上，都給予超過 60% 的肯定。遠超過宋楚瑜在三項接近 40% 的平均，更遠勝朱立倫不及 30% 的正面評價。只是，在「維護兩岸和平」部分，民眾有接近 48% 認為蔡英文能夠維護，而朱立倫與宋楚瑜都在 44% 左右。兩相對照之下，馬英九在 2012 年可能是以「維護兩岸和平」的能力大幅超越蔡英文，而最後在選舉中勝出，但是 2016 年，蔡英文能夠在能力、了解民眾需要以及維護台灣利益，獲得民眾青睞，而贏得選舉。我們接下來進一步利用交叉分析，我們檢視選民對總統候選人能力的評估與他們投票的關聯性。

表 5-1 中依序針對民眾對於馬英九／朱立倫、蔡英文以及宋楚瑜能力的評估，與其投票之間的交叉分析。我們發現，在 2012 年的時候，認為馬英九能力好的民眾中，有超過四分之三支持他，高於全體選民約 20% 左右、約五分之一投給蔡英文，遠低於她在全體選民的平均，而 1.4% 支持宋楚瑜。至於認為

表 5-1　選民對候選人能力評估與總統投票對象交叉列表，2012 年與
2016 年

	2012 年			2016 年		
	馬英九	蔡英文	宋楚瑜	朱立倫	蔡英文	宋楚瑜
全體平均	58.8%	38.5%	2.7%	27.3%	62.5%	10.3%
對馬英九／朱立倫能力評估						
能力差	7.1%	87.4%	5.5%	6.4%	83.8%	9.8%
普通	35.6%	60.0%	4.4%	32.3%	53.9%	13.8%
能力好	77.1%	21.5%	1.4%	50.4%	40.2%	9.4%
卡方檢定資訊	樣本數：1,370；卡方值：436.33 自由度：4；$p < 0.001$			樣本數：1,168；卡方值：229.43 自由度：4；$p < 0.001$		
對蔡英文能力評估						
能力差	96.2%	1.4%	2.4%	82.7%	5.5%	11.8%
普通	82.2%	15.7%	2.1%	48.7%	29.4%	21.9%
能力好	37.3%	59.7%	3.0%	13.9%	78.3%	7.8%
卡方檢定資訊	樣本數：1,330；卡方值：380.28 自由度：4；$p < 0.001$			樣本數：1,158；卡方值：393.82 自由度：4；$p < 0.001$		
對宋楚瑜能力評估						
能力差	57.9%	41.3%	0.8%	28.1%	70.5%	1.4%
普通	55.6%	42.7%	1.8%	30.2%	62.5%	7.3%
能力好	59.4%	36.7%	3.9%	26.5%	55.4%	18.1%
卡方檢定資訊	樣本數：1,330；卡方值：12.40 自由度：4；$p < 0.001$			樣本數：1,155；卡方值：69.34 自由度：4；$p < 0.001$		

資料來源：朱雲漢（2012）、黃紀（2016）。
說明：表中數字為橫列百分比。

馬英九能力普通者中，只有略超過三分之一投給馬英九，較全體選民低了約 23%，蔡英文則獲得 60% 的支持，遠高於全體選民對她的支持度，宋楚瑜則約 4.4%。至於對馬英九能力的評估是覺得他能力差的，只有 7.1% 投給馬英九，遠較全體選民平均低了超過 50%，而他們有 87% 支持蔡英文，超過全體選民也將近 50%，另有 5.5% 投給宋楚瑜，也比全體選民顯著為高。所以，在 2012 年中，對馬英九能力的評估具有重要的影響力。這可能是因為馬英九在 2012 年是在競選連任，因此，民眾對於現任總統執政四年的能力評估之後，才決定是否讓他繼續留任還是決定換手。

至於在 2016 年，因為是個沒有現任者參選的「開放選舉」，情勢也出現了重要的轉變。我們先檢視一下，由當時執政的國民黨提名的朱立倫，民眾對其評價與選舉中表現的相關。認為朱立倫能力好的民眾中，有超過 50% 支持他，遠高於全體選民約 23% 左右。這群選民僅五分之二投給蔡英文，遠低於她在全體選民的平均、而另有約 10% 支持宋楚瑜。至於認為朱立倫能力普通者中，只有近三分之一投給朱立倫，但仍較全體選民高了約 5%，蔡英文則獲得 54% 的支持，遠低於全體選民對她的支持度約 10%，宋楚瑜則約 13.8%，略高於他在全體選民獲得的支持度。至於選民對朱立倫的評估覺得他能力差的，只有 6.4% 投給朱立倫，遠較全體選民平均低了超過 20%，而他們有近 84% 支持蔡英文，超過全體選民也將近 20%，另有 9.8% 投給宋楚瑜，比全體選民略低。所以，在 2016 年中，對朱立倫能力的評估也具有重要的影響力。

　　我們從附錄 5-2 中我們發現：選民在 2012 年認為她能力好的有接近 54%，但是到了 2016 年則上升到大約 62%。覺得她能力普通的變化不大，而覺得她能力差的從 18.5% 下降到 10.3%，下降約 8 個百分點。所以，相同的候選人在不同的選舉中，民眾對他們的評價會因為有無執政、執政表現以及競選策略的不同而出現改變（Campbell et al., 1960）。在表 5-1 的中間部分是選民對蔡英文能力的整體評價與選民投票行為的變化。我們發現：在 2012 年時，覺得她能力好的，有接近 60% 支持她，比一般選民高出許多。另僅有不及 40% 支持馬英九，遠較一般民眾為低。相對地，認為她能力差或是能力普通的，分別有超過 96% 或是 82% 支持馬英九，遠較全體選民對馬英九的支持度高出許多，這些選民對她的支持度僅分別為 1.4% 與七分之一，均遠低於全體選民的平均。到了 2016 年，覺得她能力好的，有超過四分之三支持她，遠高於一般選民。另僅有八分之一支持朱立倫，遠較一般民眾為低。不過，認為她能力差或是能力普通的，分別有超過 82% 或是接近 50% 支持朱立倫，遠較全體選民對朱立倫的支持度顯著高出許多，但這些選民對她的支持度則分別為 5.5% 與接近三成，較全體選民的平均低了甚多。而覺得蔡英文能力普通的，也對宋楚瑜的支持度較全體平均為高，達到 21.9%。但覺得蔡英文能力好的，對宋楚瑜的支持度僅 7.8%，較全體選民的平均為低。因此，從 2012 年到 2016 年，民眾一方面認為蔡英文能力好的比例大幅提升，另外一方面，認為她能力好的選民願意支持她的比例，大幅上升了近 20%，可見在短短四年之間，民眾

對蔡英文個人能力的形象有大幅變動，且對其投票的影響力，也增強不少。

此外，從表 5-1 的下半部分，我們也發現在 2012 年，民眾對於宋楚瑜的能力總體評價差的，僅不及 1% 支持他，覺得他能力好的，約有 4%。兩者與全體選民的平均在統計上雖有顯著的差異，但是並不大。至於在 2016 年，覺得他能力差的，對他支持度較全體民眾的平均值為低，這些選民中有相當的比例轉而支持蔡英文（達 70.5%）。至於覺得他能力較強的，對他的支持度為 18.1%，遠高於一般選民對他的支持度。宋楚瑜跟蔡英文相同，是在 2012 年與 2016 年都參選的候選人，我們從附錄 5-2 發現民眾對他能力評估在 2016 年是下跌的，但是在 2016 年獲得的支持度卻上升，一方面在 2016 年認為宋楚瑜能力較好的民眾相對上對宋楚瑜較為「死忠」一點，也可能是認為國民黨候選人朱立倫當選無望，所以支持宋楚瑜的選民，也較不願對其他泛藍候選人採取策略投票所致。

我們常說民主政治就是民意政治，所以民主的社會中，一位總統候選人或是現任總統要競選連任時，他對民眾需要的理解、掌握甚至能進一步滿足，就變得相當重要。從附錄 5-2 中可以發現，在 2012 年時，民眾對於馬英九與蔡英文在這一方面的差異非常小，都超過 50%，所以在該次選舉中，兩人的競爭非常激烈，而民眾有接近 45% 認為宋楚瑜了解民眾需要，卻無法轉為對他的實際支持。到了 2016 年，有超過 60% 的民眾認為蔡英文了解民眾需要，仍然有超過 40% 民眾認為「宋省長」了解民眾需要，但是，朱立倫僅有不及 30% 的比

例，這也許可以解釋在該次大選中，蔡英文輕鬆獲勝的原因。不過，在目前兩大黨的格局之下，第三大黨主席宋楚瑜要將民眾對他「親民」的正面支持轉換成選票，可能還是有一定的困難。我們從表 5-2 的交叉列表可以發現：在 2012 年時，當民眾認為馬英九了解民眾需要時，高達近 80% 的民眾支持他，僅 20% 支持蔡英文，另外也只有 1.3% 支持宋楚瑜。到了 2016 年，當民眾認為朱立倫了解民眾需要時，雖僅有將近 50% 支持他，但與他的平均支持度高了約 20%，另有 41% 支持蔡英文。至於認為朱立倫不了解民眾需要時，僅 10% 支持他，而有 80% 轉向支持蔡英文，另有約 11% 支持宋楚瑜，與宋楚瑜在全體民眾的平均支持度相近。

　　至於民眾對蔡英文在「了解民眾需要」面向的評估上，在 2012 年與 2016 年有相當的不同。我們在表 5-2 的中央部分可以發現：當人民覺得蔡英文了解人民需要時，在 2012 年有 60% 支持她，但到了 2016 年則要升到超過四分之三。這些選民中僅 37% 在 2012 年支持馬英九或是有 15% 在 2016 年支持朱立倫，這也許是選民認為她在 2016 年競選時更為貼近民意。相對而言，一旦民眾認為蔡英文不了解人民需要時，在 2012 年與 2016 年分別有超過 94% 支持馬英九或是有 70% 的人支持朱立倫，僅有不及 4% 或是 13% 分別在 2012 年與 2016 年支持她。不過，選民在這個面向的評估上，相對於全體選民，在 2012 年時，他們對宋楚瑜的支持與全體平均接近，但在 2016 年則有較多比例支持宋楚瑜。

　　儘管宋楚瑜在 2012 年與 2016 年的總統選舉中，當選的

表 5-2 選民對候選人了解人民需要與否之評估與總統投票對象交叉列表，2012 年與 2016 年

	2012 年			2016 年		
	馬英九	蔡英文	宋楚瑜	朱立倫	蔡英文	宋楚瑜
全體平均	58.8%	38.5%	2.7%	27.3%	62.5%	10.3%
對馬英九／朱立倫了解民需						
不了解	14.3%	82.3%	3.3%	10.1%	80.5%	9.5%
普通	40.6%	53.3%	6.1%	30.1%	57.2%	12.7%
了解	79.4%	19.3%	1.3%	47.3%	41.5%	11.2%
卡方檢定資訊	樣本數：1,358；卡方值：430.38 自由度：4；$p < 0.001$			樣本數：1,161；卡方值：164.81 自由度：4；$p < 0.001$		
對蔡英文了解民需						
不了解	94.2%	3.9%	1.9%	70.8%	12.5%	16.7%
普通	77.6%	19.6%	2.9%	49.4%	27.7%	22.9%
了解	37.0%	60.0%	3.0%	14.6%	77.8%	7.6%
卡方檢定資訊	樣本數：1,326；卡方值：351.63 自由度：4；$p < 0.001$			樣本數：1,162；卡方值：341.65 自由度：4；$p < 0.001$		
對宋楚瑜了解民需						
不了解	56.2%	42.9%	0.8%	27.7%	69.7%	2.5%
普通	56.4%	40.6%	3.0%	29.0%	63.9%	7.1%
了解	59.4%	37.2%	3.4%	26.8%	55.8%	17.4%
卡方檢定資訊	樣本數：1,317；卡方值：8.76 自由度：4；$p < 0.10$			樣本數：1,155；卡方值：52.29 自由度：4；$p < 0.001$		

資料來源：見表 5-1。

說明：表中數字為橫列百分比。

機會並不高，不過，若干選民對於「宋省長」過去的印象，會不會因此認為他了解民眾的需要？在附錄 5-2 中，分別各有約 44% 或 42% 的民眾，在兩次選舉中認為他了解民眾需要，且在 2016 年的比例還高於民眾對朱立倫的評價。可惜，從表 5-2 的下半部分，我們發現選民在 2012 年對宋楚瑜的評價卻與他們的投票行為間並無關聯，但在 2016 年時，當選民認為宋楚瑜不了解民眾需要，會轉而支持蔡英文，而在覺得他了解民眾需要時，則會吸收蔡英文的選票。

　　身為人民的總統，其能不能維護台灣的利益，也是一個評估能力的重要面向。從表 5-3 中可以發現，當民眾認為馬英九能夠維護台灣的利益時，則獲得將近 80% 的支持度。相對地，這些選民對蔡英文的支持度只有 20%，對宋楚瑜則僅有 1.6%。當民眾認為馬英九「不能維護」或僅給予「普通」的維護台灣利益的能力評估時，分別有接近 85% 或是 62% 的比例支持蔡英文，馬英九則僅從這些選民分別獲得不到 10% 或是 35% 的支持度，遠低於他在全體選民的平均支持度。不過，在 2016 年時，我們也發現，民眾認為朱立倫能夠維護台灣的利益時，他獲得超過 50% 的支持度，這些選民對蔡英文的支持度降到不及 40%。當民眾評估他「不能維護」或僅能「普通」維護台灣利益時，分別有接近 87% 或是 56% 的比例支持蔡英文，他僅分別獲得這些選民不到 5% 或是 30% 的支持度，這比例較他在全體選民的平均支持度遠遠不及。

　　在表 5-3 中間部分我們可以發現：當民眾認為蔡英文能夠維護台灣利益時，則在 2012 年與 2016 年兩次選舉中獲得

表 5-3　選民對候選人能否維護台灣利益之評估與總統投票對象交叉列表，2012 年與 2016 年

	2012 年			2016 年		
	馬英九	蔡英文	宋楚瑜	朱立倫	蔡英文	宋楚瑜
全體平均	58.8%	38.5%	2.7%	27.3%	62.5%	10.3%
對馬英九／朱立倫能否維護台灣利益						
不能維護	9.5%	84.8%	5.7%	4.9%	86.3%	8.7%
普通	35.2%	61.5%	3.3%	30.3%	55.2%	14.5%
能夠維護	78.3%	20.1%	1.6%	51.5%	37.7%	10.8%
卡方檢定資訊	樣本數：1,358；卡方值：451.23 自由度：4；$p < 0.001$			樣本數：1,151；卡方值：255.68 自由度：4；$p < 0.001$		
蔡英文能否維護台灣利益						
不能維護	96.6%	2.5%	.8%	76.3%	7.1%	16.7%
普通	74.3%	20.8%	4.9%	47.0%	32.7%	20.2%
能夠維護	33.6%	63.6%	2.8%	13.7%	78.6%	7.7%
卡方檢定資訊	樣本數：1,322；卡方值：438.84 自由度：4；$p < 0.001$			樣本數：1,155；卡方值：381.29 自由度：4；$p < 0.001$		
宋楚瑜能否維護台灣利益						
不能維護	53.2%	44.6%	2.2%	24.9%	72.6%	2.5%
普通	56.3%	41.5%	2.2%	27.9%	63.3%	8.9%
能夠維護	61.6%	35.0%	3.4%	29.7%	51.4%	18.9%
卡方檢定資訊	樣本數：1,309；卡方值：10.95 自由度：4；$p < 0.05$			樣本數：1,141；卡方值：69.11 自由度：4；$p < 0.001$		

資料來源：見表 5-1。

說明：表中數字為橫列百分比。

超過 63% 與 78% 的支持度。相對地，這些民眾對馬英九或是朱立倫的支持度，分別降到三分之一甚至八分之一。當民眾認為蔡英文不能維護台灣利益時，在 2012 年有超過 96% 支持馬英九，在 2016 年則有超過四分之三支持朱立倫，蔡英文僅分別得到這些民眾 2.5% 或 7.1% 的支持，遠較她在全體選民獲得的支持度為低。因此，民眾預期未來的總統，能否維護台灣的利益，對其投票行為的影響至為關鍵。

至於在 2012 年與 2016 年持續參選的宋楚瑜，當民眾認為他不能維護台灣利益時，其選票主要流向蔡英文，分別是 44% 與 72%，至於覺得他能夠維護者，在 2012 年反而較支持馬英九，只有在 2016 年他吸引到將近 20% 在這方面肯定他的選民之選票。因此，相對而言，在兩大黨競爭的總統選舉中，縱使選民認為宋楚瑜可以維護台灣利益，選票還是在兩大政黨的候選人中流動。

在台灣的選舉政治中，兩岸關係也是另外一個重要的觀察面向。由於近年來兩岸關係與總統選舉之間關係的討論不少，本書第六章有專章討論。本章主要說明，選民評估候選人能否維護兩岸和平時，他的選票將會如何流動。我們先檢視附錄 5-2，從表中可以發現：在 2012 年的這個項目上，覺得馬英九或是宋楚瑜能夠維持兩岸和平的比例，分別是 68% 與 46%，但是蔡英文只有三分之一。到了 2016 年，雖然有 47% 覺得蔡英文能夠維持，但是朱立倫與宋楚瑜也各獲得 44%，其實在該年選舉中，民眾對三位候選人在此項目上評估的差異並不大。我們進一步檢視表 5-4 則可發現：當民眾認為馬英九或

是朱立倫能夠維護兩岸和平時，各有接近 70% 與 40% 的民眾支持他們，比例遠高於全體選民的平均。這些選民在兩次選舉對蔡英文的支持僅不及 30% 或是 50%。不過，一旦民眾認為馬英九或是朱立倫不能維護兩岸和平時，在兩次選舉都有大約 86% 的選票流向蔡英文。即使覺得馬英九維護兩岸關係的能力「普通」者，在 2012 年也有將近三分之二的選票流向蔡英文，遠高於她當年在選民的平均支持度。

在表 5-4 的中間部分，我們看到：當選民覺得蔡英文能夠維護兩岸和平時，她在兩次選舉分別獲得接近 70% 或是 85% 的支持度，至於覺得她不能維護時，在 2012 年有 90% 跑去支持馬英九，在 2016 年則分別被朱立倫（72.2%）與宋楚瑜（18.6%）吸收。至於選民對宋楚瑜的評價部分，在 2012 年，即使民眾認為他能夠維護兩岸和平時，仍然較為支持馬英九，他只有在 2016 年時吸引較多肯定他選民的選票。

從表 5-1 到表 5-4 中，我們可以發現，候選人的能力在選舉中扮演了重要的決定因素，相對來說，他們是否了解人民需要雖然也重要，但是比較之下，其影響力較弱了點。此外，在總統選舉中，兩個主要政黨之外的第三黨候選人宋楚瑜，因為在兩次選舉均無贏得選舉的可能，因此，他只有在 2016 年執政黨候選人相對弱勢時，才能贏得肯定他形象的選民之支持。

表 5-4　選民對候選人能否維持兩岸和平之評估與總統投票對象交叉列表，2012 年與 2016 年

	2012 年			2016 年		
	馬英九	蔡英文	宋楚瑜	朱立倫	蔡英文	宋楚瑜
全體平均	58.8%	38.5%	2.7%	27.3%	62.5%	10.3%
對馬英九／朱立倫能否維護兩岸和平						
不能維護	8.9%	86.2%	4.9%	4.7%	85.7%	9.7%
普通	29.3%	64.6%	6.1%	26.6%	62.1%	11.3%
能夠維護	68.9%	29.2%	1.9%	39.2%	49.6%	11.2%
卡方檢定資訊	樣本數：1,306；卡方值：433.79 自由度：4；$p < 0.001$			樣本數：1,152；卡方值：123.53 自由度：4；$p < 0.001$		
蔡英文能否維護兩岸和平						
不能維護	90.5%	7.5%	1.9%	72.2%	9.3%	18.6%
普通	55.7%	41.0%	3.3%	35.3%	48.2%	16.5%
能夠維護	27.4%	69.5%	3.1%	9.1%	84.8%	6.1%
卡方檢定資訊	樣本數：1,322；卡方值：438.84 自由度：4；$p < 0.001$			樣本數：1,144；卡方值：467.33 自由度：4；$p < 0.001$		
宋楚瑜能否維護兩岸和平						
不能維護	55.1%	43.9%	1.1%	25.2%	71.1%	3.7%
普通	52.8%	44.3%	3.0%	30.3%	61.3%	8.5%
能夠維護	61.4%	35.3%	3.3%	28.0%	57.1%	15.0%
卡方檢定資訊	樣本數：1,290；卡方值：13.21 自由度：4；$p < 0.01$			樣本數：1,138；卡方值：29.52 自由度：4；$p < 0.001$		

資料來源：見表 5-1。

說明：表中數字為橫列百分比。

（二）民眾對候選人的好惡及政治情緒與其投票分析

　　除了對候選人能力的評估之外，本研究另外也用 0 到 10，來請選民評價對候選人的好惡，數值愈高表示愈喜歡該候選人。從附錄 5-2 中可以發現：民眾對馬英九的喜歡（給予 6 到 10 分）比例有 57%，不喜歡（給予 0 到 4 分）約 18%，但是喜歡朱立倫的比例僅有 23%，卻有 43% 表示不喜歡。所以，在 2012 年選民對馬英九的喜好度最高，但是在 2016 年不喜歡朱立倫的比例最多。至於對蔡英文的喜歡程度，從 2012 年的 48% 提高到 2016 年的 58%，提高大約 10% 左右，同樣地，對她不喜歡程度也降低 10%。對宋楚瑜喜歡的兩個年度都大約是 30%，不喜歡的大約 35% 到 37%，是相對穩定的。我們如果檢視總統候選人的得票與其滿意度，我們發現，民眾在 2012 年及 2016 年對蔡英文的喜歡程度，與她在選舉中的實際得票率相近，非常有趣。我們進一步檢視交叉列表的表 5-5 可以發現：喜歡馬英九或是朱立倫的候選人，大約有 82% 或是 65% 支持他們，這些民眾對蔡英文或是宋楚瑜的支持度就顯著低於全體樣本的平均數。而當選民不喜歡馬英九或是朱立倫時，選票會有將近 90% 或是 83% 流向蔡英文。當然，當選民給予馬英九或是朱立倫「5」的「普通」喜好度評價時，在 2012 年選票會流向蔡英文，但在 2016 年則跑去支持宋楚瑜的較多一點。

　　做為主要 2012 年與 2016 年當時的主要在野挑戰者蔡英文，當選民喜歡她時，她在 2012 年獲得超過三分之二的支

表 5-5　選民對候選人的好惡與總統投票對象交叉列表，2012 年與
2016 年

	2012 年			2016 年		
	馬英九	蔡英文	宋楚瑜	朱立倫	蔡英文	宋楚瑜
全體平均	58.8%	38.5%	2.7%	27.3%	62.5%	10.3%
對馬英九／朱立倫好惡程度						
不喜歡	5.9%	89.0%	5.1%	6.0%	83.0%	11.0%
普通	28.2%	67.6%	4.2%	28.4%	57.7%	13.9%
喜歡	82.1%	16.4%	1.5%	65.4%	28.1%	6.5%
卡方檢定資訊	樣本數：1,381；卡方值：600.17 自由度：4；$p < 0.001$			樣本數：1,200；卡方值：371.86 自由度：4；$p < 0.001$		
對蔡英文好惡程度						
不喜歡	97.4%	1.0%	1.6%	82.5%	6.2%	11.3%
普通	79.2%	17.2%	3.6%	47.4%	31.2%	21.4%
喜歡	30.2%	66.8%	3.0%	8.6%	84.3%	7.0%
卡方檢定資訊	樣本數：1,371；卡方值：538.23 自由度：4；$p < 0.001$			樣本數：1,209；卡方值：560.87 自由度：4；$p < 0.001$		
對宋楚瑜好惡程度						
不喜歡	60.9%	38.6%	0.6%	31.0%	66.7%	2.2%
普通	56.7%	42.3%	0.9%	24.7%	70.1%	5.3%
喜歡	56.6%	37.2%	6.3%	25.0%	50.0%	25.0%
卡方檢定資訊	樣本數：1,344；卡方值：38.15 自由度：4；$p < 0.001$			樣本數：1,194；卡方值：136.55 自由度：4；$p < 0.001$		

資料來源：見表 5-1。
說明：表中數字為橫列百分比。

持，2016 年更達到 84%，至於不喜歡她的選民則傾向將選票支持執政黨候選人，2012 年有將近 98% 支持馬英九，2016 年也有 82% 左右。另外一位在野黨的領袖宋楚瑜，在 2012 年時，喜歡他的選民對他的支持度為 6.3%，到了 2016 年則將近四分之一支持他，不過，不喜歡他的民眾，在 2012 年選舉時對他的支持度顯著較低，在 2016 年這些選票則分別流向朱立倫或蔡英文。因此，民眾對於主要候選人的喜好程度，似乎是對她們總體評估加總的一個好惡程度量表，頗能夠轉換實質的選票。

　　除了對候選人的特質進行評估之外，我們也檢視選民對三位候選人的政治情緒，是否左右選票流向。從附錄 5-1 可以發現，由於兩個年度的測量題目不同，所以若直接比較要特別謹慎。我們先看附錄 5-2，在 2012 年時，相較之下，民眾約 28% 對馬英九感到生氣，只有七分之一對蔡英文感到生氣，不及 10% 對宋楚瑜。到了 2016 年則有超過 40% 對朱立倫感到生氣、對蔡英文跟宋楚瑜都不及 10%。這很有可能是因為朱立倫在擔任國民黨主席任內，取代了原先被提名的總統候選人洪秀柱之「換柱」風波所致。在 2012 年，有將近四分之一對蔡英文感到擔心，另有略超過五分之一對馬英九擔心，僅 7.3% 對宋楚瑜。到了 2016 年，對朱立倫擔心的超過三分之一，對蔡英文跟宋楚瑜的大約在 16-17% 上下。而在 2012 年，有將近 28% 覺得馬英九讓他覺得台灣有希望，蔡英文約 23%、宋楚瑜僅 2.5%。到了 2016 年，有 50% 對蔡英文有此感覺、對朱立倫跟宋楚瑜大約各 10%。

　　我們進一步從表 5-6 中檢視不同的政治情緒對候選人的影響。從表 5-6 中可以發現，當馬英九或是朱立倫讓選民覺得生氣時，則有 80% 到 85% 的選票轉而支持蔡英文，相對地，當蔡英文讓選民覺得生氣時，則有 97% 或是 87% 的選票分別流向兩位執政黨提名的候選人。而當選民對宋楚瑜生氣時，也是有較多的選票，轉向支持馬英九或是朱立倫。不過，當民眾對候選人並沒有憤怒的情緒時，選票流給馬英九或是朱立倫較多。除了憤怒的情緒之外，在政治情緒中，憂慮也扮演重要的角色。在表 5-6 中間部分，我們可以發現：當馬英九或是朱立倫讓民眾覺得擔心時，則有大約 84% 的選票會支持蔡英文。同樣地，當蔡英文讓民眾覺得擔心時，則有 96% 或是 80% 的選票支持馬英九或朱立倫。如果宋楚瑜讓選民擔心時，只有在 2016 年時有 70% 的選票流向蔡英文。最後我們從正面的政治情緒來檢視其對選民投票行為的影響。在表 5-6 最下半部分，當馬英九或是朱立倫讓選民覺得台灣有希望時，大約 95% 的選票會支持他們，同樣地，蔡英文吸引 90% 左右覺得她讓台灣有希望的選票。宋楚瑜則在 2012 年吸引到 23%、2016 年吸引到超過 50% 那些選民覺得他讓台灣有希望者。至於其他的民眾中，支持馬英九與朱立倫的比例較高，分別是 62% 與 47%。

　　從上述的分析可以發現：民眾對於候選人的特質、好惡或是政治情緒，對其投票行為也具備一定的解釋力。選民對候選人整體喜好度是一個解釋他們投票行為不錯的指標，這個從過去的研究也印證了其對選民投票意向的預測效果。此外，他們

表 5-6　選民對候選人政治情緒與總統投票對象交叉列表，2012 年與 2016 年

	2012 年			2016 年		
	馬英九	蔡英文	宋楚瑜	朱立倫	蔡英文	宋楚瑜
全體平均	58.8%	38.5%	2.7%	27.3%	62.5%	10.3%
覺得生氣						
馬英九／朱立倫	15.3%	80.4%	4.3%	3.1%	85.0%	11.9%
蔡英文	97.0%	1.7%	1.3%	86.9%	3.1%	10.0%
宋楚瑜	78.3%	21.7%	0.0%	53.4%	45.9%	0.8%
其他	69.1%	28.2%	2.6%	33.9%	55.0%	11.1%
卡方檢定資訊	樣本數：1,428； 卡方值：523.05 自由度：6；$p < 0.001$			樣本數：1,249； 卡方值：477.21 自由度：6；$p < 0.001$		
覺得擔心						
馬英九／朱立倫	11.8%	83.7%	4.5%	4.7%	84.3%	10.9%
蔡英文	95.7%	3.0%	1.3%	80.1%	5.4%	14.5%
宋楚瑜	61.8%	38.2%	0.0%	26.8%	70.0%	3.2%
其他	60.1%	36.9%	3.0%	28.6%	60.0%	11.4%
卡方檢定資訊	樣本數：1,428； 卡方值：530.46 自由度：6；$p < 0.001$			樣本數：1,251； 卡方值：498.46 自由度：6；$p < 0.001$		
覺得有希望						
馬英九／朱立倫	95.7%	3.6%	0.7%	94.3%	2.5%	3.1%
蔡英文	6.3%	92.9%	0.9%	5.5%	90.9%	3.6%
宋楚瑜	58.1%	19.4%	22.6%	28.9%	19.0%	52.1%
其他	62.6%	33.2%	4.1%	47.0%	39.3%	13.8%
卡方檢定資訊	樣本數：1,428； 卡方值：747.09 自由度：6；$p < 0.001$			樣本數：1,250； 卡方值：914.06 自由度：6；$p < 0.001$		

資料來源：見表 5-1。

說明：表中數字為橫列百分比。

蔡英文總統候選人在高雄遊街拉票。

對於候選人的政治情緒，也扮演了重要的作用。政治情緒不僅是負面的情緒對於特定候選人有抑制作用，並讓選票轉而支持其他主要的候選人，正面的情緒更對候選人的選源具有吸引或是固盤的作用。

伍、結論

　　本章從民眾對於候選人的特質、喜好度的評估以及對其政治情緒等角度，解析對選民投票行為的影響。從本章的研究中可以發現：民眾對於候選人能力的評估，相較於他們認為候選人是否具備了解他們需要的同理心上，前者似乎更能左右他們的投票方向。而對候選人的能力評估上，除了候選人整體能力之外，候選人是否能夠維護台灣利益以及維護兩岸和平，都具

有重要的影響。此外，選民對於候選人的好惡程度，更有重要的影響能力。我們觀察兩次的選舉中，能夠當選的候選人，他們都有超過 55% 以上的選民喜歡他們，且可以吸引到 80% 以上喜歡他們選民的選票。至於選民的政治情緒上，我們也發現：當選民對國民黨或民進黨兩個主要政黨候選人有負面情緒時，選票有 80% 以上會流向另外一位主要政黨提名的候選人。同樣地，當選民對兩位主要政黨候選人有正面情緒時，有九成以上的選票會支持該候選人。在 2012 年與 2016 年的選舉中，宋楚瑜雖然都有參選，但是他在 2012 年的得票率實在太低，選民對他的評價以及好惡等因素，只有在 2016 年發揮吸引選票的作用。

　　本章比較 2012 年與 2016 年兩次總統選舉，候選人因素對選民投票行為的影響。我們也發現：兩次選舉中在野黨的總統候選人同樣是蔡英文與宋楚瑜，不過，選民對於他們的評價在四年之間卻出現了有趣的持續與變遷的現象。整體而言，選民對宋楚瑜的評價相對穩定，不過，對蔡英文各項的評價，正面的傾向提高了約 10%。換言之，四年過去，有更多選民認為蔡英文的能力好、了解民眾需要、能夠維護台灣利益以及兩岸和平。喜歡她的選民也增加了 10%，但是對她生氣或擔心的人也減少了，覺得她讓台灣有希望的人更大幅增加 20%。因此，四年之後的蔡英文，的確在競選時擁有更佳的個人形象。從另外一個角度來說，選民對政治人物或是候選人的形象或是特質之評價，是會出現變動的。這些變化，往往正是左右他們當選與否的重要關鍵。

附錄

附錄表 5-1　主要問卷題目內容以及編碼方式

變數名稱	問卷題目	編碼方式
投票對象	假如（臺：如果）您有去投票，請問您會投給哪一組候選人？ 2012 年為： 1. 蔡英文、蘇嘉全 2. 馬英九、吳敦義 3. 宋楚瑜、林瑞雄 2016 年為： 1. 朱立倫、王如玄 2. 蔡英文、陳建仁 3. 宋楚瑜、徐欣瑩	因為有兩位總統選人相同，所以編碼方式為： 1. 馬英九／朱立倫 2. 蔡英文 3. 宋楚瑜
候選人能力	接著，我們想要請您用 0 到 10 來表示您對這次總統選舉各候選人整體能力的看法，0 表示您覺得他「能力非常差」，10 表示「能力非常好」。 請問，0 到 10 您會給蔡英文多少？ 那朱立倫呢？ 那宋楚瑜呢？	0～4：能力差 5：普通 6～10：能力好
候選人了解民眾需要	那如果 0 表示您覺得這個候選人「非常不了解」一般民眾的需要，10 表示「非常了解」一般民眾的需要。 請問，0 到 10 您會給蔡英文多少？ 那朱立倫呢？ 那宋楚瑜呢？	0～4：不了解 5：普通 6～10：了解
候選人維護台灣利益	那如果 0 表示您覺得這個候選人「根本不能」維護台灣利益，10 表示「完全能夠」維護台灣利益。 請問，0 到 10 您會給蔡英文多少？ 那朱立倫呢？ 那宋楚瑜呢？	0～4：不能維護 5：普通 6～10：能夠維護

候選人維護兩岸和平	那如果 0 表示您覺得這個候選人「根本不能」維護兩岸和平，10 表示「完全能夠」維護兩岸和平。 請問，0 到 10 您會給蔡英文多少？ 那朱立倫呢？ 那宋楚瑜呢？	0～4：不能維護 5：普通 6～10：能夠維護
候選人喜好度	接著，我們想要請您用 0 到 10 來表示您對這次總統選舉幾個候選人的看法，0 表示您「非常不喜歡」這個候選人，10 表示您「非常喜歡」這個候選人。 請問，0 到 10 您會給蔡英文多少？ 那朱立倫呢？ 那宋楚瑜呢？	0～4：不喜歡 5：普通 6～10：喜歡
候選人讓你生氣	2016 年測量 請問哪一位候選人的作風或作法最讓您生氣？ 由受訪者由三位候選人中挑選一人。 2012 年測量： 請問蔡英文的作風或作法是否讓您生氣？ 那馬英九呢？ 那宋楚瑜呢？ 受訪者針對個候選人回答： 1. 經常 2. 有時 3. 很少 4. 從不 三位候選人比較之後，誰的數值最小則為讓選民「覺得生氣」的候選人。	因為有兩位總統選人相同，所以編碼方式為： 1. 馬英九 / 朱立倫 2. 蔡英文 3. 宋楚瑜 4. 其他
候選人讓你擔心	2016 年測量： 請問哪一位候選人的作風或作法最讓您最不放心？ 由受訪者由三位候選人中挑選一人。 2012 年測量：	

	請問蔡英文的作風或作法是否讓您不放心？ 那馬英九呢？ 那宋楚瑜呢？ 受訪者針對個候選人回答： 1. 經常 2. 有時 3. 很少 4. 從不 三位候選人比較之後，誰的數值最小則為讓選民「覺得擔心」的候選人。	因為有兩位總統選人相同，所以編碼方式為： 1. 馬英九 / 朱立倫 2. 蔡英文 3. 宋楚瑜 4. 其他
候選人讓你覺得有希望	2016 年測量： 請問哪一位候選人最能讓您覺得台灣有希望？ 由受訪者由三位候選人中挑選一人。 2012 年測量： 請問蔡英文的作風或作法是否讓您覺得台灣有希望？ 那馬英九呢？ 那宋楚瑜呢？ 受訪者針對個候選人回答： 1. 經常 2. 有時 3. 很少 4. 從不 三位候選人比較之後，誰的數值最小則為讓選民「覺得有希望」的候選人。	因為有兩位總統選人相同，所以編碼方式為： 1. 馬英九 / 朱立倫 2. 蔡英文 3. 宋楚瑜 4. 其他

附錄表 5-2　主要變數的次數分布

	2012 年			2016 年		
	馬英九	蔡英文	宋楚瑜	朱立倫	蔡英文	宋楚瑜
對候選人能力評估						
能力差	16.2	18.5	24.2	36.5	10.3	28.2
能力普通	16.6	17.4	20.5	23.6	17.5	20.9
能力好	59.9	53.6	44.6	29.8	61.3	39.9
無反應	7.3	10.5	10.7	10.1	10.9	11.0
候選人了解民需						
不了解	20.6	20.2	24.5	36.9	11.8	24.6
普通	17.7	17.4	19.3	24.0	16.1	21.9
了解	52.7	51.3	44.6	28.4	61.3	42.2
無反應	8.9	11.1	11.7	10.8	10.8	11.4
候選人護台利益						
不能維護	18.0	22.7	25.5	33.9	13.0	27.9
普通	16.6	17.2	23.7	24.5	15.7	24.7
能夠維護	56.8	49.0	38.6	30.3	60.2	35.2
無反應	8.7	11.2	12.2	11.4	11.1	12.2
候選人維護兩岸和平						
不能維護	8.3	33.4	19.0	21.3	19.2	19.1
普通	12.5	20.4	20.7	22.4	21.0	24.1
能夠維護	68.5	33.7	46.4	44.7	47.6	44.2
無反應	10.7	12.4	13.9	11.5	12.1	12.6
對候選人好惡程度						
不喜歡	18.3	24.7	35.5	43.8	14.3	37.6
普通	17.9	19.0	24.1	25.7	21.3	25.3
喜歡	57.1	48.6	30.7	23.5	58.3	29.2
無反應	6.7	7.7	9.7	6.9	6.1	7.9
政治情緒*						
讓人生氣	28.1	14.8	9.0	42.1	8.9	9.7
讓人擔心	22.0	24.0	7.3	36.9	16.1	17.2
讓人有希望	27.8	22.8	2.5	10.5	50.8	9.5

資料來源：請見表 5-1。

說明：表中數字為直欄百分比。

* 該類變數為橫列百分比，數字並未將「其他」納入，故加總後不為 100%。

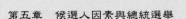

註解

1. 開放式問題是研究者並沒有提供問題的答案或是選項，而由受訪者自己主動提出答案。例如，我們詢問受訪者：「請問您認為我國目前面臨的最大問題是什麼？」讀者可以參考：盛杏湲，2016，〈問卷設計〉，載於《民意調查研究》，陳陸輝主編，台北：五南，頁 176。

2. 同前註，頁 175 至 176。

3. 橫斷面研究（cross-sectional study），指某個研究只在一個時間點進行調查。例如本研究使用的 TEDS2012 的調查，是在 2012 年總統與立委選舉結束之後，所進行的調查。該調查雖然是在「一個固定時間」進行調查，但是調查的期間長達數月之久。相關的說明，可以參閱：黃紀，2016，〈調查研究設計〉，載於《民意調查研究》，陳陸輝主編，台北：五南，頁 43 至 44。

4. 所謂定群追蹤研究（panel study）是鎖定固定一群樣本在多個時間點進行訪問。例如一些政治社會化的研究，鎖定大學生入學之後長期追蹤 4 年（陳陸輝，2016）。另外，TEDS 在 2008 年為了瞭解我國立法委員選舉改採用新制度之後的影響，特別追蹤 2004 年已經訪問成功的樣本進行訪問。相關的說明，可以參閱：黃紀，2016，〈調查研究設計〉，載於《民意調查研究》，陳陸輝主編，台北：五南，頁 55 至 57。

第六章

兩岸關係與總統選舉

陳陸輝

壹、研究問題

　　兩岸關係對台灣的國家安全、經濟發展、外交與內政皆具關鍵影響，其變化甚至牽動東亞局勢與國際關係穩定。在民主化後的台灣，政府的大陸政策受到更多民意的壓力與牽制，因此，台灣民眾在兩岸關係上的偏好以及意向，不僅受到台灣執政當局的重視，也逐漸受到積極爭取台灣民意支持的大陸政府之關注。

　　本章將以兩岸關係出發，談民眾對兩岸關係的看法，如何影響他們在總統選舉的投票抉擇。民眾對於兩岸關係相關議題的看法，涵蓋諸多面向，我們會以民眾不同類型的統獨立場與偏好、對兩岸經貿交流的利害評估、對於「九二共識」的看法以及選舉後兩岸關係的評估等角度，檢視這些因素對他們在 2016 年總統選舉投票抉擇的影響。由於 2012 年與 2016 年選舉時的在野黨總統候選人相同，我們也將同時納入民眾在 2012 年總統選舉的投票行為當作對照，以深入分析民眾的兩岸觀對其投票行為的影響。

貳、台灣民意與兩岸關係

　　兩岸因為特殊的歷史與政治因素，自 1949 年分立以來，歷經「相互否認」的「軍事對峙時期」、1987 年開放探親之後的「交流緩和時期」（邵宗海，2006），至 90 年代開始走向「互不否認」階段。行政院大陸事務委員會在 1991 年正式

成立，1992 年 11 月兩岸有了「一個中國，各自表述」的「九二共識」，1993 年 4 月的「辜汪會談」開啟了「以談判化解敵意，以協商取代對抗」的新局面（馬英九，2013），上述發展曾讓各界樂觀期待兩岸將共創和平未來。可惜在 1994 年台灣旅客於千島湖旅遊時遭人劫殺、1995 年李登輝總統康乃爾之行與中共試射飛彈等重大事件，讓原本即不穩固之兩岸關係陷入僵局。

　　直至 2008 年馬英九總統執政後，一改前兩位執政者在兩岸交流所採取的「戒急用忍」、「積極開放，有效管理」等傾向降溫與管制的消極策略，而用「以台灣為主，對人民有利」的理念來處理兩岸關係。馬英九總統提出「正視現實，開創未來；擱置爭議，追求雙贏」原則，並在中華民國憲法架構下，以「不統、不獨、不武」與維持台海和平穩定現狀的前提下，採取先易後難、先急後緩、先經後政的交流方向，全面啟動兩岸交流，大幅提升兩岸互動的緊密程度。自 2010 年簽署《兩岸經濟合作架構協議》（Economic Cooperation Framework Agreement, ECFA）以來，持續推動更為緊密之經貿往來，2013 年並依據 ECFA 第 4 條完成《海峽兩岸服務貿易協議》（以下簡稱《服貿協議》）。

　　不過，《服貿協議》的審查過程卻引發另外一個在近年來的台灣選舉政治中，重要的社會運動事件。當 2014 年 3 月 18 日立法院內政委員會的召集委員張慶忠委員，宣布將《服貿協議》送院會備查後，引起公民團體與學生團體相當不滿。他們趁夜占領立法院議場，並要求將《服貿協議》重新審查，且在

程序上應先制定《兩岸協議監督條例》後，才能審查《服貿協議》。學生們占領了立法院超過三週，且曾發動數十萬人上街聲援，另有部分學生試圖占領行政院但未能成功。在 4 月 6 日立法院王金平院長答應學生「先立法再審查」之後，學生於 4 月 10 日正式退場，撤出立法院，此一占領立法院的活動被稱為「太陽花學生運動」。此一運動雖以學生為主體，不過，從實證的研究分析卻發現：台灣民眾對於太陽花學運的支持，也許並不是基於公民不服從的價值，而是基於反對中國的因素（蔡佳泓、陳陸輝，2015）。此外，以大學生為母體的調查也發現：對於中國大陸的政治情緒，也是左右學生對兩岸經貿或《服貿協議》支持與否的態度（陳陸輝、陳映男，2016）。從這個角度看，兩岸關係是台灣選舉政治中最敏感的神經，也突顯兩岸關係對於台灣選舉的重要性。

在 2016 年 5 月 20 日，蔡英文總統的就職演說中，她提到：「1992 年兩岸兩會秉持相互諒解、求同存異的政治思維，進行溝通協商，達成若干的共同認知與諒解，我尊重這個歷史事實。……新政府會依據中華民國憲法、兩岸人民關係條例及其他相關法律，處理兩岸事務。」不過，也因為蔡英文總統沒有明確表示承認「九二共識」，因此，中國大陸國台辦對蔡總統就職演說的回應是一份「未完成的答卷」。台灣民眾對於兩岸的交流是否需要以「九二共識」為基礎，其實有不同的看法，對於兩岸交流帶給台灣以及個人的經濟影響的利害如何評估，也需要進一步分析。換言之，在當前兩岸關係中，除了雙方執政者對兩岸關係的認知與策略，台灣民眾的民意走向更是

美國與日本因素之外，另一個制約台灣執政當局決策的重要考量。從 2014 年的反對《服貿協議》的運動、2014 年年底地方選舉國民黨在執政的台北市、桃園市以及台中市同時失守，以及在 2016 年總統大選以及立委選舉的全面潰敗下，我們可以發現：台灣民眾對兩岸關係的認知與意向，是執政當局在處理兩岸關係時，必須考慮的重要因素。這不僅僅是因為台灣是民主的社會，對執政當局的影響更為關鍵的是：喪失對主流民意在兩岸關係上態度分布的掌握後，很可能在接續的選舉中全面挫敗。也因為總統須經人民直接選舉方能產生，民意對特定議題的態度，也會制約總統擬定相關政策之自由裁量空間。

　　台灣對兩岸關係的相關研究相當豐碩，從民意角度出發的研究者，則以民眾統獨立場為焦點。這主要是因為：統獨議題不但形塑台灣的政治格局，在選舉政治中，台灣主要政黨，總試圖在統獨光譜的適當位置，爭取選民支持（Yu, 2005；王甫昌，1997；吳乃德，1993；徐火炎，1996；盛杏湲、陳義彥，2003；陳文俊，1995；陳陸輝，2000；陳義彥、陳陸輝，2003；游清鑫，2002）。在兩岸關係上，民眾的統獨偏好分布亦左右台灣的大陸政策走向（Chang and Wang, 2005; Keng, Chen, and Huang, 2006; Myers and Zhang, 2006; Niou, 2005；Wang, 2001; 2005; Wu, 2004；吳乃德，2005；吳玉山，1999b；2001；盛杏湲，2002）。特別是在近年總統大選中，統獨相關議題持續占據選舉重要地位，因此，統獨之爭絕對是台灣政治的核心議題（Corcuff, 2002）。

　　除了統獨議題之外，兩岸經貿交流所可能產生的政治後

果，也是近年來關注的焦點。特別是在近年來兩岸關係的相關討論已與理性的計算及感性的認同相連結，謝復生與吳玉山將台灣的大陸政策，區分為「統一 ── 獨立」的認同選項和「經濟 ── 安全」利益考量等兩個空間的面向（Hsieh, 2005；吳玉山，1999）。吳乃德則以「麵包」與「愛情」的比喻，描繪左右台灣身分認同形塑及兩岸關係的「理性」與「感性」兩種力量（吳乃德，2005），耿曙等人則以既有研究為基礎，具體驗證兩種力量的交錯抗衡，試圖掌握兩岸之間的動態關係（Keng, Chen, and Huang, 2006），陳陸輝等人則將兩岸關係理論化為「**符號政治**」（symbolic politics）與「**理性選擇理論**」（rational choice theory）兩個部分，強調兩岸關係中，理性與感性的影響、對抗或競合的選擇、疏離或自主的走向，相當程度受到政經社會交流的制約或影響而深化或疏離（陳陸輝等，2009；陳陸輝、耿曙，2012；陳陸輝、陳映男、王信賢，2012）。此外，耿曙並藉由觀察江澤民與胡錦濤上任初期（2007 年），台灣民眾觀感與政治立場的民意趨勢，發現中國大陸的「惠台」政策僅改善台灣人民對中共的印象，並未扭轉台灣民眾的統獨、身分認同及政黨傾向等政治立場（Keng, 2011）。

檢視上述的研究可發現，學者多從「理性自利」與「感性認同」角度討論兩岸關係，以下將從上述角度，簡述理論要點。

參、當愛情與麵包無法兼顧時的兩岸關係

　　政治認同在台灣的選舉政治中一直占有重要的地位。當然，在美國的選舉研究也沒缺席。相關的研究中，以 Edelman（1964）所提出的符號運用最為重要。因為政治的世界，紛擾又複雜，所以，Edelman（1964）指出：民眾對處在複雜又不時有威脅的外在環境感到憂慮，也無法憑一己之力予以改變。政治菁英提出能夠簡化複雜政治世界的政治符號，不但讓民眾易於理解政治事務，更減緩其焦慮與不安。正因為提供民眾對於團體的認同或對領袖的依附，讓民眾壓力得以舒緩壓力，政治菁英也因此將民眾的注意力導向政治順從甚至動員群眾使用暴力。後續的學者 Sears（1993: 120）將這種因為情緒、認同等情感面向而喚起的政治行為，稱為「符號政治」。Sears 認為，這些是社會化過程所形成的態度，其兼具隱喻及情感成分，形成之後長期存在個人的政治定向之中。當民眾成年後遇到重要事務或需採取政治行動時，一些政治符號均可啟動其諸如族群態度甚至政治偏見等「既有的政治定向」（predisposition）[1]，而給予習慣性的反應。因此民眾對於議題的立場態度，其成長過程中已然成形的既有政治定向具有重要影響，亦即每個人心中所存在的情感面認同，對其政治行為具有直接的影響力。

　　相較之下，「理性選擇」（rational choice）觀點則基於行為者是「理性」與「自利」的預設（assumption），會以最小的成本謀求己身最大的利益。因此，當面對不同的政策選

擇方案或是選舉中的候選人，理性行為者在計算各種利弊得失之後，選擇能夠極大化自己效益（utility）的選項（Downs, 1957）。理性選擇學派所預設的研究假定非常清楚，其理論的效用在於，運用這些研究假定我們是否更能夠理解甚至預測政治行為者的行為抉擇。因此，理性選擇不在乎這些預設的正確與否，也不評價行為者所設定目的之「優劣」，完全看行為者所採取的行動是否可以有效達到其目的。

　　整體而言，「理性自利」的解釋途徑是以目標導向的，強調在中短期間內，透過理性的計算，極大化其效益。因此，理性的計算相對而言較易變動。就「符號政治」而言，則側重政治認同因素，其主要內涵在於長期社會化後所獲致的情感認同或態度等「政治傾向」。因此，我們將上述的兩個理論放到兩岸關係的分析架構下，我們可以理解，在台灣的選舉政治中，選民的統獨偏好與其因為政治社會化過程而長期存在的政治定向息息相關，而可以歸類將其為「符號政治」的「感性認同」區塊。但是在兩岸經貿交流之中，台灣社會或是受訪者的家庭或個人是否因此獲利或受害，就屬於「利害攸關」的「理性計算」。這兩種不同的考量會不會對選民的投票抉擇造成影響？我們在以下的分析將加以檢驗與說明。

肆、研究資料與概念測量

　　本研究運用的資料，是「台灣選舉與民主化調查」（TEDS）在 2012 年與 2016 年總統與立法委員選舉之後進行

的全台灣地區的面訪資料，在 2012 年的總統選舉中，完成的樣本數為 1,826 份（以下稱為 TEDS2012），在 2016 年完成的問卷為 1,690 份（以下稱為 TEDS2016），相關的說明可以參考本書的第五章。

　　本研究中與兩岸相關的變數包括台灣民眾的統獨立場、兩岸經貿交流的利害評估以及這兩次選舉中都是重要焦點的「九二共識」。此外，也包括民眾對於未來兩岸關係的評估，與其投票行為的關聯性。具體的概念操作，茲分述如下（參考附錄 6-1）。

　　在統獨立場的測量上，我們運用以下五個變數建構三個解釋變數。首先以傳統的統獨六分類，詢問民眾對於台灣與大陸的關係，他個人的偏好。我們將：「儘快統一」與「維持現狀以後走向統一」編碼為「傾向統一」；「儘快獨立」與「維持現狀以後走向獨立」編碼為「傾向獨立」；「維持現狀看情形再決定獨立或統一」與「永遠維持現狀」編碼為「維持現狀」。此外，本研究也將題目中的「看情形」、「無意見」、「不知道」及「拒答」都編碼為「無反應」（以下各題同）。除了上述題目外，TEDS 還有四個題目，測量民眾在不同條件下，對於獨立以及統一的偏好。由於民眾對於兩岸關係的偏好，往往因為外在條件的變化而出現變動，因此，該四道題目分別提出不同的獨立或是統一的條件，讓民眾考量在不同的條件之下，是否改變其支持獨立或是統一的立場。在「獨立偏好」上，我們認為「就算台灣宣布獨立後，會引起中國大陸攻打台灣，台灣還是應該成為一個新國家」的支持者，面對中國大陸武力攻打

台灣的情況下，仍然支持台灣獨立，所以將其定義為「鐵桿台獨」。至於在「台灣宣布獨立後，仍然可以和中國大陸維持和平的關係，則台灣應該成為一個新國家」的情況下才支持的，則是以兩岸和平做為支持台獨的基礎，我們將定義為「條件台獨」。而回答其他選項的受訪者則是「其他立場」。同樣地，在「統一偏好」上，我們定義「就算中國大陸和台灣在經濟、社會、政治各方面的條件差別相當大，兩岸還是應該統一」的支持者為「鐵桿統一」，這是因為儘管兩岸在政治、經濟或社會條件有顯著差異的情況下，這些民眾仍然願意支持統一。當受訪者是「中國大陸和台灣在經濟、社會、政治各方面的條件相當，則兩岸應該統一」，我們認為其屬於考量維持台灣現有的政治、經濟與社會的制度現況之後，才願意支持統一，我們將其定義為「條件統一」，至於回答其他選項者則歸類為「其他立場」。

　　除了上述的「統獨立場」之外，兩岸關係中還有很多利害的考量。TEDS 也詢問民眾兩岸經貿交流後，會不會讓台灣經濟或是個人經濟因此獲利還是受害。從國外的相關研究中這些因為社會整體經濟利益而影響其投票行為的稱之為社會投票（sociotropic voting）而以個人經濟獲利與否稱之為荷包投票（pocketbook voting）（Kinder and Kiewiet, 1981）。這兩個變數有利於我們檢視理性計算或是經貿利益，對台灣民眾投票行為的影響。

　　另外一個值得重視的變數是「九二共識」。所謂「一個中國，各自表述」的「九二共識」雖然是 1992 年 11 月兩岸共

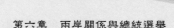

同的默契，但是「九二共識」一詞是 2000 年由時任陸委會主委的蘇起先生所提出，目的在於讓兩岸交流有一個各方可能接受、可以「求同存異」的基準點。因此，TEDS 也詢問民眾：「在兩岸協商的議題上，有些人主張我們應該繼續用九二共識與中國大陸協商，也有些人主張我們不應該再用九二共識，請問您比較支持哪一種」，而將受訪者的回答歸類成：續用九二共識、不用九二共識、沒有九二共識以及其他立場等四類。此外，我們也詢問受訪者對於未來兩岸關係的看法，並將其歸類為：緩和、沒變、緊張以及沒有具體態度的「無反應」等四項。

　　以下，我們就針對民眾對於上述兩岸關係面向進行評估。檢視民眾的統獨立場、對兩岸經貿交流利害關係評估以及對於「九二共識」以及兩岸未來關係的態度與預期進行分析。

伍、資料分析

　　為了比較兩岸關係的因素在兩次總統選舉中所扮演的角色，我們納入 2012 年與 2016 年的選後調查資料，檢視民眾上述議題的態度，對其總統選舉投票行為的影響。我們先從附錄 6-2 檢視一下民眾統獨立場的態度變化。在 2012 年時，傾向獨立的民眾大約有 23%，不過到了 2016 年上升到接近 30%，這個上升的比例頗高，是否因為蔡英文當選而有此反應？此一趨勢會不會持續？都值得後續觀察。維持現狀的比例從 2012 年的接近 60% 下跌到只剩下不及 53% 也需繼續注意。至於傾向

統一的比例在兩個年度都大約是 12% 上下則屬穩定，而沒有表示具體意見的大約 5 ～ 6 個百分點也頗穩定。至於統獨測量與選民投票行為的關聯性，我們進一步以交叉分析來呈現。表 6-1 中最上面的全體平均為橫列百分比，是在調查中民眾表示他們對三位候選人的支持情況。相關的說明與討論在本書第五章已經予以描述，在此暫時省略。接下來，我們看民眾統獨立場的測量與他們投票的關聯性。表 6-1 中我們發現，在 2012 年的時候，傾向獨立的民眾只有四分之一投給馬英九，遠較全體選民平均低了超過 34 個百分點，而他們有 73% 支持蔡英文，超過全體選民達 35%，另有 2.1% 投給宋楚瑜，比全體選民略低一點。至於統獨立場為維持現狀者中，有將近三分之二投給馬英九，較全體選民高出約 8 個百分點，蔡英文僅獲得 30% 的支持，略低於全體選民對他的支持度，宋楚瑜則不及 3.0%。至於傾向統一的民眾中，有 82% 支持馬英九，超過全體選民約 25%、約七分之一投給蔡英文，低於他在全體選民的平均、而 2.0% 支持宋楚瑜。所以，在 2012 年中，統獨立場傾向獨立者，相對於全體民眾，有較高比例支持蔡英文。但是，相對於全體民眾，馬英九則吸引了更多傾向統一的民眾。值得注意的是，在 2012 年時，維持現狀的民眾也有接近三分之二的比例支持馬英九，加上這一部分的選民占了全體選民將近 60%，所以能夠吸引維持現狀選民的大力支持，應該是馬英九獲勝的關鍵。

　　至於 2016 年的選舉中，民眾的統獨立場與他們對總統候選人的支持情況出現重大的變化。傾向獨立者有接近 90% 投

表 6-1　選民統獨立場與總統投票對象交叉列表，2012 年與 2016 年

	2012 年			2016 年		
	馬英九	蔡英文	宋楚瑜	朱立倫	蔡英文	宋楚瑜
全體平均	58.8%	38.5%	2.7%	27.3%	62.5%	10.3%
統獨立場						
傾向獨立	24.9%	73.0%	2.1%	4.5%	88.5%	7.0%
維持現狀	66.5%	30.7%	2.9%	34.8%	52.5%	12.8%
傾向統一	82.4%	15.6%	2.0%	56.4%	32.7%	10.9%
卡方檢定資訊	樣本數：1,371； 卡方值：237.41 自由度：4；$p < 0.001$			樣本數：1,206； 卡方值：221.11 自由度：4；$p < 0.001$		

資料來源：朱雲漢（2012）、黃紀（2016）。
說明：表中數字為橫列百分比。

給蔡英文，遠高於全體民眾的平均值，宋楚瑜在這群選民中僅得到 7.0% 而朱立倫更只有 4.5%，兩人獲得的支持情況均低於在全體民眾獲得的支持度。在維持現狀的民眾中，朱立倫獲得超過三分之一的支持，較其在全體民眾獲得的支持為高，但是遠遠低於馬英九在 2012 的 66.5% 的支持度。蔡英文獲得近 53% 的支持度，雖低於他在一般民眾的平均，但是比她 2012 年在「維持現狀」選民的 30% 支持度超出 23%，非常值得注意。宋楚瑜獲得約八分之一的支持度，也較他在全體選民的平均略高。在傾向統一的選民中，朱立倫獲得相對於全體選民更多的支持，達到 56%。蔡英文則僅獲得不及三分之一的支持，宋楚瑜則有約 10% 的支持度。整體來說，在 2016 選舉中，不同統獨立場的台灣民眾對主要政黨各候選人的支持，仍然與 2012 年的模式類似，傾向獨立者較支持民進黨蔡英文、傾向

統一與維持現狀者較支持國民黨的朱立倫。不過，朱立倫失去了馬英九那樣對傾向統一或維持現狀選民的更大吸引力。相較於自己在 2012 年時的表現，蔡英文在 2016 年對三個統獨立場民眾的吸引力都大幅增加，應該是左右選舉的重要因素。

上述表 6-1 中運用的傳統統獨測量，其優點在於同時測量民眾對於統一與獨立的「理念堅持」與「務實考量」。不過，缺點如吳乃德（1996：17）所言，「在台灣目前的政治條件下，國家認同的表現常受到現實條件的干擾，而無法清楚突顯」，所以現實條件的干擾造成「糾結的偏好」（non-separable preferences）之問題（Lacy, 2001）。所謂的「糾結的偏好」，以一個簡單的比方，就像我們在用餐要搭配葡萄酒時，往往因為餐點的內容不同，會有相異的選擇。例如，如果是享用牛排的話，紅酒應該是較佳的選擇。但是，要是選用海鮮大餐，則白葡萄酒應該是較好的搭配。所以，人們往往因為面對不同的情境，而有不同的偏好，統獨的問題也是如此。吳乃德（1993：45）提出一組不同可能條件的問句，將戰爭風險以及兩岸目前政經條件差異納入，來檢視民眾在不同的情境下對統一或獨立偏好的可能傾向（相關的討論可以參考耿曙、劉嘉薇、陳陸輝，2009；劉嘉薇、耿曙、陳陸輝，2009）。我們在獨立偏好部分，將那些就算有戰爭風險也願意支持獨立者定義為「鐵桿台獨」、只在沒有戰爭風險才支持台獨的民眾稱之為「條件台獨」，其他受訪者為「其他立場」。從附錄 6-2 中可以發現，在 2012 年時，「鐵桿台獨」的比例大約 30%，但是到了 2016 年則大幅上升到接近 37%。至於「條件台獨」

的比例從 30% 微幅下降到 28%，若加總兩種傾向獨立的比例從 2012 年的 61% 上漲到 2016 年的 64% 左右，其增加的幅度在抽樣誤差內，所以還算穩定。表 6-2 的交叉分析部分，是利用條件式統獨立場，來看他們對於選民投票選擇的影響。我們可以發現在表 6-2 上半部，在 2012 年與 2016 年中，「鐵桿台獨」對蔡英文的支持要比一般民眾多出了 22% 到 25% 左右，各達到 63.4% 與 80.2%，不過，相當令人意外的是，「條件

表 6-2　選民獨立與統一偏好與總統投票對象交叉列表，2012 年與 2016 年

	2012 年			2016 年		
	馬英九	蔡英文	宋楚瑜	朱立倫	蔡英文	宋楚瑜
全體平均	58.8%	38.5%	2.7%	27.3%	62.5%	10.3%
獨立偏好						
鐵桿台獨	33.6%	63.4%	3.0%	10.9%	80.2%	8.8%
條件台獨	60.4%	37.4%	2.2%	26.9%	61.3%	11.7%
其他立場	77.8%	19.4%	2.8%	45.8%	43.7%	10.6%
卡方檢定資訊	樣本數：1,428；卡方值：202.74 自由度：4；$p < 0.001$			樣本數：1,250；卡方值：149.72 自由度：4；$p < 0.001$		
統一偏好						
鐵桿統一	74.1%	24.5%	1.4%	53.4%	38.1%	8.5%
條件統一	68.5%	29.4%	2.1%	41.2%	48.9%	9.9%
其他立場	51.7%	45.2%	3.1%	19.2%	70.2%	10.6%
卡方檢定資訊	樣本數：1,428；卡方值：48.00 自由度：4；$p < 0.001$			樣本數：1,250；卡方值：366.71 自由度：4；$p < 0.001$		

資料來源：同表 6-1。
說明：表中數字為橫列百分比。

台獨」的民眾，對三位候選人的支持與一般民眾並無顯著的差異。這一點應該與我們的認知有重大差異，換言之，「條件台獨」的支持者相對而言較為務實，他們只有在兩岸仍然能夠維持和平的情況下，才支持台灣獨立，所以，他們對台灣獨立的理念並不非常堅持。轉換為選舉支持時，我們也可以發現，他們與我們一般選民並無顯著差異。所以，他們所代表的是務實的台灣民眾。至於在獨立偏好沒有表態的選民中，對於國民黨提名的馬英九或是朱立倫都較一般選民大約高出 20%，對蔡英文的支持度低了 20% 左右。因此，相對而言，國民黨提名的候選人還是吸引了較多不支持台灣獨立的民眾。

　　至於在統一偏好上，我們從附錄 6-2 中可以發現，就算兩岸政治經濟條件差異大也支持統一的「鐵桿統一」者，在兩個年度的比例大約為 10%。至於「條件統一」者，在 2012 年雖然接近 30%，但是在 2016 年下降為 20%。顯示執政當局的政黨輪替，社會上對統一支持的氛圍也隨之出現變化。從表 6-2 中可以發現，「鐵桿統一」者在 2012 年對馬英九的支持度達到將近四分之三，且在 2016 年對朱立倫的支持度也有 53%，兩相比較之下，朱立倫獲得「鐵桿統一」的支持度遠不及他們對馬英九的支持。至於他們對蔡英文的支持度，在 2012 年僅四分之一，到了 2016 年雖上升為 38%，但這些比例都遠低於全體民眾對她的支持程度。我們也發現條件統一者對於馬英九或朱立倫的支持度，較一般民眾為高，各有接近 70% 與超過 41% 的支持度。至於在統一偏好上未表態的其他民眾，對蔡英文的支持度顯著較高，在 2012 年與 2016 年大約都高出了

7%。也因此,蔡英文是獲得較多不支持統一民眾的認可。

　　除了對於統獨議題的不同立場之外,民眾會不會因為對於兩岸交流的利害評估,而影響他們的投票抉擇。換言之,除了對於「統獨理念」堅持的「愛情」之外,兩岸經貿利益的「麵包」是否也具吸引力?對於兩岸經貿利益的評估,我們從附錄6-2中可以發現:在2012年約有37%的民眾認為兩岸交流讓台灣經濟變好,到了2016年下跌為26%。至於認為一樣者在2012年有接近37%,到了2016年更超過42%。我們進一步從表6-3的上半部可以發現:當民眾認為經貿交流對台灣的影響是讓經濟變差時,對馬英九的支持度顯著偏低,只有17.1%,對蔡英文的支持度高達近80%,對宋楚瑜的支持度則略高一點,為3.7%。此一趨勢在2016年持續,對朱立倫的支持度僅有11.0%,對蔡英文的支持度持續維持80%的比例,對宋楚瑜的支持度也略低,僅有8.8%。顯示民眾在國民黨執政期間,一旦認為兩岸經貿交流並未帶給台灣經濟正面的影響時,會將選票轉而支持在野的民進黨候選人。至於認為兩岸經貿交流讓台灣經濟變好的民眾,有85%支持馬英九,而只有55%支持朱立倫;在2012年有八分之一支持蔡英文,到了2016年卻上升到近三分之一,另有不到2.0%在2012年支持宋楚瑜,這類民眾對宋楚瑜支持的比例在2016年為12%。兩岸「春暖花開」的緊密經貿關係在馬英九上任後達到另外一個高峰,因此,也讓馬英九在2012年吸引到絕大多數認可民眾的支持,但是在2016年這個選票轉移給朱立倫的效果卻相對有限。

表 6-3　兩岸經貿交流利益與總統投票對象交叉列表，2012 年與 2016 年

	2012 年			2016 年		
	馬英九	蔡英文	宋楚瑜	朱立倫	蔡英文	宋楚瑜
全體平均	58.8%	38.5%	2.7%	27.3%	62.5%	10.3%
經貿交流對台灣經濟影響						
變差	17.1%	79.3%	3.7%	11.0%	80.2%	8.8%
一樣	40.1%	56.7%	3.2%	23.2%	66.1%	10.7%
變好	85.5%	12.6%	1.9%	55.1%	32.8%	12.1%
卡方檢定資訊	樣本數：1,246； 卡方值：366.71 自由度：4；$p < 0.001$			樣本數：1,172； 卡方值：185.81 自由度：4；$p < 0.001$		
經貿交流對個人經濟影響						
變差	25.2%	70.1%	4.7%	14.1%	78.4%	7.5%
一樣	60.0%	37.8%	2.3%	28.5%	60.2%	11.3%
變好	90.3%	7.5%	2.2%	54.5%	37.7%	7.8%
卡方檢定資訊	樣本數：1,327； 卡方值：99.08 自由度：4；$p < 0.001$			樣本數：1,224； 卡方值：54.72 自由度：4；$p < 0.001$		

資料來源：同表 6-1。
說明：表中數字為橫列百分比。

　　我們從附錄 6-2 也可以發現，雖然民眾評估兩岸經貿交流對於台灣整體經濟的影響，兩個年度有一定的變化，但是對於個人經濟的評估，相對而言較為穩定。其中，覺得變好的比例從 6.0% 上升到 16.1%、覺得變差的則從大約 10% 下降到不及 6 個百分點，至於覺得一樣的比例在兩個年度大致為 75%。我們進一步從表 6-3 下方檢視兩岸交流對個人經濟影響的評估，與民眾投票對象的關聯性。當民眾覺得兩岸經貿交流讓他自己

的經濟變好時，對於執政黨國民黨候選人的支持度較一般民眾高出許多，2012 年大約是一般民眾的 1.5 倍，達到 90%，2016 年則大約是兩倍，為 54.5%。至於對蔡英文的支持度，在 2012 年跌落為一般民眾的五分之一，僅 7.5%，在 2016 年為一般民眾的 60%，僅 37.7%，宋楚瑜則只有 7.8%。此外，當選民認為兩岸經貿交流讓個人經濟變壞的時候，在 2012 年只有四分之一支持馬英九，卻有高達七成支持蔡英文，對宋楚瑜的支持度也大約 5%。到了 2016 年，他們對朱立倫的支持程度，是一般民眾的一半，僅七分之一，對蔡英文的支持度較一般民眾高出 15%，達到 78.4%，宋楚瑜則較一般民眾的平均為低，只有 7.5%。因此，雖然民眾對於兩岸經貿交流對於個人經濟影響的評估相對穩定，且大約四分之三民眾認為對自己沒有影響，但是覺得變好或是變壞的民眾，都直接在選舉支持中，獎賞或是懲罰執政黨。

　　至於在 2012 年選舉中，馬英九的「九二共識」與蔡英文的「台灣共識」正面交鋒，而在 2016 年的選舉時，蔡英文對兩岸關係提出的「維持現狀」可能比「九二共識」更受到矚目。不過，民眾對於「九二共識」做為兩岸交流基礎的看法如何？也值得注意。從附錄 6-2 中可以發現：在 2012 年主張續用「九二共識」者約 45%，到了 2016 年僅剩下不及 32%，認為不用「九二共識」的從 2012 年的 14% 上升到 2016 年的接近 30%。我們從表 6-4 中可以發現：在 2012 年認為繼續用九二共識為兩岸交流基礎的選民，他們對馬英九的支持度比一般選民高出了近 30%，達到 87.0%、對蔡英文的支持度少了

表 6-4　九二共識與總統投票對象交叉列表，2012 年與 2016 年

	2012 年			2016 年		
	馬英九	蔡英文	宋楚瑜	朱立倫	蔡英文	宋楚瑜
全體平均	58.8%	38.5%	2.7%	27.3%	62.5%	10.3%
九二共識為兩岸交流基礎						
續用九二共識	87.0%	10.9%	2.1%	53.7%	33.0%	13.3%
不用九二共識	24.4%	73.1%	2.6%	10.3%	79.6%	10.1%
沒有九二共識	16.2%	80.4%	3.3%	5.4%	88.4%	6.3%
其他立場	56.3%	40.3%	3.4%	21.7%	69.9%	8.3%
卡方檢定資訊	樣本數：1,428； 卡方值：532.31 自由度：6；$p < 0.001$			樣本數：1,251； 卡方值：268.35 自由度：6；$p < 0.001$		

資料來源：同表 6-1。
說明：表中數字為橫列百分比。

超過 27%，只有 10.9%、對宋楚瑜的支持度與全體選民的平均
相近，只有 2.1%。到了 2016 年，他們對朱立倫的支持度達到
53.7%、對蔡英文則只有 33.0%、對宋楚瑜則為 13.3%。至於
主張不用九二共識的選民，在 2012 年對馬英九的支持度只有
24%、對蔡英文的支持度超過 73%、對宋楚瑜的支持度大致與
一般選民相當。到了 2016 年，他們只有 10% 支持朱立倫，有
近 80% 支持蔡英文，對宋楚瑜的支持也只有 10%。從附錄 6-2
中我們發現：對「九二共識」支持與反對的分布，是從 2012
年的較多支持「九二共識」轉變為 2016 年的勢均力敵，我們
也可以想見，在蔡英文總統執政之後，此一議題的後續可能處
理情況。
　　從上述的分析，我們知道兩岸關係具有重要的政治後果，

因此，總統能夠妥善處理兩岸關係應該是大多數選民的期待。從附錄 6-2 中可以發現，在 2012 年覺得選後兩岸關係變得較為緩和的比例接近 53%，但是 2016 年卻劇跌至僅有 21%；覺得沒有改變的在兩個年度大致為三分之一；覺得變得緊張的從 2012 年的不到 5 個百分點，驟升至超過 36%。選後兩岸關係的變化，似乎可以預見。我們也進一步從民眾對兩岸關係的展望，來看與他們在總統選舉投票行為的傾向。在 2012 年，認為兩岸關係將變得和緩者，有接近四分之三支持馬英九，支持蔡英文的僅有不及四分之一，對宋楚瑜的支持約 2.7%。不過，到了 2016 年在蔡英文當選之後，這群民眾只有 21% 支持朱立倫，但對蔡英文的支持度超過 70%，而對宋楚瑜只有 8.0% 的支持。至於認為兩岸關係沒變的選民，在 2012 年對馬英九的支持度僅 37%，對蔡英文的支持度達到 60%，較一般民眾顯著為高，對宋楚瑜的支持度約 3.0%。到了 2016 年，他們對朱立倫的支持僅六分之一，遠低於一般民眾達 10%，對蔡英文支持度將近四分之三，對宋楚瑜的支持度略低，僅 8.4%。至於認為選後兩岸關係變得緊張的，在 2012 年僅六分之一支持馬英九，遠低於全體民眾的平均，對蔡英文的支持度接近 80%，遠高於一般民眾的平均，對宋楚瑜的支持度僅不及 5%。到了 2016 年，他們對國民黨與民進黨候選人的支持情況出現逆轉，對朱立倫的支持度接近 40%，遠高於一般民眾的平均、對蔡英文的支持僅有 46%，遠低於一般民眾的民均，對宋楚瑜約七分之一。因此，在選舉之後，對於兩岸關係的預期，似乎與當選人息息相關。認為兩岸關係會變得和緩者，對當選

者支持較高，覺得兩岸會變得緊張的，較支持落選的主要政黨候選人。

　　整體而言，兩岸關係對選民的投票行為是具有影響力的。我們從上面的各個表格中可以發現：選民對於統獨立場的偏好、兩岸經貿交流的利害評估以及兩岸未來關係的展望，都與他們的投票行為，具有重要的關聯。不論從感性認同的統獨立場，抑或從理性計算的兩岸經貿交流利害權衡，都符合我們的研究假設預期：國民黨的候選人獲得統派或評估在經貿交流獲致利益的選民的支持，民進黨候選人則得到獨派或在兩岸經貿交流中預期受害民眾的青睞。當然，在選舉中，誰能夠獲得在統獨立場上「維持現狀」選民的力挺，才是勝選的關鍵。

表 6-5　對兩岸關係展望與總統投票行為，2012 年與 2016 年

	2012 年			2016 年		
	馬英九	蔡英文	宋楚瑜	朱立倫	蔡英文	宋楚瑜
全體平均	58.8%	38.5%	2.7%	27.3%	62.5%	10.3%
選後兩岸關係						
緩和	74.2%	23.5%	2.3%	21.0%	71.0%	8.0%
沒變	36.6%	60.3%	3.0%	17.4%	74.2%	8.4%
緊張	17.2%	78.1%	4.7%	39.8%	46.0%	14.1%
卡方檢定資訊	樣本數：1,341； 卡方值：222.21 自由度：4；$p < 0.001$			樣本數：1,134； 卡方值：85.73 自由度：4；$p < 0.001$		

資料來源：同表 6-1。
說明：表中數字為橫列百分比。

陸、結論

　　本章的分析再一次驗證了，在台灣的選舉政治中，兩岸關係所扮演的重要角色。在 2016 年的選舉期間，原本為國民黨提名的洪秀柱在 2015 年 5 月 1 日公布兩岸關係說帖，提出「一中同表」後，讓原本在兩岸關係中，過去以「不統、不獨、不武」占據「維持現狀」立場的國民黨，拱手讓出這個位置給蔡英文。儘管國民黨在 2015 年 10 月 7 日撤銷洪秀柱的提名，改徵召朱立倫，但是，我們也從本章的分析中可以看出：看統獨立場上主張維持現狀的民眾，在 2016 年對朱立倫的支持度僅 34.8%，遠遠不及他們在 2012 年對馬英九的 66.5% 的支持度。而蔡英文則在 2016 年獲得了維持現狀的選民超過 52% 的支持，遠遠高過他在 2012 年的 30.7%。因此，影響選民對總統選舉投票行為的不僅是自己對統獨立場的偏好，更受他們認為候選人在統獨議題所占立場所影響。

　　除了傳統的統獨立場測量，本章也使用條件式「獨立偏好」與「統一偏好」的測量，檢視在不同的統一或是獨立的條件下，選民對統獨偏好的堅持程度。我們也發現：「鐵桿台獨」對蔡英文的支持相當穩定，在 2012 年超過 60%，到了 2016 年更有 80%。不過，有趣的是，「條件台獨」的選民在 2012 年竟有 60% 支持馬英九，顯示他們在考量兩岸能夠維持和平才支持台灣獨立的立場，不但在統獨立場的偏好選擇上是相當務實的，對候選人的支持也頗具彈性。至於「鐵桿統一」的民眾對國民黨候選人的支持力道雖強，但不及「鐵桿台獨」

對蔡英文支持來得死忠。他們約四分之三在 2012 年支持馬英九，但 2016 年僅有 53% 支持朱立倫。至於「條件統一」的民眾對馬英九的支持程度也超過三分之二，但是對朱立倫的支持度僅 41%，還不及他們對蔡英文的 48% 支持度。

我們也發現，兩岸經貿交流的利害評估，對於選民投票行為的影響，也符合選民理性自立的假設。不管是對台灣總體經濟或是選民個人經濟，凡是他們認為兩岸經貿交流會讓經濟變好者，都有顯著較高比例支持國民黨的總統候選人，一旦覺得受害，則傾向支持民進黨的候選人。不過，覺得對台灣經濟沒有影響的，在 2012 年與 2016 年對蔡英文的支持度都顯著較高。而覺得個人經濟不受影響者，在 2012 年較支持馬英九，在 2016 年則轉而支持蔡英文，儘管在 2016 年他們對蔡英文的支持度，仍較一般選民略低。

本章也發現：「九二共識」既是國民黨政府提出的兩岸交流基礎，認為需要繼續以「九二共識」為交流基礎的，較支持國民黨提名候選人。至於不希望繼續用「九二共識」為交流基礎，或是認為沒有「九二共識」的，對蔡英文的支持度顯著較高。儘管在選舉之後，蔡英文總統不再提出「九二共識」，兩岸關係也急遽降溫。中國大陸在 2016 年 3 月 17 日，蔡英文當選後上任之前，宣布與甘比亞建交，另在 12 月 26 日宣布與聖多美普林西比恢復外交關係。在 12 月 2 日，蔡英文總統與美國總統當選人川普通話，讓台灣再次成為國際媒體焦點。在 2016 年 11 月出現大陸的軍機沿著台灣的防空識別區（Air Defense Identification Zone, ADIZ）飛行，以及航空母艦「遼

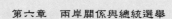

寧號」為主的航艦編隊在 2016 年 12 月下旬沿著台灣東部與南部外海航行等事件，遠不及 2017 年 6 月 13 日發生的：與我國建交長達 107 年的巴拿馬與中國大陸建交而與我斷交這事件，所對兩岸關係造成的震撼。兩岸關係在蔡英文總統執政後出現重要的變化，兩岸關係「維持現狀」的局面被打破，種種發展都讓海峽兩岸能否持續和平穩定發展，出現更多不確定的變數。這些因素對於國家治理以及未來執政黨在選舉中的表現，是否具有重要的影響，值得我們持續觀察。

附錄

附錄表 6-1　主要問卷題目內容以及編碼方式

變數名稱	問卷題目	編碼方式
投票對象	假如您有去投票，請問您會投給哪一組候選人？ 2012 年為： 1. 蔡英文、蘇嘉全 2. 馬英九、吳敦義 3. 宋楚瑜、林瑞雄 2016 年為： 1. 朱立倫、王如玄 2. 蔡英文、陳建仁 3. 宋楚瑜、徐欣瑩	因為有兩位總統選人相同，所以編碼方式為： 1. 馬英九／朱立倫 2. 蔡英文 3. 宋楚瑜
統獨立場	關於台灣和大陸的關係，這張卡片上有幾種不同的看法： 1：儘快統一 2：儘快獨立 3：維持現狀，以後走向統一 4：維持現狀，以後走向獨立 5：維持現狀，看情形再決定獨立或統一 6：永遠維持現狀 請問您比較偏向哪一種？	「儘快統一」與「維持現狀以後走向統一」編碼為「傾向統一」； 「儘快獨立」與「維持現狀以後走向獨立」編碼為「傾向獨立」； 「維持現狀看情形再決定獨立或統一」與「永遠維持現狀」編碼為「維持現狀」。 所有題目中的「看情形」、「無意見」、「不知道」及「拒答」都編碼為「無反應」（以下各題同）。
獨立偏好	D1. 有人主張「如果台灣宣布獨立後，仍然可以和中國大陸維持和平的關係，則台灣應該成為一個新國家」。請問，您同不同意這種主張？ D2. 有人主張「就算台灣宣布獨立後，會引起中國大陸攻打台灣，台灣還是應該成為一個新國家」。請問，您同不同意這種主張？ 兩題的答案均為： 1. 非常同意；2. 同意； 3. 不同意；4. 非常不同意	D2 回答同意或非常同意者為「鐵桿台獨」、只回答 D1 同意或非常同意者為「條件台獨」，回答其他答案的受訪者歸類為「其他意見」。

統一偏好	T1. 有人主張「如果中國大陸和台灣在經濟、社會、政治各方面的條件相當，則兩岸應該統一」。請問，您同不同意這種主張？ T2. 有人主張「就算中國大陸和台灣在經濟、社會、政治各方面的條件差別相當大，兩岸還是應該統一」。請問，您同不同意這種主張？ 兩題的答案均為： 1. 非常同意；2. 同意； 3. 不同意；4. 非常不同意	T2 回答同意或非常同意者為「鐵桿統一」、只回答 T1 同意或非常同意者為「條件統一」，回答其他答案的受訪者歸類為「其他意見」。
經貿交流對台灣經濟影響	自 2008 年之後，兩岸經貿交流變得更為密切。請問您認為台灣整體的經濟狀況，有沒有因此變好、變壞，還是沒有改變？ 1. 變好 2. 變壞 3. 沒有改變	編碼為： 1. 變好 2. 一樣 3. 變差，其他設為「無反應」
經貿交流對個人經濟影響	您認為您個人的經濟狀況，有沒有因此變好、變壞，還是沒有改變？ 1. 變好 2. 變壞 3. 沒有改變	編碼為： 1. 變好 2. 一樣 3 變差，其他設為「無反應」
九二共識為兩岸交流基礎	在兩岸協商的議題上，有些人主張我們應該繼續用九二共識與中國大陸協商，也有些人主張我們不應該再用九二共識，請問您比較支持哪一種？ 1. 繼續用九二共識 2. 不應該再用九二共識 3. 沒有九二共識	編碼為： 1. 續用九二共識 2. 不用九二共識 3. 沒有九二共識 4. 其他立場（包含 04 到 98 等 6 個選項）

	4. 都支持 5. 都不支持 96.看情形 97.無意見 98.不知道 95.拒答	
未來兩岸 關係	您認為未來兩岸關係會變更緩和、更緊張，還是沒有改變？ 1. 非常緩和 2. 有點緩和 3. 沒有改變 4. 有點緊張 5. 非常緊張	編碼為： 1. 變緩和（包括非常緩和或有點緩和） 2. 沒改變 3. 變緊張（包括有點緊張或非常緊張）、其他設為「無反應」

附錄表 6-2　主要變數的次數分布

	2012 年		2016 年	
	（樣本數）	%	樣本數	%
統獨立場				
傾向獨立	（415）	22.7	（500）	29.6
維持現狀	（1,076）	58.9	（887）	52.5
傾向統一	（232）	12.7	（196）	11.6
無反應	（103）	5.6	（107）	6.3
獨立偏好				
鐵桿台獨	（556）	30.4	（616）	36.5
條件台獨	（551）	30.2	（468）	27.7
其他立場	（719）	39.4	（606）	35.9
統一偏好				
鐵桿統一	（182）	10.0	（155）	9.2
條件統一	（494）	27.1	（342）	20.2
其他立場	（1,150）	63.0	（1,194）	70.6

經貿交流對台灣經濟影響				
變好	(677)	37.1	(442)	26.2
一樣	(667)	36.5	(716)	42.4
變差	(215)	11.8	(385)	22.8
無反應	(267)	14.6	(146)	8.7
經貿交流對個人經濟影響				
變好	(109)	6.0	(272)	16.1
一樣	(1,387)	76.0	(1,262)	74.7
變差	(173)	9.5	(97)	5.7
無反應	(157)	8.6	(59)	3.5
九二共識為兩岸交流基礎				
續用九二共識	(794)	43.5	(532)	31.5
不用九二共識	(246)	13.5	(469)	27.7
沒有九二共識	(340)	18.6	(135)	8.0
其他立場	(446)	24.4	(554)	32.8
選後兩岸關係				
變緩和	(960)	52.6	(354)	21.0
沒改變	(632)	34.6	(544)	32.2
變緊張	(83)	4.5	(612)	36.2
無反應	(151)	8.3	(179)	10.6

資料來源：參考表 6-1 說明。

註解

1. 對美國而言，「既有的政治定向」（predispositions）包含政黨認同、政治意識型態（自由主義或保守主義）、種族偏見等，詳參 Sears（1993）。

第七章

經濟投票

蔡佳泓

　　在前面的章節中，我們討論了政黨認同對於政治態度以及投票行為的影響，也探討了候選人偏好對於投票行為的作用，還有兩岸關係在選舉中扮演的角色。根據社會心理學的途徑，民眾的政治態度來自於家庭社會化，一旦形成就不太容易改變。但是除了這些比較屬於感性的態度之外，民眾可能會有理性的計算，也就是從「投資與報酬」的角度，決定支持的對象。雖然民眾不會因為投票而獲得實質的報酬，但是心理上可能因為經濟更加繁榮或者是失業率降低，感覺到社會福祉因為投票支持適當的候選人而提高，在下次選舉也會因此投票。反過來，民眾也可能因為不滿經濟情況變差而怪罪政府，在選舉中支持在野的政黨，希望能改善經濟。

　　因此，經濟投票理論假設，選民會依據政府在經濟上面的表現決定投票的對象，如果選民認為政府處理經濟問題的表現出色，他們就可能支持現任的政府，以持續現有的經濟榮景。如果經濟情況讓選民不滿意，他們可能不支持現任者，改支持另一個政黨。在台灣，選民經常認為「經濟問題」是國家面臨的最重要問題，在選舉中經常可以聽到候選人提出「拼經濟」、「提高競爭力」的口號，也會提出經濟政策白皮書，甚至與工商團體會面以爭取支持。因此經濟投票是一個重要的課題。

壹、經濟投票理論

　　理性投票理論起始於 Anthony Downs（1957）的《經濟民

主理論》（An Economic Theory of Democracy）。在這本書中，Downs 說明民眾會根據理性計算決定是否出席投票以及是否支持現任者。根據他的理論，民眾會根據現任者所帶來的社會福祉多寡，決定是否繼續支持或者是懲罰目前的政府。如果民眾理性地根據經濟的榮枯決定現任者是否適任，將會使執政者無法忽視選民的感受，而努力地在任內表現，而這樣的政府運作將符合民主課責的理想。Downs 認為民眾雖然注重現任者的過去表現，但是也重視候選人提出的未來預期。

在 1970 年代，Kramer（1971）主張，政黨的得票率反映出政黨認同、過去的經濟表現以及現任者的優勢等三個部分。他發現平均個人所得的變化，可以解釋至少一半的政黨得票率的變異程度。Tufte（1978）也發現國會選舉的得票情形，可以被國民生產毛額以及總統的滿意度解釋。MacKuen、Erikson 與 Stimson（1989）則以消費者的感受解釋總統滿意度，發現總統滿意度也和經濟情況有關。這些研究肯定經濟理性對於總體投票行為以及總統滿意度的作用。

而個人層次的經濟投票文獻幫助我們更加了解經濟情況如何影響政治行為。除了 Downs 之外，Key（1966）強調選民並不無知，而且他們會了解現任者的紀錄。他認為選民只看到過去已發生的結果，並不會預期還沒有發生的事。Kinder 與 Kiewiet（1981）主張民眾會以全國的經濟狀況判斷現任者的表現，而且全國的經濟狀況其實跟個人的經濟狀況一樣不難理解。Fiorina（1978）也發現個人的政黨認同會根據政府的表現而調整，而政府的表現具體反映在個人的所得。Fiorina

（1981）則確認美國選民的確根據過去的記錄更新政黨認同。Markus（1988）合併個人的資料與總體的指標，證實總體經濟與個人的感受都會影響投票行為。不過，Nadeau 與 Lewis-Beck（2001）認為，經濟投票只有在總統競選連任時才會出現。

這些文獻大都肯定全國的經濟狀況比家庭或者是個人的經濟狀況來得有影響。而在回溯或者是前瞻經濟評估的爭議方面，雖然兩方面各有擁護者，但是如果考慮現代的經濟情況相當複雜，而選民的記憶有限，要能夠綜合失業、經濟發展、物價等等因素綜合考量，得到對於現任者的綜合經濟表現評估，可能是一件困難的工作。再者，反對黨可能會故意誇大經濟發展的代價，例如更加不平等或是物價膨脹等等。因此，前瞻的經濟訴求，可能會比經濟表現回顧，更能激起選民的投票意願。

經濟投票不僅限於美國，跨國研究也證實經濟投票的確存在。Powell 與 Whiten（1993）研究 1967 年到 1988 年的 19 個民主國家的執政黨得票率變化，並且考慮選舉制度與政府體制以測量經濟情況的責任歸屬，發現經濟指標 —— 國民生產毛額，只有在政治責任明確的國家會影響現任政黨的得票率。Duch 與 Stevenson（2008）考察各國的政府決策集中程度，論證在決策責任不明確的國家，經濟投票的程度較低，反之則較高。例如在分立政府的國家，民眾比較不會根據經濟情況投票。而且他們發現政府涉入市場愈深的國家，經濟對於投票的影響愈低。這是因為民選的政治人物在政府管控經濟的國家反

而沒有太大影響經濟的空間。Gomez 與 Wilson（2006）則考慮內閣制與總統制的政府架構研究經濟投票，發現政治知識愈高的民眾愈會根據自身的經濟情況決定投票，政治知識較少的民眾則根據社會經濟情況投票。

根據以上文獻，經濟投票可以用時間性質分為「回溯型」（Retrospective）與「前瞻型」（Prospective），並且可以用評估對象分為「社會經濟」（Sociotropic）與「家庭或個人經濟」（Pocketbook）。這兩個軸線區分出四個經濟投票的類型。MacKuen、Erikson 與 Stimson（1992）生動地稱「回溯型」選民為「農夫」（peasant），而「前瞻型」為「銀行家」（banker）。他們主張民眾會對未來的經濟形成預期，根據預期獎勵或是懲罰現任者處理經濟的表現。

雖然總體經濟指標可用來解釋政黨得票率，做為經濟投票的證據，但是沒有經濟前瞻的資料，可以驗證選民會根據未來的經濟展望決定支不支持現任者。而個體層次的調查資料雖然可以檢證前瞻或者是回顧型經濟投票，但是需要考慮政黨認同有可能影響經濟評估的回答，間接影響投票選擇。

貳、國內文獻

國內文獻也確認經濟投票。Hsieh、Niou 與 Lacy（1998）研究 1996 年的台灣總統選舉。他們認為對於未來的預期，應該從候選人能力的角度測量。他們發現對國民黨總統候選人 —— 李登輝的經濟治理能力的評估，顯著地解釋投票選

擇，但是民進黨候選人彭明敏處理族群衝突能力的評估，也是顯著的影響變數。但是選民對於全國與個人經濟的過去評估並沒有顯著影響。這個發現肯定前瞻型經濟投票，但是並非純粹的經濟預期，而是結合選民對於候選人的能力評估。

在 2008 年政黨輪替中，盛杏湲（2009）發現回溯型以及前瞻型經濟投票都出現在 2008 年總統選舉，而且對未來經濟的評估似乎又比過去經濟的評估對於投票選擇的影響來得大。蕭怡靖（2013）分析 2012 年的總統選舉，發現前瞻型的社會經濟投票比其他經濟投票來得顯著，同時也考慮經濟是否為最重要的問題，發現兩者之間的交互作用也對投票選擇有影響。吳親恩、林奕孜（2012）分別估計經濟的評估以及對於候選人處理經濟的評價對於 1996 年到 2008 年的總統投票選擇的影響。他們的主要發現是回溯型經濟投票可能因為訪問時間距離選舉時間有一段時間，得到的係數可能反應不出選前的情境，也就是效度有問題；前瞻評估則有比較穩定的作用。Tsai（2017）則以 2004、2008、2012 年等三次總統選舉為觀察對象，發現在控制政黨認同的情況下，對於社會經濟的未來評估影響投票選擇，尤其是 2008 年的未來經濟評估可能反應對於已經上任的馬英九總統的評估。同時，以過去的平均可支配所得解釋得票率的變化時，並沒有顯著的作用，可見得過去的經濟情況對於選舉投票沒有明顯影響。

以上的文獻大多支持前瞻型經濟投票，不過尚未有一套完整的理論，解釋何以台灣民眾比較重視候選人的承諾而非過去的表現或者是記錄。可能需要從民眾的理性計算過程、政治經

濟知識、政黨認同或形象等方面探討民眾如何形成經濟評估，才能進一步解釋為何經濟評估影響投票選擇。

參、2016 年總統選舉與經濟

　　經濟發展一直是民眾關心的議題。以 2016 年的 TEDS 選後調查為例，有 35% 的民眾認為最重要的問題是經濟發展，其次是兩岸關係（16.8%）。而在被問到馬英九總統做得最好的地方，有 25% 的受訪者回答「兩岸關係」。在被問到最不好的地方，有 31.2% 的民眾回答「經濟問題」，其次是「施政魄力」（12.6%）。因此，民眾關心經濟問題與兩岸關係，而這兩者又常被認為息息相關。馬英九在 2008 年競選總統提出「六三三」政見（平均每年經濟成長率 6%、失業率降至 3% 以下、2016 年平均國民所得達 3 萬美元），而上任之後試圖透過自由經濟示範區、兩岸經濟協議，加上公共投資等措施，帶動產業發展。然而，「台灣接單大陸生產」的模式，並沒有提高民眾的所得。而中國大陸的成長減慢，也使得台灣對中國大陸的出口減少。同時，中國大陸的工資上升，更讓台灣在中國的廠商的獲利降低。因此，在 TEDS 的調查中，只有 22.8% 的受訪者說台灣整體的經濟狀況因為兩岸經貿而變好，有 42.4% 的民眾說沒有改變。就個人而言，只有 5.7% 的受訪者說個人經濟狀況因為兩岸經貿而變好，74.7% 的受訪者說沒有改變。

　　另一方面，經濟發展一向被認為是國民黨擅長的議題，而社會福利則被認為是民進黨較為占優勢的議題。根據 Petrocik

西門町的購物人潮。

（1996）的議題所有權（issue ownership）理論，候選人如果在選舉中把大家注目的問題引導到自己擅長的議題，議題可能會影響投票選擇。議題所有權來自於長期的社會分歧，這些分歧往往與政黨的社會屬性息息相關，例如某一個政黨代表勞工，另一個政黨長期與工商團體友好等等。因此，民眾會認定哪一個政黨比較有處理特定問題的能力，反之亦然。例如在美國，共和黨一向被認為較不會處理種族議題。盛杏湲（2013）則發現認為民進黨在社會福利的處理能力比較好的民眾多於認為國民黨比較好的民眾，但是在經濟發展以及縮小貧富差距方面則是認為國民黨比較好的比例較高。

在過去選舉中，國民黨被認為有「拼經濟」的能力，一方面是因為國民黨長期執政，經歷過台灣經濟起飛的年代，擁有相當多的專業人才。另一方面是因為國民黨長期與工商團體友好，國民黨本身也經營許多事業，經濟政策被認為符合工商

業的需求，對於如何發展經濟有許多經驗。然而，在此次選舉中，經濟議題不如在 2008 年選舉被認為是國民黨的強項。主要由於過去八年的執政並沒有達到「六三三」的目標，使得國民黨在經濟方面的訴求弱了許多，雖然朱立倫提出幫員工加薪、推動自由經濟區等等，這些主張並沒有得到太多的迴響。相對的，蔡英文提出國防工業、生技產業以及推動南向政策，主張縮短工時，也頻頻與工商團體互動。雖然沒有提出具體的經濟成長目標，但是也沒有如以往被批評「反商」、「不懂經濟」。

再者，國民黨因為提名過程風波不斷，使得朱立倫僅有三個月的時間競選，因此沒有太多提出經濟政策的機會。而蔡英文除了提出經濟政策外，還有財政、能源、住宅、勞工等相關政策。雖然可行程度有待選後檢驗，但是蔡英文展現比國民黨來得全面的經濟方向，試圖說服民眾相信民進黨執政會帶來更好的經濟發展。因此，第一個研究假設是對於過去的經濟愈覺得不好，愈可能投給民進黨。第二個假設是對於未來的經濟愈覺得會變好，愈可能投給民進黨。

肆、經濟評價與投票行為

投票行為會受到經濟表現的影響嗎？為了探討這兩者之間的關係，我們先觀察民調資料的數據。在 2016 年選舉之前，台灣經濟面臨外來投資減少、出口減緩，個人平均薪資後退等等問題，如果選民以改善經濟當作是投票的判斷標準之一，應

該會在選後的調查中呈現對於未來經濟的樂觀，間接地說明經濟表現影響投票選擇。

表 7-1 與表 7-2 分別呈現受訪者選前與選後對於台灣與本身家庭經濟的評估。表 7-1 顯示，不論是選前或是選後，不到 10% 的受訪者，認為台灣整體與自己家庭過去一年來經濟變好，換句話說，90% 的民眾可能沒有感受台灣社會或個人有愈來愈好的經濟狀況。在選前調查中，有 31.6% 的民眾認為台灣整體經濟過去一年跟以前來比差不多，有 62.2% 的民眾認為變得比較壞或是壞很多。家庭經濟方面，有 64.4% 認為差不多，而有 27.9% 的民眾認為變得比較壞或壞很多。在選後調查中，有 38.0% 的民眾認為台灣整體經濟過去一年跟以前來比差不多，有 55% 的民眾認為變得比較壞或是壞很多。家庭經濟方

表 7-1　台灣整體與受訪者家庭的過去一年的經濟回顧

	選前調查		選後調查	
	台灣整體	家庭	台灣整體	家庭
好很多	19（1.9）	67（6.8）	8（0.4）	10（0.6）
比較好	---	---	68（4.5）	142（8.4）
差不多	311（31.6）	633（64.4）	641（38.0）	1,142（67.5）
比較壞	---	---	702（41.6）	310（18.3）
壞很多	612（62.2）	275（27.9）	226（13.4）	66（3.9）
看情形、不知道、無意見	42（4.3）	9（0.9）	44（2.6）	20（1.1）
總和	984	984	1,690	1,690

說明：選前電訪訪問調查僅有「比較好」、「比較不好」、「差不多」三個選項。
資料來源：TEDS 2016 選前電訪訪問調查以及選後面訪調查。

表 7-2　台灣整體與家庭的未來一年的經濟前瞻

	選前調查		選後調查	
	台灣整體	家庭	台灣整體	家庭
變很好	87（8.8）	146（14.9）	21（1.3）	9（2.3）
變好一些	---	---	330（19.5）	315（18.6）
差不多	383（38.9）	592（60.2）	704（41.7）	981（58.0）
變差一些	---	---	290（17.1）	156（9.2）
變很差	340（34.6）	152（15.5）	69（4.1）	23（1.4）
看情形、不知道、無意見	174（17.7）	93（9.4）	276（16.4）	175（10.4）
總和	984	984	1,690	1,690

說明：選前電訪訪問調查僅有「變好」、「變不好」、「差不多」三個選項。
資料來源：TEDS 2016 選前電訪訪問調查以及選後面訪調查。

面，有 67.5% 認為差不多，而有 22.2% 的民眾認為變得比較壞或壞很多。整體而言，民眾認為 2015 年的經濟並不好，尤其是選前有高達 60%、選後有 55% 的民眾認為台灣整體經濟變壞，似乎否定了國民黨長期追求經濟成長的努力。另一個值得關注的地方是選前認為台灣整體經濟變壞遠高於家庭經濟變壞的比例，選後也是如此。這證明選前與選後，民眾所持的態度相當一致。不過，認為台灣經濟比以前壞的比例，從 62.2% 降到 55%，家庭經濟比以前壞的比例，從 27.9% 降到 22.2%。

　　表 7-2 的選前調查顯示，不到 10% 的受訪者，認為台灣經濟未來一年會變好。不過有 14.9% 認為未來一年家庭經濟會變好。而選後調查顯示，有 20% 的受訪者（20.8%、20.9%），認為台灣整體與自己家庭未來一年來經濟會變好。在選後，有 21.2% 的民眾認為台灣整體經濟未來會變得更差，

有 10.6% 的民眾認為家庭經濟會變得比較壞或是壞很多。值得注意的是，有 10% 左右的人沒有評估未來一年的經濟狀況。整體而言，選舉過後認為 2016 年的台灣經濟會變好的民眾雖然只有 20%，但是跟認為會變差的民眾幾乎相等。而認為家庭經濟會變好的比例則比認為會變差的比例高了 10%。這個結果顯示，民眾基本上認為台灣經濟在民進黨當選後不會變差，與回顧一年前的經濟形成明顯的對比。和經濟回顧相同，選前有 30% 左右的民眾認為未來台灣整體經濟會變差，有 15% 的民眾認為家庭經濟會變差，選後分別只有 21.2% 以及 10.6%。

　　那麼，民眾是否歸咎經濟表現不佳於執政的國民黨，而選擇其他兩個政黨？媒體評論指出，馬英九執政並沒有兌現經濟成長的政見，包括「六三三」，使得改善經濟成為朱立倫難以回答的問題（鄭仲嵐，2015）。可以預見，如果認為過去的經濟不好，應該不會支持國民黨。由於本次選舉有三位主要總統候選人，得票率依次分別為蔡英文（56.12%）、朱立倫（31.03%）、宋楚瑜（12.83%），因此依變數為投票給蔡、朱或是宋，並且剔除未回答投票對象或者是未投票的受訪者。[1]

　　表 7-3 是受訪者對於過去一年台灣經濟的評估以及家庭經濟的評估，跟投票選擇的交叉列表。括號內是各個經濟評估的類別之中的投票選擇對象的比例。例如，認為台灣經濟過去一年變壞很多的受訪者有 180 位，其中有 25 位投給朱立倫，占 180 位其中的 13.89%。以下的分析合併「壞很多」、「比較壞」為「變壞」，而「比較好」、「好很多」合併為「變好」，計算比例時也依據這項原則。

表 7-3　台灣整體與受訪者家庭過去一年的經濟回顧與投票選擇

	朱立倫	蔡英文	宋楚瑜	總和
台灣經濟				
壞很多	25（13.89）	138（76.67）	17（9.44）	180
比較壞	128（23.49）	372（68.26）	45（8.26）	545
差不多	170（36.40）	243（52.03）	54（11.56）	467
比較好	15（36.59）	18（43.90）	8（19.51）	41
好很多	2（66.67）	1（33.30）	0（0.0）	3
總和	340（27.51）	772（62.46）	124（10.03）	1,236
家庭經濟				
壞很多	12（19.67）	45（73.77）	4（6.56）	61
比較壞	53（22.46）	156（66.10）	27（11.44）	236
差不多	241（28.52）	521（61.66）	83（9.82）	845
比較好	37（35.58）	59（56.73）	8（7.69）	104
好很多	2（33.33）	2（33.33）	2（33.33）	6
總和	345（27.56）	783（62.54）	124（9.90）	1,252

說明：卡方值 = 58.05（$p < 0.001$）、14.67（$p = 0.06$）。
資料來源：TEDS 2016 選後面訪調查。

表 7-3 顯示，認為過去一年台灣經濟變好的 44 位受訪者之中，投票支持朱立倫的比例與投票給蔡英文的差不多（38.63% 與 43.18%），但是認為過去一年台灣經濟變壞的 725 位受訪者之中，投票支持民進黨的比例較高（70.3%），僅有 21.10% 的該類受訪者投給朱立倫。在家庭經濟方面，認為過去一年家庭經濟變壞的 297 位受訪者之中，投票支持國民黨的比例為 21.88%，但是認為過去一年台灣經濟變壞的受訪者之中，投票支持民進黨的比例為 67.67%。因此，愈認為台灣整體經濟或者是個人的家庭經濟變壞，愈可能投給民進黨。

　　表 7-4 則顯示未來一年的經濟評估與投票的關係。認為未來一年台灣經濟變好的 276 位受訪者之中，只有 35 位投票給朱立倫，但是有 221 位投給蔡英文。而在認為會變差的 267 位受訪者之中，有 121 位或者是 45.31% 投給國民黨，與投票給蔡英文的比例（43.44%）差不多。因此，愈認為經濟會變好愈可能投給民進黨。在家庭經濟方面，認為未來一年家庭經濟變壞的 145 位受訪者之中，投票支持國民黨的比例為 42.06%，投票支持民進黨的比例為 46.89%，兩者差異很小。認為未來一年家庭經濟變好的 253 位受訪者之中，投票支持國民黨的比

表 7-4　台灣整體與受訪者家庭未來一年的經濟前瞻與投票選擇

	朱立倫	蔡英文	宋楚瑜	總和
台灣經濟				
變很差	22（50.0）	13（29.55）	9（20.5）	44
變差一些	99（44.3）	103（46.2）	21（9.5）	223
差不多	142（28.1）	312（60.1）	61（11.8）	519
變好一些	32（12.3）	208（79.7）	21（8.0）	261
變很好	2（13.3）	13（86.7）	0（0.0）	15
總和	301（28.3）	649（61.1）	112（10.6）	1,062
家庭經濟				
變很差	8（42.1）	9（47.4）	2（10.5）	19
變差一些	53（42.1）	59（46.8）	14（11.1）	126
差不多	207（28.1）	454（61.7）	75（10.2）	736
變好一些	45（19.5）	164（71.00）	22（9.5）	231
變很好	7（31.8）	12（54.6）	3（13.6）	22
總和	320（28.2）	698（61.6）	116（10.2）	1,134

說明：卡方值＝92.51（p＜0.001）、25.25（p＜0.001）。
資料來源：TEDS 2016 選後面訪調查。

例為 20.55%，投票支持民進黨的比例為 69.16%，兩者差異將近 50%。因此，愈認為台灣整體經濟或者是個人的家庭經濟變好，愈可能投給民進黨。這個結果顯示，對於未來經濟覺得差不多或是樂觀的人，也就是支持蔡英文的人。

　　問卷調查資料分析顯示，愈認為未來台灣整體經濟或者是個人的家庭經濟變好，愈可能投給民進黨。愈認為過去台灣整體經濟或者是個人的家庭經濟變壞，愈可能投給民進黨。因此，選民一方面因為經濟不夠好而懲罰現任的國民黨，一方面可能因為對於民進黨執政後的經濟感到樂觀，或者因為經濟大環境改善，國民黨過去比較擅長的經濟訴求因而不受到青睞，而選擇民進黨。真正的原因可能還需要進一步研究。

　　不過，以上的分析無法排除選後的訪問結果受到選舉結果的影響的可能性，也就是受訪者看到蔡英文當選後的表現，因而產生對未來經濟的樂觀，也因而回答投給蔡英文。對比於選前只有 8.8% 的受訪者認為未來一年經濟會變好，34.6% 的受訪者認為會變不好，選後的訪問結果呈現 20.8% 的受訪者認為會變好，只有 21.2% 的受訪者認為會變差，這其中的態度變化，使我們擔心經濟評估可能受到投票結果的影響。未來應該考慮其他的變數來解釋經濟評估，以更正確地估計經濟對投票的影響。

　　以上的資料分析呈現，愈覺得台灣經濟會變好的受訪者，愈可能投給蔡英文。愈認為過去一年台灣經濟變好的受訪者，也愈傾向投票支持民進黨。

伍、結論

　　本章的主要發現是愈覺得未來台灣經濟會變好或者是過去經濟不好的受訪者，愈可能投給蔡英文。一方面可能因為國民黨沒有實現 2008 年提出的「六三三」，以致於選民對於過去經濟沒有好印象，也對於國民黨處理未來經濟不放心。另一方面，也可能是選民在同一個政黨八年執政之後，似乎會揚棄執政黨。對照 Tsai（2017）對 2008 年選舉的分析，對未來經濟樂觀的選民支持在野的國民黨，這個模式似乎有可能成立。未來值得注意類似的循環會不會出現。

　　其次，對比選前與選後的訪問，選後的經濟評估可能受到投票選擇的影響。也就是說，經濟評估與投票選擇可能互相影響，而不是經濟評估單向地影響投票行為。之後可以考慮比較複雜的模型估計經濟評價對於投票選擇的作用。

　　整體來說，民眾會課責現任者過去的表現，也會根據未來的經濟預期決定投票對象，顯示選民的確會「投資」在候選人，並且視投資的回報決定是否繼續支持現任者。選民是否會在社會福利、國家安全等領域重複同樣的理性模式，值得未來的選舉研究探討。

註解

1. 從經濟投票的觀點，未投票可能是不滿意三個主要政黨的經濟政策或者是處理經濟問題的能力，不過所使用的資料並沒有適當的變數測量這些變數。

第八章

結論

蔡佳泓

　　本書一開始提出的問題：為什麼台灣發生政黨輪替？為什麼國民黨只獲得三成的選票？台灣過去的兩黨競爭是否轉變成一黨穩定多數？本書從政黨發展與選民行為兩個角度，透過嚴謹的理論檢視以及資料分析，回答這些問題。

　　本章首先摘要第二章到第七章的重要發現，然後提出未來台灣選舉的學術研究與實務課題。

壹、政黨重組與提名過程

　　候選人的提名是政黨組織最重要的功能之一。擁有政黨提名的候選人，可以號召該政黨的支持者，也可能獲得政黨資源的挹注。但是政黨不提名的候選人，有可能以獨立候選人方式參選，造成政黨支持者的分裂，減少政黨的得票。因此，政黨無不對於提名方式小心謹慎，一方面要提名最有可能獲勝的候選人，一方面要避免政黨分裂，因此要考慮支持者以及可能支持者的態度。在第二章「變，或不變？2016 年總統立委選舉主要政黨的候選人甄補機制」，俞振華針對本次總統與立委選舉的候選人提名機制進行研究。他發現洪秀柱的兩岸政策主張「一中同表」，與原本馬英九定調的「九二共識，一中各表」的主張，被國民黨的成員認為有顯著的不同，並被歸類為趨向「統派」。因此，國民黨內因為提名了洪秀柱而在攸關總統大選最重要的政策面向 —— 「統獨立場」出現分歧，即黨中央與總統提名人的主張衝突。同時，洪秀柱的主張造成國民黨本土派的不安，幾名本土派立委候選人急於與其切割。總之，洪

秀柱無法獲得國民黨黨中央及地方的廣泛支持,而在 10 月被撤銷提名。

　　而在第三章「政黨的社會基礎」,游清鑫認為民進黨在 2000 年的 2008 年的執政之後八年,由國民黨取而代之;而國民黨執政八年之後,在 2016 年又被民進黨所取代。因為這十六年期間政黨輪替的過程過於快速,每一個政黨執政的時間太短,無法發展出一種新的選民與政黨連結關係的組合型態,因此很難說政黨重組出現。因此,他認為 2016 年的選舉固然也造成政黨輪替,也有相當多的民眾參與其中,但是需要看民進黨是否能夠持續執政更長的時間,才有機會檢驗新的選民與政黨間的連結是否真的出現,並開啟政黨重組新時代。同時,游清鑫指出除了與意識型態相關的政治分歧之外,在台灣的民主發展過程中,施政表現相關的問題的影響日益明顯,因此政黨競爭並不僅僅立基於意識型態的差異,同時也會受到施政評價影響。

　　對比俞振華與游清鑫的研究發現,候選人的意識型態如果與目前民意相距太遠,即使候選人獲得政黨的提名,可能仍然無法說服支持者,部分支持者可能轉向其他政黨。然而該候選人如何獲得政黨的提名?俞振華認為與國民黨於 2012 年擊敗蔡英文獲得連任之後聲勢只跌不升有關。在勝算不大的情況下,黨內菁英不願參與初選,間接促成洪秀柱一人通過提名及初選程序。而根據游清鑫的研究,很難以政黨重組解釋國民黨在執政八年之後的支持度低迷,以致於只有一人參與總統初選,最後還必須更換候選人。但是 2008 年、2016 年似乎都出

現執政八年的政黨面臨分裂、支持者流失、提名過程衝突不斷的困境。因此，未來需要更多對於政黨以及政黨支持者的觀察，才能回答政黨內部如何考慮支持者的動向，並且反映在提名規則上面。

貳、台灣認同與候選人能力

在第四章「台灣認同與選民投票抉擇」中，鄭夙芬、王德育、林珮婷回顧台灣自 1895 年的發展，認為「台灣認同」孕育自國民政府接收台灣時所發生的省籍對立，逐漸演變為族群動員，在每一次選舉之中產生影響，並且與兩岸關係的立場有著密不可分的關係，第三章也提到認同與兩岸關係是台灣政黨的主要分歧。鄭夙芬等人發現認同因素在 2016 年的選舉中扮演重要的角色，他們的資料分析顯示台灣認同程度愈高者，投給蔡英文的比例愈高，反之，台灣認同程度較低者，比較傾向投給國民黨的朱立倫。此外，也有相當比例的中度台灣認同者，支持民進黨的蔡英文。同時，他們指出「就人口特徵的分布來看，台灣民眾在認同上有著相當的分歧，顯示台灣認同仍有其不穩定性」。這一點可能提供政黨成員試圖改變選民的認同方向的動機。然而，主觀的期望如果與客觀的實力之間落差太大，有可能造成政黨對抗主流民意的劣勢。

因此，在第五章「候選人因素與總統選舉」之中，陳陸輝以 2012 年以及 2016 年的調查資料為例說明，在考慮民眾對於候選人能力的評估以及候選人是否具備了解他們需要的同理

心之後，發現候選人的能力比較會影響選民的投票方向。再細分對候選人的能力評估，除了候選人整體能力，候選人是否能夠維護台灣利益以及維護兩岸和平，都是重要的能力標準。此外，民眾對於候選人整體喜好度是一個解釋他們投票行為的指標；覺得該候選人「有希望」傾向投給該候選人，覺得某一候選人「生氣」或是「令人擔心」，則傾向投給其他候選人。

參、兩岸關係與經濟評價

　　第二、三、四章探索兩岸關係對於投票選擇是否有影響？而第四章與第五章較偏重「感性因素」，第六章與第七章則側重「認知因素」對於選舉的影響。在第六章「兩岸關係與總統選舉」，陳陸輝的分析證實兩岸關係所扮演的重要角色。首先他說明在 2016 年的選舉期間，過去以「不統、不獨、不武」占據「維持現狀」立場的國民黨，因為原本為國民黨提名的洪秀柱在 2015 年 5 月 1 日公布兩岸關係說帖，提出「一中同表」後，拱手讓出這個位置給蔡英文。儘管國民黨在 2015 年 10 月 7 日撤銷洪秀柱的提名，改徵召朱立倫，但是民眾對於蔡英文在兩岸關係上面的支持已經成形：統獨立場上主張維持現狀的民眾，在 2016 年對朱立倫的支持度僅 34.8%，低於在 2012 年對馬英九的 66.5% 的支持度。而蔡英文則在 2016 年獲得了維持現狀的選民 52.5% 的支持，高過在 2012 年的 30.7%。因此，當政黨因為候選人的提名過程造成分裂，選民的政治心理轉變相當明顯。此外，陳陸輝發現選民如果感覺兩岸經貿交流

使經濟變差，傾向支持反對兩岸經貿交流的民進黨，但是如果感覺兩岸經貿交流使經濟變好，傾向支持贊成兩岸經貿交流的國民黨，但是支持國民黨的比例並不如支持民進黨的比例高。何以選民根據同樣的判斷標準而有不對等的行為？是候選人的因素造成？還是政黨分裂的關係？這一點在第七章有更進一步的探討。

在第七章「經濟投票」中，蔡佳泓的主要發現是愈覺得未來台灣經濟會變好或者是過去經濟不好的受訪者，愈可能投給蔡英文。一方面可能因為國民黨沒有實現 2008 年提出的「六三三」，以致於選民對於過去經濟沒有好印象，也對於國民黨處理未來經濟不放心。另一方面，也可能是選民在同一個政黨八年執政之後，似乎會揚棄執政黨。比較特別的一點是本章分析選前的電話訪問調查資料以及選後的面訪調查資料，發現不論是選前或是選後，只有不到 10% 的受訪者，認為台灣整體與自己家庭過去一年來經濟變好。選前有高達 60%、選後有 55% 的民眾認為台灣整體經濟變壞，間接否定了國民黨追求經濟發展的成績。不過，國民黨因為提名過程風波不斷，朱立倫僅有三個月的時間競選，沒有太多提出經濟政策的機會，可能間接幫助蔡英文不斷強化在經濟議題上的說服力。

肆、未來研究

本書的資料分析以及理論鋪陳，從感性以及認知的政治心理因素回答為什麼台灣會發生政黨輪替？以及為什麼國民黨

只獲得三成的選票？也從政黨發展與競爭，回答台灣的兩黨競爭可能還不會轉變成一黨穩定多數。本書同時考慮政黨組織以及政治心理之間的互相作用解釋選舉結果，不僅印證既有的理論，也提供可能的未來研究途徑。

　　台灣選民行為的研究濫觴於 1980 年代初，當時的國科會補助政治學者在台大與政大從事選舉研究，後來逐漸擴散到其他學術研究機構（陳義彥、陳陸輝，2016）。在政府投入許多經費、學術界投入許多人力之後，選民行為研究逐漸與國際接軌，學術產出相當可觀，也為台灣民主留下許多寶貴的紀錄。本書所探討的政黨制度、政黨體系、國家認同、候選人能力、兩岸關係立場、經濟評價等等，無不承繼過去選舉研究的成果，為歷史留下難得的見證。

　　展望未來，探討選舉行為的同時，應同時考慮政黨體系以及選舉制度的作用。V. O. Key（1964）將政黨分成**政府內的政黨**（party-in-government）、**政黨組織**（party-as-organization），以及**選民之間的政黨**（party-in-electorate）等三個部分，彼此各有各的功能。例如選民之間的政黨培養選民的政黨認同，減少投票選擇的成本、動員選民投票參與。而政黨組織則蒐集以及表達選民的訴求，並且培養未來的領袖。政府內的政黨則是協調行政與立法，執行政策決定等等。根據他的理論，選民的政黨認同並非完全來自家庭（Jennis and Niemi, 1974），而有部分來自於政黨本身的影響。而選舉行為也可能受到政黨表現的影響（Fiorina, 1981）。然而，政黨競爭受到選舉制度以及政府組成的影響，所以應該考慮制度的環

節（Batto and Cox, 2016）。因此，選舉制度與政府組成、政黨組織、選民行為三者相互影響，不僅可以解釋台灣政治的變遷，也可以應用到其他國家的政治發展。

本書已經同時探討政黨組織與選民行為在 2016 年總統選舉的面貌，而下次總統選舉之前應該會重新劃分立法委員的選區，增加選舉制度的變數，可能使得選民行為更加複雜。例如，政黨可能會因此調整提名立委的策略，而立委候選人的競選策略也可能從追隨總統候選人，改為更親近選區。選民可能因為政黨的策略調整而改變其認同或是選擇政黨的標準。這一連串的變動，有可能造成選舉結果的改變，甚至政黨體系的變遷。而要探索這個動態過程，需要蒐集民眾的調查資料以及仔細地觀察各種政治現象，誠非易事。然而，這正是台灣政治有趣以及有價值的地方。

本書也希望提供如何改革台灣政治的線索。雖然在政治民主化過程之中，人權自由獲得更多的法律保障以及深入人心，政治參與也呈現更多面貌，使得世界各國肯定台灣的民主改革。然而，圖 8-1 顯示，從 1992 年立法院全面改選以來，立委選舉以及總統選舉的投票率（投票人數對選舉人數的比例）持續下滑，這是因為民眾愈來愈不信任政治，還是政治參與的管道愈來愈多元？如果是前者，我們如何要求政治人物以及政府改善民眾對政治的不信任？如果是後者，我們又如何從投票技術或是投票資訊，鼓勵民眾了解政治人物進而出席投票？

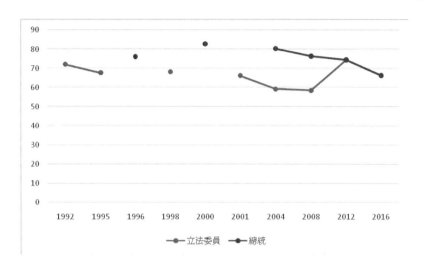

圖 8-1 立委選舉以及總統選舉的投票率，1992-2016 年

資料來源：國立政治大學選舉研究中心。
說明：立委選舉的投票率包含區域、原住民、全國不分區等選舉類別。

　　此外，雖然民主化加速選舉競爭的制度化，但是我們仍然可以發現有許多未臻完美之處。例如，在選舉過程中經常聽到有候選人砸重金在廣告以及組織動員，但是事後的選舉經費申報卻明顯偏少。這是因為我國現行政治經費的申報規定主要是由政治獻金法第 20 條至第 22 條規定以及人民團體法第 34 條規定所構成。前者是以政黨、政治團體及擬參選人做為申報義務人，以監察院為受理申報機關；後者則要求政黨與依人團法所設政治團體報主管機關（內政部）核備其年度之預算與決算報告。雖然法律設有會計師簽證查核、受理申報機關查核，以及對於申報不實等情事之行政罰，然在立法之規範與現實不

一定完全符合，以及執法不嚴的情況下，相關申報資料的真實
性與可信賴性，受到許多質疑。如何透過申報資料以及實地觀
察，估計候選人的競選花費，進而修正政治獻金法以及人民團
體法的相關規定，以維護選舉的公平性，也是提升民主品質的
重要方向。

　　總之，本書雖然聚焦在 2016 年的總統選舉，其中又以政
黨發展以及投票行為為主要探討的對象，但是更大的關懷是台
灣的選舉品質以及民主化，期待選舉研究時時以良善政治為
念，回應社會的需求，也培養更多具有批判思考能力的公民。

第九章

2016 年第 14 任總統選舉暨第 9 屆立委選舉大事記

黃紀

2015/01/01-2017/06/25[1]

年	月	日	事記
2015	01	06	台北市選委會宣布罷免國民黨立委蔡正元連署書 49,949 份合於規定，超過連署門檻 38,939 人，罷免連署成立。
2015	01	12	中選會通知「全面割闌尾：台中全面罷免」團隊罷免國民黨籍立委蔡錦隆的第一階段 2% 提議書審查通過。
2015	01	19	中選會舉行委員會議，審查通過立委蔡正元罷免案，同時決議於 02/14 舉行投票。
2015	01	25	公民組合執行理事林峯正宣布成立新政黨「時代力量」，並將在 2016 年推出區域與不分區立法委員參選人。
2015	01	27	高雄市長陳菊宣布不參選總統。
2015	01	28	民進黨召開中常會，通過 2016 年總統與立委提名初選選務時程。
2015	02	01	副總統吳敦義宣布不參選總統。
2015	02	06	台南市長賴清德宣布不參選總統並表態支持蔡英文。
2015	02	11	民進黨中央黨部公告總統黨內初選工作。
2015	02	12	前民進黨主席蘇貞昌宣布不參選總統。
2015	02	14	台北市第四選區立委蔡正元罷免案投票，同意票 76,737 人，不同意票 2,196 人，無效票 370 人，總投票人數 79,303 人，選舉人數 317,434 人，投票率為 24.98%，罷免案遭否決。
2015	02	16	民進黨於 02/12-02/16 辦理黨內初選登記，主席蔡英文、榮總醫師郭正典二人於 02/14、02/15 領表，但僅有蔡英文一人於 02/14 完成登記，因而不辦理總統初選民調（原訂於 03/16-03/18 辦理民調）。
2015	02	24	親民黨主席宋楚瑜、無黨團結聯盟主席林炳坤、民國黨主席徐欣瑩攜手合作，於立法院建立了跨黨政團，組成新黨團，名為立院新聯盟。立院新聯盟召集人李桐豪宣布將會和在野立委嚴格監督國會的運作，充分傾聽民意、反映民意、了解民心、解決民怨。

年	月	日	事記
2015	03	02	民進黨於 03/02 至 03/06 舉行區域立委選舉初選領表登記作業，其中熱門的台南市五個選區、高雄市左楠區、小港區、新北市板橋西區、桃園市大園區等選區都參選爆炸，最多出現五人角逐，競爭激烈。
2015	03	03	民進黨立委李俊俋表示，總統大選預定明年初與立委選舉合併舉行，選後至新總統五二〇就職前將面臨約 4 個月的政治空窗期，他已提出「總統職務交接條例草案」，將禁止空窗期進行人事調動，以免限縮新總統用人空間。李並呼籲國民黨不要阻擋草案付委，盼在明年選前完成立法適用。
2015	03	06	民進黨完成區域立委初選領表登記作業，現任立委中，包括台北市大同區姚文智、新北市林淑芬等，高達 19 人同額競選，篤定可競選連任；新北市三重區立委高志鵬、台南市立委葉宜津、黃偉哲、陳亭妃及宜蘭縣立委陳歐珀等人，則面臨黨內挑戰。
2015	03	06	民進黨立委初選登記截止後，包括前行政院長游錫堃、蘇貞昌、前總統陳水扁等黨內領導階層，均有子女參選。游錫堃兒子游秉陶投入的新北市板橋西區，前板橋市長張宏陸、名嘴余莓莓及前立委莊碩漢均登記參選，戰況激烈。蘇貞昌長女蘇巧慧參選的新北市新莊、樹林區，則迎戰前立委廖本煙之子廖宜琨、前市議員歐金獅。至於陳致中參選的高雄市小港、前鎮區，謝系市議員陳信瑜、高雄市長陳菊市府團隊的高市海洋局長賴瑞隆也登記參選。
2015	03	06	「共生音樂節」發起人藍士博宣布參選桃園第四選區立委。
2015	03	06	民進黨在九合一勝選，也讓黨內勇於挑戰國民黨現任立委，桃園市第二選區參選爆炸，包括桃園市黨部主委陳賴素美、市議員郭榮宗、前立委彭紹瑾、前立委彭添富、新屋農會理事陳睿生等五人登記參選，將挑戰國民黨立委廖正井；屏東市也有前副市長鍾佳濱、屏東縣黨部主委李清聖、縣議員李世斌、前屏東縣稅務局長施錦芳等四人，搶著要挑戰國民黨立委王進士。

年	月	日	事記
2015	03	07	民進黨選對會於 03/07 至 03/08 針對兩人以上參選初選的立委選區展開協調作業。
2015	03	11	民進黨協調兩人參加初選的區域立委選區，除彰化市長邱建富在 03/07 宣布退選、賴岸璋、蔡瑞堂經協調後退選、宜蘭農田水利會長許南山及立委陳歐珀在縣長林聰賢協調下，同意以民調決定單一人選之外，扣除同額選區及一區無人登記，將有 54 人爭取 22 個區域立委的提名機會。
2015	03	11	民進黨中執會完成審查立委初選參選人資格。不少縣市議員挾 2014 年的勝選氣勢，爭相登記黨內立委初選，形成特殊現象。據統計，民進黨 43 個立委初選區中，高達 17 個選區有現任縣市議員登記參選立委，比例將近四成；若以人數計，74 名登記參選人中，共有 23 名現任縣市議員登記參選，約占三分之一。
2015	03	13	登記參選高雄第九選區的陳水扁之子陳致中在高雄市長陳菊邀請另二位初選參選人市議員陳信瑜、前高市府海洋局長賴瑞隆會面後，協調出陳致中退選的結果，賴瑞隆與陳信瑜則舉辦民調決定提名人選。
2015	03	18	民進黨宜蘭縣區域立委初選民調：現任立委陳歐珀擊敗該縣農田水利會長許南山。
2015	03	19	民進黨中央於 03/19 至 04/10 陸續舉辦區域立委初選民調。
2015	03	19	新北市第五選區立委初選民調：前行政院長蘇貞昌女兒蘇巧慧 38.09% 擊敗前市議員歐金獅 11.73%、前立委廖本煙之子廖宜琨 10.23%。高雄第九選區立委初選民調：前高雄市海洋局長賴瑞隆 33.7% 擊敗謝系市議員陳信瑜 28.79%。
2015	03	21	民進黨新北第六選區立委初選民調：現任市議員張宏陸 20.04% 擊敗二位議員同事余莓莓 15.70%、莊碩漢 14.68% 以及游錫堃之子游秉陶 12.63%；新北第十選區立委初選民調：現任市議員吳琪銘 42.96% 擊敗吳秉叡服務處秘書蔡美華 26.32%；台東縣區域立委初選民調：現任立委劉櫂豪擊敗前立委賴坤成。
2015	03	23	民進黨台南第一選區立委初選民調：現任立委葉宜津以 33.65% 擊敗二位現任市議員李退之 19.66% 與賴惠員 18.17%。屏東第二選區初選民調：前副縣長鍾佳濱以 22.37% 擊敗現任三位縣議員李世斌 14.47%、施錦芳 17.38%、李清聖 22%。

年	月	日	事記
2015	03	25	桃園第二選區立委初選民調：現任市議員兼市黨部主委陳賴素美18.71%擊敗議員同事郭榮宗15.18%、二位前立委彭紹瑾14.71%、彭添富9.49%以及新屋農會理事陳睿生6.5%等四人。台中第二選區立委初選民調：陳世凱32.78%擊敗前縣議員王戴春滿兒子王至劭7.06%。
2015	03	26	民進黨新北第四選區立委初選民調：現任不分區立委吳秉叡54.13%擊敗前立委鄭余鎮之子鄭余豪3.2%；台中第四選區立委初選民調：現任市議員張廖萬堅36.79%擊敗議員同事陳淑華27.35%。
2015	03	27	民進黨嘉義第一選區立委初選民調：蔡易餘40.87%擊敗前立委林國慶37.89%；台南第五選區立委初選民調：王定宇44.59%擊敗現任市議員郭國文22.31%。
2015	03	28	民進黨新北第三選區立委初選民調：現任立委高志鵬46.69%擊敗現任市議員李余典30.15%；台南第二選區初選民調：黃偉哲以57.66%擊敗現任市議員林宜瑾14.28%。
2015	03	29	社會民主黨舉行成立大會。
2015	03	31	兩岸貨貿談判第10次協商於03/31至04/02在北京舉行，協商議題包括市場進入及雙方對市場進入待遇的相關規定，其他議題還包括適用優惠關稅的原產地規則、海關程序、檢驗檢疫相關措施及貿易救濟等。
2015	03	31	民進黨高雄第三選區立委初選民調：現任副市長劉世芳以34%小贏現任民進黨籍市議員林瑩蓉的31%。南投第二選區立委初選民調：現任立委蔡煌瑯以30.87%分別擊敗二位現任議員賴燕雪29.87%及陳翰立15.57%。
2015	04	01	國民黨中常會決議通過第一梯次區域立委參選人，本次提名徵召丁守中等17名。
2015	04	01	民進黨選對會彙整艱困選區黨內初步人選，31個艱困選區（含平地、山地原住民選區），共有71人次自薦或被推薦，台北市有現任市議員李慶鋒等五名爭取提名、苗栗縣有現任不分區立委吳宜臻等二名被推薦、花蓮縣有現任不分區立委蕭美琴被推薦、新竹市有現任不分區立委柯建銘被推薦、前立委陳瑩則被推薦參選平地原住民立委。

年	月	日	事記
2015	04	01	民進黨 43 個立委初選提名區中，有 18 個需要進行初選民調，04/01 完成最後一波立委初選民調後，台南第三選區現任立委陳亭妃以 60.15% 比 16.8% 大勝市議員邱莉莉；第四選區中，前民進黨發言人林俊憲拿下 50.89% 支持度，遙遙領先市議員蔡旺詮 14.42% 及李文正 7.03%。台南市七名轉戰立委初選的現任市議員，全部中箭落馬。
2015	04	03	立法院副院長洪秀柱宣布參加國民黨總統初選。
2015	04	07	民進黨中國部主任趙天麟訪問中國。
2015	04	08	國民黨全國黨代表大會公布總統參選人提名辦法，並擬定黨內提名時程。
2015	04	08	國民黨中常會決議通過第二梯次區域立委參選人，本次提名徵召李鴻鈞等二名。
2015	04	08	民進黨選對會建議區域立委參選人計桃園第一選區等鄭運鵬四名。召集人蘇嘉全並公布台北第四選區等 13 個艱困選區暫緩徵召，並宣布願意與第三勢力合作、整合出單一候選人；若仍無人參選，才將在 7 月底提名。
2015	04	10	國民黨台北第五選區立委初選民調：現任立委林郁方擊敗二位市議員應曉薇、鍾小平；桃園第二選區立委初選民調：現任立委廖正井擊敗總統府發言人范姜泰基；第三選區立委初選民調：現任立委陳學聖擊敗前中壢市民代表主席吳嘉和。
2015	04	15	國民黨中常會決議通過第三梯次區域立委參選人，本次徵召林郁方等六名。
2015	04	15	民進黨中執會通過 2016 年總統參選人為蔡英文，同時通過區域及原住民立委選舉第一波提名名單，計有台北市第二選區現任立委姚文智等 47 名。
2015	04	16	民進黨中央黨部公告蔡英文為民進黨總統參選人。
2015	04	20	國民黨自 04/20 至 05/16 辦理領表與黨員連署總統參選人。洪秀柱、黨務小組主委黃柏壽等二人先後至中央黨部領表參加黨內初選。
2015	04	22	前衛生署長楊志良宣布參加國民黨總統初選。
2015	04	23	立法院長王金平黨籍案勝訴。

年	月	日	事記
2015	04	17	國民黨主席朱立倫宣布不參選總統。
2015	05	01	洪秀柱公布兩岸關係論述說帖,提出一中同表。
2015	05	01	楊志良至國民黨中央黨部領表參加黨內初選。
2015	05	12	國民黨原預計舉行立委初選民調新北第六選區,由國民黨立委輔選策略委員會評估雖有市議員林國春、前媒體人汪成華完成領表,但最後僅林國春完成登記並完成 5% 黨員連署,具備基層實力,因此決議不需經過民調,將提報中常會通過提名徵召。
2015	05	13	國民黨中常會決議通過第六梯次區域立委參選人,本次提名及徵召林國春等三名。
2015	05	13	民進黨選對會決議桃園第三選區徵召前縣議員徐景文、第四選區徵召航空城董事長鄭寶清參選區域立委。
2015	05	15	立法院長王金平宣布不參選總統。
2015	05	15	國民黨協調平地原住民立法委員黨內初選,原登記參加初選的廖國棟、鄭天財與林琮翰三人經協調後,同意不辦理黨內初選民調,由廖、鄭二人參選。
2015	05	15	桃園第四選區擬參選人無黨籍藍士博宣布退選。
2015	05	16	王寶萱宣布以無黨籍身分參選桃園第一選區立委。綠黨召集人李根政、社會民主黨召集人范雲、時代力量立委候選人邱顯智出席參選記者會,為第三勢力重要代表人士在傳出整合消息後的首次同台。
2015	05	17	國民黨台北市第四選區立委初選民調:現任市議員李彥秀 32.12% 擊敗二位議員同事闕枚莎 27.15%,吳世正 22.69%,以及前立委邱毅 18.05%。新竹縣區域立委初選民調:現任縣議員林為洲 59.30% 擊敗行政院政務顧問劉文禎 40.7%。
2015	05	18	國民黨於 05/17 至 05/18 辦理提名登記作業,立法院副院長洪秀柱、前衛生署長楊志良二人完成登記。
2015	05	19	國民黨新竹市區域立委初選民調:現任市議員鄭正鈐 46.65% 擊敗議員同事張祖琰 27% 與中央委員曾煜銘 27%;台中第四選區立委初選民調:現任立委蔡錦隆 50.18% 擊敗現任市議員黃馨慧 49.82%。但黃馨慧則認為初選過程有瑕疵,質疑蔡錦隆支持者在民調期間還發簡訊拉票,並向台

年	月	日	事記
			中市黨部主委江士良抗議、隨後遞交證據資料，要求國民黨審慎處理。
2015	05	20	國民黨中常會確定洪秀柱獲 35,210 份聯署通過 15,000 份門檻，而楊則獲 5,234 份聯署未通過門檻，僅有洪秀柱有資格參加黨內初選，因而不辦理黨員投票。
2015	05	20	國民黨中常會決議通過第七梯次區域立委參選人，本次提名及徵召蔣萬安等五名。
2015	05	20	民進黨中執會通過區域及原住民立委選舉第二波徵召名單，計有時任台北市議員梁文傑等七名。
2015	05	21	前民進黨主席施明德宣布參加總統選舉，將以獨立參選人身分展開連署。
2015	05	22	國民黨桃園第五選區立委初選民調：現任立委呂玉玲 37.21% 擊敗二位市議員舒翠玲 30.87%、謝彰文 22.47%，以及退伍軍人協會總幹事葉滿新 9.45%。台東縣區域立委初選民調：前台東市長陳建閣擊敗全國青工總會副總會長張家瑋與縣議員吳景槐。
2015	05	23	國民黨山地原住民立委初選黨員民調：孔文吉 52.7%、簡東明 44.11% 二人擊敗曹明生 3.19%。
2015	05	27	國民黨中常會決議通過第八梯次區域及原住民立委參選人，本次提名呂玉玲等六名。
2015	05	29	蔡英文於 05/29 至 06/09 訪問美國。
2015	06	03	國民黨中常會決議通過第九梯次區域立委參選人，本次徵召郭倫豪參選高雄第四選區。
2015	06	04	前民進黨主席林義雄發表給蔡英文的公開信，批評民進黨徵召就任未滿 5 個月的市議員參選立委是違背民主倫理與選民期待。
2015	06	13	國民黨中央於 06/12-06/13 委託全國意向、典通、聯合報等三家民調機構執行，採對比式跟支持度各半計算，由立法院副院長洪秀柱以平均 46.204% 支持率通過 30% 門檻。
2015	06	17	國民黨召開中常會，以鼓掌方式通過核備黨中央提名洪秀柱為國民黨總統參選人。會中並決議通過第十梯次區域立委參選人，本次徵召張慶忠等二名。

年	月	日	事記
2015	06	17	民進黨中執會通過區域立委選舉第三波徵召名單，計有時任台北市議員吳思瑤等 10 名。值得注意的是，中執會並未處理台北第三選區立委參選人梁文傑的退選案。蘇嘉全指出該選區將保留合作空間，與第三勢力候選人進行後續協調整合。
2015	06	27	社民黨宣布由中正大學政治系副教授陳尚志參選台北市第四選區（內湖南港）立委。
2015	06	29	台聯黨主席黃昆輝宣布不提名總統參選人，並全力支持民進黨參選人蔡英文。
2015	06	30	已獲國民黨徵召參選的彰化第三選區現任立委鄭汝芬宣布退選。
2015	07	01	國民黨中常會決議通過第 11 梯次區域立委參選人，本次提名及徵召陳淑慧等四名。
2015	07	07	人民最大黨主席許榮淑宣布參加總統選舉，將以獨立參選人身分展開連署。
2015	07	07	在軍中身亡的空軍士兵蔡學良母親尤瑞敏宣布將參選台北市第五選區立委，目的是挑戰國民黨該區軍系立委林郁方，並聘請姚立明擔任競選後援會總召。姚立明認同尤瑞敏理念，並希望時代力量在該區的參選人能予以禮讓。
2015	07	15	國民黨中常會決議通過第 13 梯次區域立委參選人，本次提名陳雪生參選連江縣立委。
2015	07	15	國民黨召開考紀會，決議開除長期在政論節目汙衊該黨的立委紀國棟、前立委張碩文、前台北市議員楊實秋、現任台北市議員李慶元，以及王金平大樁腳、公開反對洪秀柱參選總統的中央委員李柏融。
2015	07	18	轉戰基隆參選立委的國民黨副主席郝龍斌赴基隆市黨部領表，原先也表態角逐立委的市議員呂美玲宣布退選，改力挺郝龍斌。
2015	07	19	國民黨召開全國黨代表大會，通過提名洪秀柱為國民黨總統參選人。
2015	07	21	中國民運人士吾爾開希宣布參選台中市第四選區立委。
2015	07	26	國民黨基隆市區域立委初選民調：副主席郝龍斌擊敗現任市議員韓良圻與立委徐少萍之子林沛祥。

年	月	日	事記
2015	07	27	時代力量宣布由黃國昌參選新北市第十二選區立委。
2015	07	28	軍公教聯盟公布不分區立委名單，計有時任黨組織部主任張賜等五位。
2015	07	29	國民黨中常會決議通過第 15 梯次區域立委參選人，本次提名及徵召郝龍斌等四名。
2015	08	04	立院上午舉行談話會，討論召開課綱問題的臨時會，國民黨團在談話會前決議，不願召開臨時會；民進黨也隨後撤案。課綱問題授權各縣市教育局處自由選書。
2015	08	06	親民黨主席宋楚瑜上午宣布參加總統選舉。國民黨立委參選人李鴻鈞下午宣布退選，並全力投入輔選宋楚瑜。
2015	08	09	民進黨與台聯於台北第一選區、台中第八選區舉行泛綠民調，分別由民進黨於二市的議員吳思瑤與謝志忠擊敗台聯的陳思宇與高基讚，完成整合。
2015	08	10	國民黨雲林第一選區立委張嘉郡由其父張榮味代表宣布退選（但不退黨）。該黨於雲林第二選區擬徵召對象吳威志也向黨中央要求暫緩徵召。
2015	08	10	獨派大老金恆煒等人籌組的台灣獨立行動黨原定舉行組黨記者會，但臨時宣布暫不組黨，也不會提出不分區立委名單，改為支持時代力量。
2015	08	12	民進黨與時代力量決議協商選戰，前者將在部分選區禮讓後者。民進黨立院黨團總召柯建銘與部分黨內人士對此大感不滿，怒斥選對會召集人蘇嘉全，認為已經違反與第三勢力合作的原則。
2015	08	14	台南市議長李全教機要秘書周五六、無黨籍市議員林阳乙、謝旺財、林炳利宣布加入親民黨並成立親民黨團。台中市議會親民黨段緯宇、洪金福與國民黨陳成添、吳顯森、無黨籍陳清龍也組成「超黨派聯盟」。
2015	08	15	因 2015 年 GDP 成長率預估僅有 1.56%，馬英九總統決定軍公教 2016 年不調薪。
2015	08	17	綠黨和社會民主黨宣布共組參政聯盟，並簽署合作備忘錄，共同推薦的區域及不分區候選人將以「綠黨社會民主黨聯盟」名義參選。不過兩黨合作不合併，仍各自運作維持獨立性與主體性。

年	月	日	事記
2015	08	18	前立委鄭龍水舉行社會福利黨建黨記者會，宣布擔任黨主席並將爭取不分區席次，社福界重要人士白秀雄則擔任副主席。
2015	08	19	新黨主席郁慕明表態願為施明德連署。郁慕明說，連署不代表支持，但應給施明德公平參選的機會。施明德回應，對郁慕明滿懷感謝。
2015	08	20	宋楚瑜為過往箝制言論自由的言行造成台灣歷史傷痛而道歉。
2015	08	21	獨立總統參選人施明德痛批宋楚瑜於08/20的道歉是將白色恐怖的時代悲劇扭曲成個人恩怨，為此卸責、騙票。
2015	08	22	新黨宣布總統選舉全力支持洪秀柱。同時宣布將不推出不分區立委名單，並呼籲黨員全力支持國民黨，守住國會泛藍席次過半；區域立委部分則規劃提名五位參選人，其中包括潘懷宗參選台北市第二選區、吳成典參選金門選區，由新中華兒女學會理事長王炳忠、秘書長林明正出戰藍營艱困選區台南市。國民黨原已完成徵召的台南市第一、第三選區，將撤銷徵召，禮讓新黨人選。
2015	08	22	台北市議員李慶元宣布參選台北市第八選區立委。
2015	08	25	社會民主黨范雲等五位區域立委參選人前往台北市政府拜會市長柯文哲，請益選戰經驗。
2015	08	26	國民黨中常會決議通過第17梯次區域立委參選人，本次徵召吳威志等四名。
2015	08	26	前台北市議員楊實秋宣布參選台北市第七選區立委，並已向柯文哲請辭台北市廉政委員。
2015	08	27	台北市選委會原本打算就「割闌尾」團隊六度宣傳罷免立委蔡正元案裁罰60萬元，但「割闌尾」成員主動前往陳述意見後，該會決定暫停裁罰，轉送中選會審理，並由中選會轉提交釋憲。
2015	08	27	時代力量黃國昌等五位區域立委參選人前往台北市政府拜會市長柯文哲，柯文哲答應日後藉由「非典型方式」助選。
2015	08	28	總統馬英九公開表示國民黨榮譽主席連戰不宜出席中國九三閱兵典禮。

年	月	日	事記
2015	08	29	國民黨中常委改選，新選出的 32 席中有 12 為王金平派人士當選，並醞釀為王金平修改黨章，以續任不分區。
2015	08	30	中國於 08/30 至 09/03 舉行抗戰勝利 79 週年活動，國民黨榮譽主席連戰、前副主席林豐正、新黨主席郁慕明、親民黨秘書長秦金生等出席活動並會見中共中央總書記習近平。
2015	09	02	自由台灣黨、一邊一國行動聯盟結盟投入選戰，預計提名 10 席以上的區域立委，以達到獲取不分區政黨票的資格。
2015	09	02	國民黨榮譽主席連戰、新黨主席郁慕明登上天安門出席中國閱兵典禮，但親民黨秘書長秦金生稱因身體不適，僅在後台休息區停留，未參與閱兵。
2015	09	05	洪秀柱於 09/03 至 09/05 暫停競選行程、至中和圓通寺閉關 3 日後，舉行記者會宣布「堅持走對的路」
2015	09	07	獨立總統參選人施明德呼籲刪除個人選舉補助款，以避免政治人物中飽私囊，導致選風敗壞。
2015	09	12	律師張承中宣布參選台北市第七選區立委。
2015	09	12	時代力量公布七位黨主席團成員，並選舉黃國昌為黨主席。
2015	09	15	施明德舉行記者會，發表「30 萬的門檻，我跨不過去」聲明，並宣布退出總統選舉，
2015	09	15	立法院第八會期開議，將討論本屆最後一會期的重要議案，僅有募兵制暫行條例草案通過三讀；其餘重要法案如證所稅修正條文、自經區特別條例、產創條例、兩岸租稅協議等重大財經法案等，全部送入朝野協商。
2015	09	16	中選會發布總統、副總統選舉公告；09/16 至 12/07 並開始受理申請總統、副總統選舉返國行使選舉權選舉人登記。同日也發布國外之中華民國自由地區人民申請返國行使總統、副總統選舉權登記公告
2015	09	17	中選會於 09/17 至 09/22 受理申請為總統、副總統選舉被連署人。
2015	09	19	民進黨協調台北市第三選區立委參選人，潘建志堅持以民調方式決定、陳斐娟堅持由民進黨徵召，雙方無共識，協調破局。
2015	09	22	中選會公告總統、副總統選舉被連署人，共有張東山、

年	月	日	事記
			林麗容；藍信祺、朱淑芳；林幼雄、洪美珍；許榮淑、夏涵人等四組被連署人。
2015	09	22	已獲國民黨徵召參選的高雄市第三選區現任立委黃昭順宣布退選。國民黨選策會七人小組決議廢止徵召黃昭順，建議改徵召曾涉入共諜洩密案的前陸委會副主委張顯耀，另通過徵召屏東縣議員宋麗華參選屏東第一選區立委。
2015	09	23	中選會 09/23 至 11/06 開始受理總統、副總統選舉連署書件。以連署方式登記的總統參選人必須繳交門檻為最近一次區域及原住民立委選區選舉人總數（1,798 萬）的 1.5%，也就是 269,709 人的連署書，才能獲得參選資格。
2015	09	23	原宣布退選的彰化第三選區現任立委鄭汝芬宣布再代表國民黨參選該區立委`
2015	09	28	兩岸貨貿談判第 11 次協商於 09/28 至 09/29 在北京舉行，雙方就市場開放原則進一步交換意見，包括出價及要價平衡；市場開放應以產業合作、互補及互惠為目標。
2015	09	30	總統馬英九、副總統吳敦義與國民黨主席朱立倫參加台商挺柱大會，首度在同台支持洪秀柱，呼籲台商返台投票，有台商人士在會中高喊「改革立法院、打倒王金平」。
2015	09	30	國民黨不分區提名辦法送交中常會，預計 10 月開始啟動提名作業，原則上以能替黨辯護、隨時能出任政務官的內閣人才，還有保留席次給青年。
2015	09	30	民進黨中執會通過蔡英文提出的不分區立委提名委員會，計有高雄市長陳菊等七人，不分區名單預計最快於 11 月初出爐。
2015	10	02	綠社盟提名小農吳紹文參選宜蘭縣立委。
2015	10	02	自由台灣黨公布不分區立委名單，計有一邊一國行動聯盟理事長陳昭姿等六位，並提名林一方參選苗栗第一選區立委。
2015	10	03	割闌尾計畫、島國前進及多個社運團體發起「除爛委落選運動」，並舉辦遊行活動，對象名單包括爭取連任的國民黨立委吳育昇、張慶忠及廖正井。
2015	10	04	前民進黨籍龍潭鄉民代表蕭家亮宣布以無黨籍身分參選桃園第五選區立委。

年	月	日	事記
2015	10	06	洪秀柱舉行記者會，堅持參選
2015	10	06	蔡英文於 10/06 至 10/09 訪問日本，會見首相安倍晉三。
2015	10	07	國民黨召開中常會討論中常委江碩平的提案，會中無異議通過召開臨時中全會；立委黃昭順臨時提案撤銷提名洪秀柱、徵召朱立倫為總統參選人。
2015	10	08	前國民黨籍不分區立委紀國棟宣布以無黨籍身分參選台中第二選區立委，並表態支持蔡英文參選總統。
2015	10	08	台聯立委周倪安至最高檢察署指控朱立倫、李四川換柱行動是「搓圓仔湯」，違反總統選罷法。
2015	10	09	台中市長林佳龍宣布擔任台中第三選區時代力量參選人洪慈庸的競選總部主委，並向基層下達動員令全力輔選。
2015	10	11	時代力量宣布台北市第四選區立委參選人林少馳加入時代力量，綠社盟抨擊時代力量帶頭破壞第三勢力各黨不在同選區相互競爭提名的默契。
2015	10	14	由自由台灣黨提名為不分區名單第一順位的一邊一國行動聯盟理事長陳昭姿宣布退選，理由是不滿自由台灣黨要求低調處理平反扁案。
2015	10	16	張榮味兒子張鎔麒宣布參選雲林第一選區立委。
2015	10	17	國民黨召開臨時全代會，廢止提名洪秀柱為總統參選人，改為徵召國民黨主席朱立倫為總統參選人。
2015	10	18	民進黨總統參選人蔡英文宣布由高雄市長陳菊擔任競選總部主委。
2015	10	19	屏東縣政府顧問黃昭展宣布退出民進黨，參選屏東第三選區立委。該區國民黨尚未提名立委參選人，形成泛綠分裂狀況。
2015	10	21	特偵組偵辦國民黨換柱行動是否違反選罷法，約談洪秀柱、國民黨主席朱立倫、秘書長李四川等三人。
2015	10	22	民進黨中執會原預計討論梁文傑無意參選的台北第三選區以及艱困的第八選區是否分別徵召潘建志與禮讓李慶元，因黨內反彈而擱置未議，蔡英文在會後針對第三選區提名事宜重話指示「主席的意志，就是讓梁文傑選，不然就黨紀處分。」黨內大老謝長廷等人均立即出面緩頰，希望對會再繼續評估。

年	月	日	事記
2015	10	23	洪秀柱競選幕僚葉匡時表示李四川於 10/05 交付三千萬元支票給洪秀柱作為補助經費,但洪自認正面臨候選人身分被挑戰之際,不宜收受,隔日退還支票。
2015	10	23	新竹市區域立委擬參選人邱顯智表態願與民進黨參選人柯建銘進行在野整合。
2015	10	28	國民黨中常會通過修改不分區立委提名辦法為不分區立委且任立法院長,連任不限屆數,為原本受限只能連任兩屆不分區的立法院長王金平解套。
2015	10	28	民進黨中執會通過原提名參選台北市第三選區立委的梁文傑退選案,同時決議不提名潘建志,此區不徵召。
2015	10	28	時代力量公布第一位不分區立委參選人前原住民電視台記者 Kawlo Iyun(高潞‧以用)。
2015	10	29	台聯宣布與基進側翼結盟,共推基進側政團總召陳奕齊為不分區第一名,以擴大青年族群的支持。
2015	10	30	立法院長王金平對國會改革表示願意邀請各政黨、公民團體加入國會改革行列,經公開透明的對話,讓人民知道各黨派的國會改革主張,再決定政黨票的去向。
2015	10	31	綠黨桃園市議員王浩宇於 10/30 為第三勢力整合問題批評「時代力量根本垃圾」,引發外界關注。王浩宇今日就強烈措辭表示抱歉。
2015	11	01	時代力量公布第二位不分區立委參選人為弘道老人福利基金會執行長林依瑩。
2015	11	02	民進黨總統參選人蔡英文首次輔選第三勢力,對象為新北市第十二選區立委參選人黃國昌。
2015	11	03	中選會發布立法委員選舉公告。
2015	11	04	總統馬英九表示願在馬習會結束之後,至立法院進行國情報告。國民黨立院黨團今日提案邀請總統在馬習會後赴立院報告;在野黨則堅持總統應至立院備詢。立法院長王金平表示總統不是國會監督的對象,如果立委要求質詢總統就違憲了。
2015	11	05	時代力量柯劭臻與台聯劉國隆預計於本日舉行整合電話民調,但時代力量質疑台聯民調方式有作弊嫌疑,因此未辦理民調,台聯則反駁沒有作弊,希望繼續進行民調。

年	月	日	事記
2015	11	05	前新北市議員李婉鈺宣布參選新北第七選區立委。
2015	11	06	國民黨總統參選人朱立倫與立法院長王金平會面，達成國會改革共識，將在大選中分進合擊。
2015	11	06	民進黨與台聯反對國民黨立院黨團邀請總統馬英九前往立院國情報告的提案，朝野協商破局。
2015	11	07	特偵組宣布換柱行動「搓圓仔湯」一案偵查終結，台北地檢署宣布全案不起訴。
2015	11	10	總統馬英九與中國國家主席習近平於新加坡會面。
2015	11	11	朱立倫訪問美國。
2015	11	11	台聯周倪安與無黨籍李幸長於 11/09 進行整合電話民調結果公布，由李幸長勝出，參選新北第九選區立委。周倪安於民調結果公布後發表退選聲明。
2015	11	11	時代力量柯劭臻與台聯劉國隆於 11/09 進行整合電話民調結果公布，由劉國隆勝出，參選台中第五選區立委。
2015	11	11	民進黨中執會通過不分區立委名單，計有台大公衛學院教授吳焜裕等 34 位。原被猜測列入名單的民進黨大老如謝長廷、蘇貞昌、游錫堃等，均未列入不分區名單中。
2015	11	12	民進黨總統參選人蔡英文持續輔選第三勢力，對象為台北市第六選區立委參選人范雲。
2015	11	13	民進黨、台聯等在野陣營以朝野協商的方式，杯葛國民黨立院黨團邀請總統馬英九前往立院國情報告的提案，馬英九今日下午自行召開國際記者會，親自向全民報告馬習會的過程及成果。
2015	11	13	原預計付院會表決的國民黨洪秀柱版證所稅修正案，臨時在國民黨立院黨團大會時決議改為廢除，超過半數國民黨立委支持廢除證所稅，並獲得財政部長張盛和同意。立法院長王金平將在 11/16 召集朝野協商討論廢除證所稅一案。
2015	11	16	蔡英文宣布由中研院副院長陳建仁擔任民進黨副總統參選人。
2015	11	17	中選會審定並公告總統、副總統選舉被連署人連署結果，09/22 公告的四組被連署人中，僅有張東山、林麗容一組繳交 72 份連署書，其餘均無繳交。四組被連署人之連署人數均不足法定連署人數 50%，依法均不發還保證金。

年	月	日	事記
2015	11	17	立法院會以 55 比 38 的表決結果，三讀通過國民黨團版證所稅修正案，自 2016/01/01 起停徵證所稅。
2015	11	18	朱立倫宣布由前勞委會主委王如玄擔任國民黨副總統參選人。
2015	11	18	宋楚瑜宣布由民國黨主席、新竹縣立委徐欣瑩擔任親民黨副總統參選人。
2015	11	18	國民黨中常會決議通過第 20 梯次區域立委參選人，本次徵召及核准陳茂嘉等三名。
2015	11	19	中選會公告總統、副總統與立法委員選舉候選人登記日期及必備事項。
2015	11	19	民進黨立委段宜康指控國民黨副總統參選人王如玄在 2008 年到 2011 年間違法買賣眷戶套利。王如玄主動澄清此事，表示房屋買受人移轉到自己的妹妹，毫無道德瑕疵。段宜康繼續抨擊王如玄除了已曝光的軍宅外，還可能另購至少三間軍宅。
2015	11	19	時代力量馮光遠宣布退出新北第一選區立委選舉，理由是與民進黨二度整合未果，後者即提名呂孫綾參選，為免選票分散而主動退選。
2015	11	19	無黨籍張耿輝宣布退出基隆市立委選舉，並與多名議員一起出席記者會，共同支持國民黨立委參選人郝龍斌；郝龍斌表示藍營已完成整合，展現團結氣勢。
2015	11	20	國民黨副總統參選人王如玄澄清軍宅案，她有經手過三戶，她與母親一同出錢購買一戶是母親居住，一戶由妹妹購買，另一戶則是自有，並非外界指控的四戶軍宅。
2015	11	20	國民黨不分區立委名單審議委員會決議不分區最終名單，立法院長王金平確定名列第一位。
2015	11	20	時代力量公布不分區立委名單，計有前原住民電視台記者 Kawlo Iyun 高潞·以用等六位。
2015	11	21	國民黨中央委員會通過不分區立委名單，計有時任立法院長王金平等 33 位。原被猜測列入名單的國民黨立委或重要人士如羅淑蕾、蔡正元、翁重鈞、邱毅等人均未列入。原內定排序 21 位的呂學樟因排名順序太低，最後自願選擇放棄。

年	月	日	事記
2015	11	21	民國黨宣布由時任新竹縣議員邱靖雅代替擔任宋楚瑜副總統參選人的徐欣瑩參選新竹縣區域立委。
2015	11	21	兩岸貨貿談判第 12 次協商於 11/21 至 11/23 在台北圓山飯店舉行，台灣就四大產業、中小企業降稅獲陸方承諾降稅，但中方反對台灣管制大陸 615 項農產品進口，要求台灣必須給予等同 WTO 成員的正常化待遇，使本次貨貿談判功敗垂成。
2015	11	22	國民黨不分區立委參選人排名第十九位全國產業總工會理事長莊爵安發表聲明，稱未見代表超過九百萬基層勞工的人士列入安全名單內，讓眾多支持國民黨的勞工團體強烈反彈，宣布放棄提名，同時宣布辭去中央委員並退出國民黨。
2015	11	22	台聯藉 14 週年黨慶公布不分區立委名單，計有時任基進側翼政團主席陳奕齊等 15 位。
2015	11	23	中選會開始受理申請登記總統、副總統與立法委員選舉候選人。
2015	11	24	國民黨副總統參選人王如玄坦言早年以買賣軍宅來投資理財，擔任勞委會主委前曾有過兩筆買賣共三戶軍宅，其中二戶已售出，獲利 740 萬元，另一戶目前出租；勞委會主委期間又買進二戶，分別由媽媽與妹妹持有，皆未轉售，此外未再購買任何軍宅。
2015	11	24	親民黨推薦正副總統候選人宋楚瑜、徐欣瑩完成登記。
2015	11	24	親民黨公布不分區立委名單，計有時任新莊區立委李鴻鈞等 16 位。
2015	11	25	國民黨推薦正副總統候選人朱立倫、王如玄完成登記。
2015	11	25	律師張承中宣布退出台北市第七選區立委選舉。
2015	11	25	時代力量邱顯智宣布參選新竹市區域立委。
2015	11	26	國民黨副總統參選人王如玄宣示，為符合社會高道德標準的要求，她與先生將於最短時間內搬離目前合法居住的檢察官職務宿舍。
2015	11	26	時代力量公布八名只宣傳政黨票、不做個人競選的任務型區域立委提名人，目的為獲得不分區立委的參選資格。其中因有七個區域與民進黨提名立委參選人的選區重疊，引

年	月	日	事記
			發民進黨基層不滿。
2015	11	26	新黨公布葉毓蘭等 10 位不分區立委名單。
2015	11	26	民國黨公布 10 位不分區立委名單，由曾任調查局調查員的律師陳漢洲列名首位。
2015	11	26	信心希望聯盟公布董保城等六位不分區立委名單。
2015	11	27	民進黨推薦正副總統候選人蔡英文、陳建仁完成登記。
2015	11	27	中國民運人士吾爾開希宣布接受大愛憲改聯盟邀請，擔任不分區立委參選人。
2015	11	27	軍公教聯盟完成立法委員選舉登記，推出 12 名區域立委及 5 名不分區立委。
2015	11	27	中華統一促進黨於大選登記最後一天提名不分區立委並完成登記，由總裁「白狼」張安樂名列不分區第一位。
2015	11	27	原於 11/25 在桃園第三選區登記參選立委的公關公司副理黃志浩，於今日至同市第五選區登記參選立委，若重複登記屬實，將喪失參選資格。
2015	12	04	國民黨總統參選人朱立倫公布由前台中市長胡志強擔任競選總部主委。
2015	12	07	朱立倫競選總部主委胡志強坦承王如玄軍宅案對國民黨選情造成負面影響，必須重視，建議王如玄處理此事的原則就是面對，「有錯就扛起來」，必須以嚴格、符合民意的觀點看待此事。
2015	12	08	中選會審定總統、副總統選舉候選人名單，共有宋楚瑜及徐欣瑩、朱立倫及王如玄、蔡英文及陳建仁等三組（依登記順序排序）。
2015	12	08	國民黨副總統參選人王如玄召開記者會表示，1995 到 2005 年曾經買賣過 12 戶軍宅，其中九戶已賣出，共獲利 1,380 萬元，願意全部捐出。立委段宜康具名檢舉王如玄可能涉及逃漏稅，國稅局已經立案調查。
2015	12	08	民進黨與台北市長柯文哲共組跨黨派「首都進步大聯盟」，在台北市八個選區分別支持民進黨提名的吳思瑤、姚文智，以及無黨籍潘建志、親民黨黃珊珊、時代力量林昶佐、綠社盟范雲、無黨籍楊實秋、無黨籍李慶元，全力拉下北市各選區國民黨候選人。

年	月	日	事記
2015	12	08	姚立明表態支持綠社盟台北市第七選區參選人呂欣潔。
2015	12	09	民進黨公布未提名的 11 個區域立委選區支持對象名單，包括無黨籍潘建志等 11 人。
2015	12	10	國民黨立委蔡正元、王育敏以及前立委邱毅召開記者會質疑蔡英文於 1988 年至 1997 年間涉及內湖重畫區土地的炒作，獲利 1.8 億元。民進黨對此回應蔡英文父母一直有幫小孩做理財規劃，加上蔡英文當時是政大教授，且從購地到售出，已經長期持有九年，獲利換算是 4,130 萬元，絕無炒作狀況。
2015	12	14	總統、副總統選舉候選人抽籤決定號次：1 號朱立倫、王如玄，2 號蔡英文、陳建仁，3 號宋楚瑜、徐欣瑩。
2015	12	14	針對國民黨炒地案的指控，蔡英文委由律師顧立雄等人向台北地檢署告發國民黨前立委邱毅及立委蔡正元、王育敏涉嫌違反正副總統選罷法，意圖使人不當選。
2015	12	15	國民黨前立委邱毅指出，蔡英文不僅涉及內湖重劃區土地的炒作，同時在 1993 至 1996 年間炒作台北市松山區的第五期市地重劃土地。
2015	12	18	中選會公告總統、副總統選舉候選人名單。
2015	12	18	中選會開會審理區域立委參選人資格，前桃園縣議員羅文欽登記參選桃園第五選區立委，但因傷害罪被法院於 11/22 判處 8 個月定讞，按選罷法第 26 條規定，未執行或尚未執行完畢，無參選資格。另一名參選人黃志浩先後登記第五、第三選區，因後登記的第三選區設籍未滿 4 個月，不得參選；但是並未喪失第五選區候選人資格，只不過因為參選人本人戶籍已遷出，喪失該選區投票資格。
2015	12	23	中選會辦理區域、原住民、立法委員選舉候選人，以及全國不分區政黨票抽籤決定號次。
2015	12	23	不分區政黨票抽籤結果：民進黨 1 號、親民黨 2 號、自由台灣黨 3 號、和平鴿聯盟黨 4 號、軍公教聯盟 5 號、民國黨 6 號、信心希望聯盟 7 號、中華統一促進黨 8 號、國民黨 9 號、台灣團結聯盟 10 號、時代力量 11 號、大愛憲改聯盟 12 號、綠黨社會民主黨聯盟 13 號、台灣獨立黨 14 號、無黨團結聯盟 15 號、新黨 16 號、健保免費連線 17 號、樹黨 18 號。

年	月	日	事記
2015	12	24	前行政院長郝柏村參加深藍統派團體「新同盟會」舉辦的「護憲救國」大會時，高呼新黨是最正統的國民黨，籲立委選舉的政黨票投新黨。
2015	12	25	晚間 20:00 舉行第一場總統候選人電視政見發表會，由民視轉播。
2015	12	29	經濟部長鄧振中表示，兩岸貨貿協議第 13 輪談判已確定年底前不會召開。經濟部官員表示接下來可能會安排在 2016/01，但不排除任何可能性。
2015	12	29	陸委會主委夏立言表示，陸委會與國台辦間的「兩岸熱線」電話已設置完成並經過測試，過幾天夏就會和對岸通話。
2015	12	30	晚間 20:00 舉行第二場總統候選人電視政見發表會，由華視轉播
2015	12	30	01/16 將選出新總統，但距 05/20 就職將有逾 4 個月的憲政空窗期，政權交接是否平順也格外受矚目。前國安會秘書長丁渝洲表示，選後第一天，即明年 01/17 開始，國安單位每天正常送給各首長的國安情報，應該同時送給總統當選人，讓未來的新總統可以同步了解國家安全的有關動態。
2015	12	30	台聯發布上週做的政黨票支持度民調指出，民進黨仍居最高，為 25%，國民黨僅 15.9%，台聯則為 6.8%，時代力量為 6.8%，親民黨 6.7%，其他小黨則都不到 2%，同時也引用另一份典通公司與 EZchoice 行動市調 App 共同合作的手機民調表示，25 至 39 歲手機族，台聯也得到 6.2% 支持度。
2015	12	31	中選會公布最新統計資料，海外僑胞符合資格登記回國投票為 2,317 人。根據中選會統計，1996 年首次總統大選核准了 5,896 名僑胞登記投票，最高峰是 2004 年水蓮配對決連宋配時，有高達 9,433 人獲准登記投票，今年則創下 1996 年總統直選以來的新低紀錄。另一方面，中選會統計，第一次投票選舉總統的首投族大約 129 萬人。
2015	12	31	中選會表示，投票當天，全台將設置 15,582 間投開票所，投入 206,406 名選務人員。這次選舉將有 5 種選票，總統票淺粉紅色、政黨票白色、區域立委淺黃色、平地與山地原住民立委分別為淺藍與淺綠色。

年	月	日	事記
2016	01	04	晚間 20:00 舉行副總統候選人電視政見發表會，由公共電視轉播。
2016	01	05	中選會公告立法委員選舉候選人名單。
2016	01	06	上午 09:30 舉行平地原住民立法委員候選人電視政見發表會；下午 14:30 舉行山地原住民立法委員候選人電視政見發表會。
2016	01	06	中選會於 01/06 至 01/15，辦理立法委員選舉候選人政見發表會。
2016	01	07	國民黨內部傳出如果輸掉大選、國會席次也大敗，總統馬英九不排除釋出組閣權，交由多數黨組閣。民進黨總統候選人蔡英文認為，依照《憲法》規定，閣揆任命權是總統的權力，在制度上任意轉換，對憲政體制並不好，會造成權責不清，甚至政局混亂等問題。重大的憲政體制問題，拿來做選舉操作很不負責任。
2016	01	08	晚間 20:00 舉行第三場總統候選人電視政見發表會，由台視轉播。
2016	01	11	全國不分區政黨票電視競選宣傳於 01/11 至 01/15 晚間 21:00 至 22:00，分別在華視、民視、公視、中視與台視等五家無線電視台播出。
2016	01	12	中選會公告選舉人人數，總統選舉為 18,782,991 人，全國不分區及僑選立委選舉人人數為 18,786,940，區域立委選舉人人數為 18,305,112 人。與四年前相較，這一屆總統選舉人人數增加近 70 萬人。
2016	01	15	周子瑜因曾在鏡頭前手搖中華民國國旗，遭藝人黃安檢舉「支持台獨」。在持續壓力下，周於經紀公司發布的影片中公開道歉，引發台灣網友群起聲援。
2016	01	16	2016 年總統大選與立委選舉同日舉行。本屆總統選舉中，全台灣有 18,782,991 名合格選民，投票率為 66.27%。在出馬角逐的三組候選人中，代表民進黨的蔡英文、陳建仁最終以過半的（得票率 56.12%）的 6,894,744 票，當選為第 14 任正副總統。國民黨推派的朱立倫、王如玄則獲得 3,813,365 票，得票率僅 31.04%，是自 2004 年以來的新低。親民黨、民國黨兩黨主席搭檔競選的宋楚瑜、徐欣瑩，雖然

年	月	日	事記
			僅有 1,576,861 票（得票率 12.84%），但相較於 2012 年選舉多增加了 120 萬餘票，得票率也大幅增加 10 個百分點。
2016	01	16	與總統大選同時舉行的第九屆立法委員改選，投票率則為 66.58%。民進黨在區域立委部分獲得 49 席、不分區立委與原住民立委分別獲得 18 席與 1 席，以合計 68 席的過半席次（席次占比 60.18%），成為國會第一大黨。國民黨在區域立委僅獲得 20 席，不分區與原住民共 15 席，合計 35 席（席次占比 30.97%），在國會中的席次占比較上屆銳減 45%。初次競選國會的時代力量則以區域、不分區合計 5 席的成績，取代台聯而躍升為第三大黨（席次占比 4.42%）；後者在本屆的區域立委競選失利，且不分區得票率僅 2.51%、未達 5% 門檻、未獲得任何席次。親民黨則在不分區政黨票中取得 6.52% 的得票率，分配到 3 席立委席次（席次占比 2.65%）。
2016	01	16	總統馬英九已致電恭賀民進黨主席蔡英文，並向蔡英文表示，希望任命獲得多數立委支持的人任閣揆，希望蔡英文來總統府商議。蔡英文說，會尊重馬總統在最後任期的職權，馬總統應該任命一個稱職的看守內閣，謹守份際，尊重國會，與各政黨保持密切溝通協調，確保交接過程政局的平穩。
2016	01	16	行政院長毛治國向總統馬英九請辭，不接受慰留；並將依循憲政慣例於最短時間內率領內閣完成總辭程序。並呼籲因應新的國會多數黨已經產生，根據民主與責任政治的精神，務必利用這個機會，建立由國會多數黨組閣的憲政慣例。
2016	01	17	王如玄公布軍宅 1,380 萬獲利捐款細項，平均分配給 43 個團體，包含了兒童青少年、身心障礙、婦女、軍眷屬、原住民、新住民、老人及一般弱勢、勞工等不同領域社福機構。
2016	01	17	桃園市第四選區立委選舉，國民黨立委楊麗環一度宣布勝選，但中選會開票結果落後民進黨候選人鄭寶清 169 票，楊麗環向桃園地方法院聲請驗票。
2016	01	17	台北市議員李新宣布參加國民黨主席補選。
2016	01	17	因民國黨立委參選人全部落選，徐欣瑩宣布請辭民國黨主席。

年	月	日	事記
2016	01	18	總統馬英九說，在確定民進黨取得國會多數席次後，他致電民進黨主席蔡英文，由立法院多數黨組閣，但蔡英文相當保留，誠摯盼望蔡英文慎重考慮，在此之前，他不會批准行政院長毛治國辭職。
2016	01	18	行政院下午提出總辭，馬英九總統多次致電行政院毛治國院長，但毛都拒接電話，中午親自前往毛院長寓所探視，但毛院長在家中卻不讓馬總統進入官邸，並未見到毛本人。
2016	01	18	大選落幕，美國政府循往例，委任前美國副國務卿伯恩斯（Bill Burns）以私人名義訪問台灣，會見民進黨黨主席暨總統當選人蔡英文與國民黨總統候選人朱立倫，蔡英文表示未來新政府將與美國保持緊密的友好關係；朱立倫則表示國民黨會負起在野黨的責任，未來國民黨會與民進黨保持合作，若未來民進黨有需要，願意在台美及兩岸關係方面給予協助。
2016	01	18	桃園市第三選區立委選舉，民進黨徐景文以 390 票之差敗給連任的國民黨陳學聖，徐景文向桃園地方法院聲請驗票。
2016	01	18	因台聯立委參選人全部落選，黃昆輝宣布請辭台聯黨主席。
2016	01	18	因綠社盟立委參選人全部落選，范雲宣布請辭社民黨召集人，李根政與張育憬宣布請辭綠黨召集人。
2016	01	18	因樹黨立委參選人全部落選，林佳諭宣布請辭樹黨主席。
2016	01	19	桃園第三選區立委當選人趙正宇（以無黨籍身分參選）宣布加入民進黨團的運作，但是不會加入民進黨。
2016	01	20	民進黨召開中常會，通過國會議長中立化三項原則，第一，立法院正副院長不應參與政黨活動。第二，立法院不應擔任所屬政黨任何層級職務，包括中常委、中執委、中評委等。第三，立法院正副院長，除了依據憲法代表立法院參與由總統召集，行政立法之間解決爭執相關會議外，不應參與黨政協調平台機制相關會議。議長應降低政黨屬性，公正主持議事。
2016	01	20	立法院副院長洪秀柱、台北市議員鍾小平宣布參選國民黨主席補選。
2016	01	20	立委當選人簡東明位於台中太平的四位樁腳涉嫌買票，遭到台中地檢署聲押。

年	月	日	事記
2016	01	21	行政院發言人孫立群轉述，毛治國對於請辭以來引發困擾感到抱歉，但請辭的決定不會有任何改變，強調請辭開始即不支領薪水。毛揆並認為現在必須面對政務推動陷入空轉的嚴肅處境，應建立憲政慣例協助新民意政府順利接軌。
2016	01	21	國民黨副主席郝龍斌宣布參選國民黨主席補選。
2016	01	22	中選會公告總統、副總統與立法委員選舉當選人名單
2016	01	22	時代力量執行黨主席黃國昌指出，時代力量黨團不會自己推出正副院長人選，但有四個標準會影響投票，包括國會改革理念、過去從政表現、民間聲望、國會外交能力。
2016	01	22	民國黨召開中常會慰留，徐欣瑩同意留任黨主席。
2016	01	22	立委當選人簡東明位於屏東三地門鄉、瑪家鄉二位樁腳涉嫌買票，遭到屏東地檢署聲押。
2016	01	23	總統府秘書長曾永權奉馬英九總統指示邀請民進黨前秘書長林錫耀會面，雙方針對「國會多數接受人選組閣」與「交接小組」交換意見，但雙方對於多數黨組閣問題始終各自表述，由於民進黨堅拒，為了避免政務空轉、政局不安，馬英九已在審慎考量新任閣揆人選。
2016	01	23	新黨召開全委會，推薦主席郁慕明參選國民黨主席補選。
2016	01	25	馬英九總統同意行政院長毛治國辭職，並決定任命現任行政院副院長張善政為新任院長。
2016	01	25	國民黨立委陳學聖、新黨主席郁慕明宣布參選國民黨主席補選。
2016	01	26	國民黨舉行新科立法委員座談會並召開黨團大會，經討論，會中達成共識，決定推出國民黨立委賴士葆、準新科國民黨立委曾銘宗，角逐 02/01 立法院正副院長選舉。
2016	01	26	國民黨立院黨團大會決議新會期的黨團書記長由林德福擔任，首席副書記長則由江啟臣擔任，三位副書記長分別為王育敏、許淑華、李彥秀。
2016	01	26	無黨團結聯盟立委高金素梅宣布加入立法院親民黨團運作，原有親民黨團李鴻鈞、陳怡潔、周陳秀霞從三人陣容變四人，親民黨與無盟也取得共識，要將原住民狩獵文化相關法案列為優先法案。

年	月	日	事記
2016	01	26	國民黨於 01/26 至 01/27 辦理主席補選領表作業、01/26 至 02/21 由參選人辦理黨員連署。參選人李新至黨中央領表。
2016	01	26	國民黨立委簡東明辦公室主任簡志偉宣布參選國民黨主席補選。
2016	01	27	桃園市第四選區立委參選人楊麗環向桃園地方法院聲請驗票，經過驗票，確定以 162 票之差落敗，該區立委由鄭寶清當選。
2016	01	27	國民黨主席補選參選人洪秀柱、黃敏惠、林榮德、陳學聖至黨中央領表。擬參選人郝龍斌宣布退選。
2016	01	28	高雄市長陳菊邀請邀有意參選立法院長的柯建銘、陳明文、蘇嘉全協商，會議近三小時，但協商破局。
2016	01	28	蔡英文親自開口勸退柯建銘，並勸柯建銘續任黨團總召集人職務，柯建銘當場未接受，蔡英文隨即透過新潮流系黨內高層，直接要求新系支持蘇嘉全，蘇嘉全則直接要求游系支持。新系、游系都在「英派是主」氣氛下轉向、倒戈。
2016	01	29	中選會致送總統、副總統及立法委員選舉當選證書。
2016	01	29	桃園市第三選區立委參選人徐景文向桃園地方法院聲請驗票，經過驗票，確定以 385 票之差落敗，該區立委由陳學聖當選。
2016	01	29	民進黨立院黨團召開會議，原本可能對立法院長人選假投票，但黨團會議召開前，柯建銘邀陳明文、蘇嘉全共同協調並達成協議，共同推舉前民進黨秘書長蘇嘉全參選立法院長。立法院副院長人選，民進黨籍立委蔡其昌獲黨內青壯派支持，「蘇蔡配」成形。
2016	01	29	國民黨主席補選參選人陳明義宣布退選。
2016	01	29	社民黨全國委員會選舉陳尚志為代理召集人。
2016	01	31	民進黨立院黨團決議由立委柯建銘續任黨團總召、書記長則仍由立委陳亭妃擔任；原有意參選書記長的包括陳亭妃、許智傑與莊瑞雄三人。經過一個多小時的協調後，確定由陳亭妃擔任本會期的書記長。
2016	01	31	時代力量選出黨團幹部，由二位不分區立委徐永明、高潞‧以用擔任正副總召，率領黨團。而立法院的正副院長

年	月	日	事記
			選舉，時代力量黨團將支持民進黨的蘇蔡配，但要求採取記名投票。
2016	02	01	立法院新會期開議並舉行立法院長選舉，民進黨提名的蘇嘉全、蔡其昌獲得民進黨及時代力量二黨團的支持，取得 74 票當選為新任立院正副院長；國民黨提名的賴士葆、曾銘宗獲得國民黨團 35 票；親民黨提名的李鴻鈞、高金素梅獲得親民黨團 4 票。
2016	02	01	立法院長選舉投票由民進黨立委柯建銘主持，民進黨立委蔡易餘、林俊憲、國民黨立委許淑華、時代力量立委林昶佐四人擔任監票員。時代力量立委徐永明提出要記名投票，不過立法院秘書處人員表示，依立法院正副院長選舉投開票辦法第 13 條規定，記入其他文字及符號者為無效票，因此本次選舉必須依照此規定來進行。柯建銘隨即表示未來修法改為記名投票，獲得台下立委附議。
2016	02	01	親民黨提名李鴻鈞及高金素梅參加立法院長選舉。李鴻鈞表示，親民黨有自己的主體性，親民黨團決議，立法院長投給李鴻鈞、無黨團結聯盟立委高金素梅配合親民黨立法院黨團運作，副院長投給高金素梅。
2016	02	01	立法院新任院長蘇嘉全宣誓就職，並宣布新任立院秘書長由台聯前秘書長林志嘉擔任。
2016	02	01	民進黨立院黨團決議由立委吳秉叡任黨團幹事長；幹事長的立委高志鵬、吳秉叡、葉宜津及莊瑞雄等四人經過協調後，確定由吳秉叡擔任黨團幹事長。
2016	02	06	凌晨三時，高雄美濃區發生芮氏規模 6.6 的地震，隨後觸發在台南的第二主震，造成台南永康、歸仁等地計 117 人死亡的重大災情。
2016	02	17	國民黨主席補選參選人林榮德宣布退選。
2016	02	19	浩鼎收到解盲報告，將專利技術轉移給浩鼎公司的中研院長翁啟惠女兒翁郁琇，被爆在當日拋售 10 張股票，獲利匪淺。
2016	02	21	浩鼎公布解盲失敗報告，股價大跌。
2016	02	23	國民黨立委簡東明妻子涉嫌向樁腳行賄買票，遭到台中地檢署聲押。

年	月	日	事記
2016	02	25	國民黨主席補選黨員連署門檻為 9,600 份，國民黨中央選舉監察委員會於 01/23 至 01/25 進行資格審查，查核結果，陳學聖合格數 10,710 份；黃敏惠合格數 37,780 份；洪秀柱合格數為 38,407 份；李新 9,620 份，四人均通過連署門檻。
2016	02	26	民進黨版不當黨產處理條例交付內政委員會討論。
2016	02	26	國民黨公布黨主席補選候選人資格審查結果，代理主席黃敏惠、前立法院副院長洪秀柱、立委陳學聖及台北市議員李新皆通過黨員連署門檻，正式具黨主席候選人資格。候選人號次由選舉監察委員會召集人許水德按照登記順序抽出，分別為 1 號陳學聖、2 號李新、3 號黃敏惠、4 號洪秀柱
2016	03	02	國民黨黨主席，黨中央與四位候選人協調後，最後達成共識，決定將一場的電視政見發表會增為二場，分別在 03/12、03/19 舉行，但原訂規劃四至六場的地方政見發表會則全部取消。至於陳學聖、李新等人提出辯論要求，組發會以黨內過去選舉沒有辯論慣例，且顧及黨內團結等因素，因此決定不舉辦辯論。
2016	03	02	民進黨召開中執會，由管碧玲提案建議蔡英文續任黨主席，並獲得蔡英文同意。支持者贊成在民進黨剛上野時由蔡英文兼任黨主席以領導政策與法案、確保黨政溝通順利；反對者認為蔡英文過去批評馬英九黨政不分，當選後卻是相同作法。
2016	03	04	兩岸協議監督條例的時代力量黨團版本、民進黨立委尤美女自提版本交付內政委員會討論。
2016	03	07	立委曾銘宗質疑中研院長翁啟惠違反證交法。
2016	03	09	國民黨召開考紀會，一口氣撤銷、開除了 45 名黨員的黨籍。除了二人因涉賄選案遭撤銷黨籍之外，另有遭開除黨籍有 27 位、撤銷黨籍 16 位，當中有 10 人以軍公教聯盟黨、民國黨、信心希望聯盟等名義違紀參選遭處分，其餘絕大多數是替總統當選人蔡英文輔選或倒戈對手陣營，人數多達 31 人。
2016	03	11	時代力量黨團版不當黨產處理條例交付內政委員會討論。
2016	03	12	國民黨黨主席補選舉辦第二場候選人電視政見發表會，由中視轉播，四位候選人黃敏惠、洪秀柱、陳學聖與李新聚焦於黨產處理問題展開辯論。

年	月	日	事記
2016	03	15	總統當選人蔡英文宣布由林全出任新政府的行政院長
2016	03	17	於2013/11與台灣斷交的甘比亞，於今日與中共恢復邦交。中國國台辦發言人安峰山就與甘比亞復交一事表示「堅持一個中國原則，推動兩岸關係和平發展的方針沒有改變。」
2016	03	19	國民黨黨主席補選舉辦第二場候選人電視政見發表會，由民視轉播，四位候選人黃敏惠、洪秀柱、陳學聖與李新聚焦於兩岸政策議題展開辯論。
2016	03	23	《壹週刊》質疑雖然翁啟惠本身是沒有浩鼎股票，但女兒翁郁琇名列浩鼎第10大股東，持有股票1,933張。
2016	03	24	翁啟惠在美國發表聲明稿，向社會大眾道歉，並解釋女兒翁郁琇是因阿姨乳癌去世，才以父母贈與所得與積蓄，認購浩鼎股票。
2016	03	25	國民黨黨主席補選投票。由洪秀柱獲得78,829票（得票率56.16%），當選國民黨主席；黃敏惠46,341票（得票率33.21%）、李新7,604票（得票率5.45%）、陳學聖6,784票（得票率4.86）。國民黨主席補選總選舉人數為337,351人，投票數為140,358票，投票率為41.61%。
2016	03	25	黃國昌連任時代力量黨主席。
2016	03	25	馬來西亞警方於03/25至03/26逮捕52位台籍、65位中籍詐騙嫌犯。
2016	03	26	社民黨召集人由代理召集人陳尚志接任。
2016	03	29	中研院長翁啟惠在美國以健康因素向總統馬英九請辭，但馬英九未批准。
2016	03	30	總統馬英九與準總統蔡英文會面討論政權交接事宜，雙方討論議題包括國家認同與走向、交接制度、外交與南海議題，以及能源政策等。
2016	03	30	中研院長翁啟惠在美國以健康因素二度向總統馬英九請辭，馬英九仍未批准。
2016	04	05	肯亞警方逮捕由台灣人與中國人組成的電信詐騙案嫌犯，並準備將其中45名台灣人與32名中國人遣返至中國。
2016	04	06	國民黨主席洪秀柱公布黨務人事，現任國發院特助張雅屏接任副秘書長兼組發會主委等七名。

年	月	日	事記
2016	04	07	準行政院長林全發布第一波閣員名單，本波名單以行政院本部政務委員為主，計有政權交接小組共同召集人林錫耀出任行政院副院長等七位。
2016	04	08	行政院長張善政與準院長林全會面 70 分鐘，議題涵蓋人事、預算及業務。基於施政不能停，林全尊重現在政府的預算與計畫編擬，但希望年度預算能保留彈性，待五二〇接任後實施。
2016	04	08	民進黨團會議公布國會改革法案，重點包括：一、強化立院調查權（原為監院職權）；二、未來行政部門須配合立院聽證或調查，並附帶有罰則；三、國會正副議長記名投票，退出政黨活動並免兼黨職、委員會召委改為一名；協商公開透明、委員利益迴避等。
2016	04	08	中國警方於中國逮捕涉入肯亞詐騙案的台籍人士，並於送至北京候審。
2016	04	12	準行政院長林全發布第二波閣員名單，計有台南市秘書長陳美伶接任行政院秘書長等七位。
2016	04	15	準總統蔡英文宣布總統府秘書長由政大外交系教授林碧炤接任、國安會秘書長由現任民進黨秘書長吳釗燮接任。
2016	04	15	準行政院長林全發布第三波閣員名單，本波名單以財經內閣為主，計有台大應力所教授李世光接任經濟部長等三位。
2016	04	15	民進黨版兩岸監督條例交付內政委員會審查。民進黨版監督條例出爐後，引發經濟民主連合（賴中強）、民主鬥陣、島國前進（林飛帆）等多個民間團體抗議，要求廢除備查、落實公民參與以及應該溯及既往等條款。對此時代力量表示贊同，民進黨多位立委也出面解釋，但未獲抗議團體接受。
2016	04	15	中研院長翁啟惠銷假返台並發表聲明，對於浩鼎案風波表達歉意，強調沒有內線交易，願意接受調查。
2016	04	15	中國警方於肯亞逮捕涉入肯亞詐騙案的台籍人士，並於送至北京候審。台灣方面指稱此舉違反《共同打擊犯罪及司法互助協議》，表達抗議。
2016	04	15	馬來西亞詐騙案中的 20 位台人遣返回台灣，但因馬國將證物都交給中國警方，導致台灣警方因罪證不足而釋放嫌犯，被國台辦抨擊為台灣縱放嫌犯。

年	月	日	事記
2016	04	15	國民黨舉行立院黨團大會，書記長林德福表示，黨團總召將由黨籍立委直選，黨主席洪秀柱也表示尊重這項主張，但政策會執行長仍由黨中央遴選派任。
2016	04	16	台聯黨主席補選投票：劉一德 85 票，陳建銘 56 票，廢票 3 票。選舉人 540 票，總投票數 144 票，投票率 26.7%。劉一德當選台聯黨主席，預於 04/20 就任。
2016	04	19	準行政院發言人童振源拜會行政院發言人孫立群，了解其轄下業務範圍。
2016	04	19	總統政權交接條例已獲得朝野共識，詳細條文送入朝野協商程序討論。
2016	04	20	準行政院長林全發布第四波閣員名單，本波名單以文教內閣為主，計有台中市副市長潘文忠接任教育部長等八位。
2016	04	20	準教育部長潘文忠宣示妥善解決課綱微調爭議。
2016	04	20	肯亞案協商團 20 日出發前往中國，由法務部國際及兩岸法律司長陳文琪率陸委會、海基會、刑警局代表等 10 人共同赴中，與相關人員會面並瞭解案情。
2016	04	20	國民黨主席洪秀柱公布黨務人事，前立委蔡正元接任政策會執行長等六人。
2016	04	21	準農委會主委曹啟鴻接受媒體專訪，針對含瘦肉精美豬議題，曹坦承未來很有可能開放含瘦肉精的美豬，但是否開放非農委會就能決定。並指出台灣在全球化下不可能永遠關起門，日韓後來也開放了，台灣是外銷導向的國家，沒有能耐完全不接受。
2016	04	21	士林地檢署約談中研院長翁啟惠、浩鼎案涉案人士張念慈及張穗芬，並強制處分三人限制出境。
2016	04	21	肯亞案協商團探視羈押中的台嫌，並與中國展開正式協商，但遭中國拒絕遣返嫌犯，僅同意共同偵辦本案。
2016	04	22	準行政院發言人童振源表達立場，認為教育部應該即刻廢止課綱微調。
2016	04	22	民進黨版促進轉型正義條例送入司法及法制委員會討論。
2016	04	22	最高法院三審宣判，2014 年北捷殺人事件犯人鄭捷死刑定讞。

年	月	日	事記
2016	04	25	準政務委員張景森於在臉書評論文林苑案，並譏諷王家與社運團體，引發在野黨立委要求蔡英文撤換張景森。
2016	04	26	準衛福部長林奏延宣示在四年內讓受僱的住院醫師納入勞基法，未來再推動所有受僱醫師都納入勞基法保障。
2016	04	26	日本於 04/25 扣留我國在沖之島捕魚的漁船，船長於交付保證金後順利回台。
2016	04	27	國民黨公布黨主席洪秀柱上任後首波地方黨部主委名單，包括前立委蔡錦隆擔任台中市黨部主委等 12 名。
2016	04	28	準行政院長林全發布第五波閣員名單，計有台大法學院教授葉俊榮接任內政部長等五位。
2016	04	30	準交通部長賀陳旦宣示不興建北宜直鐵以及在東澳到南澳段開鑿隧道的蘇花改工程。
2016	04	30	在馬來西亞涉及電信詐騙案的 32 名國人今天被遣送到中國，總統府發表嚴正抗議，行政院長張善政召集法務部、陸委會、外交部及內政部等相關部會研商。
2016	05	02	立法院朝野協商共識，將在 05/31 邀請新任行政院長林全，率內閣團隊列席立法院，提出施政報告，接受立委質詢。
2016	05	03	準行政院長林全委由準行政院發言人童振源發布第六波閣員名單，本波名單以次長級為主，計有台南市副市長曾旭正接任國發會副主委等六位。
2016	05	03	婦女新知基金會、勵馨基金會、台灣人權促進會等民間團體前往民進黨中央抗議準總統蔡英文與準閣揆林全的內閣人事中，僅有四位女性首長，性別比例失衡，並呼籲注意閣員的性別意識。
2016	05	03	準內閣與民進黨立委召開促進轉型正義政策溝通會議，確認由行政院設立促進轉型正義委員會，為獨立機關，任務為執行促轉法令、整理並公開威權時代的檔案。
2016	05	04	國民黨主席洪秀柱宣布延攬現任移民署長莫天虎出任國民黨秘書長。黨籍人士認為洪莫之間是強勢主席、小秘書長的狀況，未來主席獨掌大權的狀況可能會更加嚴重。
2016	05	06	世界衛生大會 WHA 寄發邀請函給外交部，但函上加註了聯合國 2758 號決議，涉及一個中國原則。業界認為此函嚴重汙辱國家主權，不如拒絕出席以表達抗議。

年	月	日	事記
2016	05	06	針對勞動部去年公告《勞基法施行細則》擬刪勞工7天假引起民怨，準勞動部長郭芳煜宣示勞動部未來會先維持勞工七天國定假日。
2016	05	07	為宣示我國對沖之鳥海域的主權，海巡署與農委會組成船隊前往護漁。
2016	05	08	新政府宣布由準衛生福利部長林奏延出席WHA。
2016	05	10	總統馬英九批准中研院長翁啟惠的辭職案。
2016	05	10	準行政院發言人童振源發布第七波閣員名單，本波名單仍以次長級為主，計有前立委田秋堇接任僑委會副主委等六位。
2016	05	10	國民黨公布第二波地方黨部主委名單，計有組發會社會志工部主任水雲翔出任基隆市黨部主任委員等七名。
2016	05	11	士林地檢署二度約談中研院長翁啟惠，仍限制出境。
2016	05	11	2014年北捷殺人事件犯人鄭捷執行槍決。
2016	05	12	行政院長張善政提請內閣總辭。
2016	05	12	林碧炤拜會考試院長伍錦霖，敲定考選、銓敘、保訓三部部長人選
2016	05	13	準總統府秘書長林碧炤公布五二〇後總統府的人事安排，包括現任民進黨副秘書長劉建忻接任總統府特任副秘書長等六位。
2016	05	13	準行政院發言人童振源發布第八波閣員名單，本波名單仍以次長級為主，計有海國法律事務所長、民進黨廉委會主委張天欽接任陸委會副主委等三位。
2016	05	13	時代力量黨團在立法院會提出，要求立法院針對台灣參與WHA涉及「一中原則」發表聲明表達反對，不過因為朝野無法取得共識，全案獲得民進黨支持，但遭國民黨團拉下協商。
2016	05	16	立院05/16通過立法院正、副院長由記名投票選出。
2016	05	16	時代力量召集黨團協商，針對立法院發表有關參與WHA聲明進行協商，不過國民黨團仍無法與時代力量及民進黨團取得共識。
2016	05	17	馬英九宣布中研院長人選交由蔡英文新政府決定。

年	月	日	事記
2016	05	17	立法院於院會三讀通過課綱審議的法制化：課綱審議委員設 41-49 人，官方代表不得超過 25%、民意代表不得擔任委員，並加入學生與家長代表，名單由教育部提名、立院同意，再由行政院任命。新政府已宣示要廢除 2018 微調課綱，並準備提名新課綱委員。
2016	05	17	國民黨團在立法院會希望將「堅守牛豬分離原則，嚴禁瘦肉精美豬進口」決議案逕付二讀，但民主進步黨團以人數優勢，經表決付委審查。
2016	05	18	國民黨主席洪秀柱宣布二位新任副主席為前台中市長胡志強、前新竹市長林政則。
2016	05	18	蔡英文總統將在 05/20 就職，但中共海軍卻派出兩艘戰艦，繞行全台一周，並且沿臺灣海峽中線來回航行。海軍於 05/18 偵測到隸屬東海艦隊的現代級驅逐艦與 054A 型巡防艦各一艘，通過釣魚台附近海域，穿越第一島鍊進入台灣東部的太平洋；兩艘軍艦在 05/18-19 向南航行並進行相關操演，05/19 夜間向西穿越巴士海峽，05/20 沿台灣海峽中線以西向北航行，當天下午突然折返循原路徑向南航行，直到 05/22 才駛回中國沿岸。對此，軍方官員在 09/14 私下證實「大致沒錯」，但也強調對方並未闖入我方領海或中線以東，亦未表現其他不友善舉措。我方除岸上雷達外，也全程派機艦監控。
2016	05	19	國民黨立法院黨團今天舉行黨團總召集人選舉，總共 35 名立委，王金平、賴士葆、孔文吉、林為洲、許毓仁及陳超明等六人缺席，實際出席的 29 席中，除一張無效票外，主張黨團自主的候選委員廖國棟，與另一候選委員陳學聖各得 14 票戰成平手，將另訂時間進行第二輪投票。
2016	05	20	新任總統蔡英文、副總統陳建仁宣誓就職，接受立法院院長蘇嘉全授與總統印璽，與卸任總統馬英九、副總統吳敦義完成交接典禮。
2016	05	20	新任總統蔡英文發表就職演說，提及經濟結構的轉型、強化社會安全網、社會的公平與正義、區域的和平穩定發展及兩岸關係、外交與全球性議題。
2016	05	20	蔡英文發布人事令，任命林全擔任行政院長，並主持行政院長暨各部會首長就任典禮。

年	月	日	事記
2016	05	20	新任衛福部長林奏延晚間率團前往WHA，民進黨蔡適應、國民黨陳宜民、時代力量林昶佐與親民黨陳怡潔等四位立委陪同出席。
2016	05	20	教育部公告修訂「學校訂定教師輔導與管教學生辦法注意事項」，其中針對服裝儀容部分，增加「學校不得將學生服裝儀容規定作為處罰依據」內容，未來學生服儀不整，學校不得記過。
2016	05	21	多位國民黨籍人士在民進黨政府內閣或在府擔任政務官，事前並未報備說明，國民黨文傳會主委周志偉指出黨中央兩週前進行過內部討論，基本立場是尊重黨員在民進黨政府內任職的生涯規劃及意願，但當事人應與黨部聯繫說明，並以適當方式向當事人提醒規定，請他們提出說明以及暫時停止黨權。
2016	05	21	民進黨舉行地方黨部主委與全國黨代表改選，共選出29席二級黨部主委與337席黨代表。
2016	05	22	總統蔡英文接見美國聯邦國會議員團時表示，將爭取加入美國主導的跨太平洋夥伴協定（TPP）第二輪協商，以加入TPP，希望美國議員給予協助。
2016	05	23	新任行政院長林全決定對2014/03/23當晚闖入行政院的126名被告撤銷刑事告訴。行政院發言人童振源轉述林全認為太陽花學運是政治事件，而非法律事件，應儘量從寬處理。
2016	05	23	新任交通部長賀陳旦表示將取消端午連假國道夜間免費措施，政府重視交通安全，不鼓勵深夜開車。
2016	05	23	新任環保署長李應元宣示完全反對廢五金進口，等同調整前環保署長沈世宏、魏國彥積極推動鼓勵引進五金廢料回收利用以增加產值的政策。
2016	05	24	新政府舉行首次行政立法政策協調會報，針對中華民國紅十字會採「保留組織、廢除專法」的方向進行，並回歸人民團體法處理。立院同日召開朝野協商紅十字會法廢止案逕付二讀案，民進黨團與時代力量黨團主張廢止，國民黨團主張在委員會修法討論並退席抗議，朝野協商未達共識、協商破局。
2016	05	24	行政立法政策協調會報為因應有關地方制度法中，地方議

年	月	日	事記
			會正副議長選舉投票引發諸多爭議，因此決議未來議長選舉採記名方式投票。
2016	05	24	新任勞動部長郭芳煜接受媒體專訪時明確宣示恢復日前爭議的國定七天假日，之外也將會在 1 個月內提出勞動基準法修正案，要全面實施週休二日。郭芳煜傍晚並表示最低時薪最快將在 7 月調漲至 126 元。
2016	05	24	環保署長李應元宣布亞洲水泥在太魯閣開礦期限的 2017/11/22 到期之後，將停止其開發。花蓮縣府發表聲明抗議新政府未與地方妥善溝通就決定政策方向，衝擊當地從事水泥業的家庭生計。
2016	05	24	衛福部長林奏延與中國國家衛生和計畫生育委員會主任李斌在 WHA 會場外走廊相遇，兩人握手寒暄。這是五二〇民進黨執政後，兩岸高層官員首度在重要國際場域會面。
2016	05	24	桃園市長鄭文燦表示取消端午假期夜間免費措施，是專業判斷錯誤。
2016	05	25	衛福部長林奏延在 WHA 發言，演說中僅提到二次「中華台北」，但沒有提到「台灣」。林奏延接受媒體訪問時，證實 05/23 向大會遞交抗議信函，說明參與 WHA 的原則是專業務實，與一中原則無關。
2016	05	25	民進黨召開中執會，蔡英文續任黨主席並宣誓就任，宣示打造熱情但不激情的政府，冷靜推動國家改變。會中並宣布由副秘書長洪耀福接任秘書長。
2016	05	26	高雄市長陳菊、桃園市長鄭文燦、南投縣長林明溱明確表態反對橫向國道收費。
2016	05	26	交通部長賀陳旦明確宣示在改善區域公共運輸不普及、不發達的現象前，橫向國道不收費。
2016	05	26	行政院長林全召開首次院會，內閣全員參與，除朱立倫外的五都市長也都到場參加。林全在會中呼籲官員謙卑、謹言慎行、做好橫向溝通，以及勇於回應人民期待等三點要求和期許。
2016	05	27	立院三讀通過地方制度法修正案，未來直轄市、縣市議會的正副議長，以及鄉鎮市民代表會的正副主席選舉，從無記名投票改為記名投票。本案源自李全教參選台南市議長時涉及賄選，民進黨立委因此提案修法。

年	月	日	事記
2016	05	27	衛福部健保署宣布取消欠繳健保費 3 個月就鎖卡的規定，新制最快 2016/06 月底實施，全台將有 4.2 萬人受惠，不必再因沒繳健保費而無法就醫。
2016	05	27	呼應總統蔡英文對原住民土地正義的承諾，高雄市長陳菊頒發「原住民保留地權利回復狀」給 60 戶原住民；距高雄上次頒發權利回復狀已是 43 年前。
2016	05	28	林全預計 05/31 赴立院備詢的施政報告初稿指出落實政府債務管理，未來每年債務成長率，不高於過去三年 GDP 年平均成長率，形同大幅控制舉債空間在年度 GDP 的 2 至 3% 左右。
2016	05	28	農委會主委曹啟鴻首次出席立法院經濟委員會進行業務報告。對於曾說擋不住 TPP，未來恐會開放瘦肉精美豬進口一事是過度解讀，願向豬農致歉。
2016	05	28	屏東縣里港鄉舉行鄉長補選，此次有林秀琴、許國華兩人參選，經過激烈選戰，代夫出征的林秀琴以 7,136 票當選，許則獲得 6,032 票，她的先生前鄉長張有權遭檢方以違反選罷法提起當選無效之訴，二審定讞之後縣府於 2016/03 解除鄉長職務，另行補選。
2016	05	30	行政院與民進黨立院黨團召開行政立法協調會報，會中決議立法院本會期優先法案，其中包括兩岸協議監督條例立法，以及攸關蔡英文宣示要以「稅收制」推動長照服務的長照法修正草案；行政院預計 2016/06 提出修法，確認財源。
2016	05	30	內政部長葉俊榮表示「沖之鳥基本上是一個礁，沒問題」，從海洋法公約看，礁不會有 200 海浬專屬經濟海域。
2016	05	30	法務部長邱太三表示支持訂同性伴侶法。同志團體認為法務部說法推託，修民法遠比立專法容易，質疑捍衛婚姻平權的決心。
2016	05	31	行政院長林全率內閣到立法院進行施政報告並備詢，國民黨立委要求林全簽署「反美豬、反日本輻射食品、捍衛沖之鳥漁權」承諾書未果，發動民進黨全面執政後首次「焦土抗爭」，歷 11 小時，成功杯葛林全上台報告。
2016	05	31	受國民黨立委杯葛林全施政報告影響，時代力量提案要求

年	月	日	事記
			延長院會時間並進行總質詢，表決結果除國民黨立委全數棄權不投票外，民進黨以 57 票反對時代力量的 5 票贊成，否決延長會議時間。蘇嘉全隨後宣布散會，並對院會空轉表示遺憾。
2016	05	31	立法院場外有豬農等抗議群眾聚集，抗議政府有意開放含瘦肉精美豬進口。
2016	05	31	全台最高溫飆破 37 度，用電量直線上升，05/30 晚間台中火力電廠發生破管意外，導致備轉容量率僅 1.64%，容量剩 56.42 萬瓩，雙雙創下 10 年來最低紀錄。一旦備轉容量率只剩 1% 且容量低於 50 萬瓩，全台將開始「計畫性限電」。
2016	06	01	蔡英文接見美國眾議院外交委員會主席 Ed Royce 訪問團，盼美方協助台灣加入 TPP 第二輪談判。
2016	06	01	民主進步黨今天舉行各地方黨部新任主委宣誓典禮，兼任黨主席的總統蔡英文交付地方黨部主任委員做好社會溝通、確實反映人民聲音、廣納社會人才等三個任務，並指出執政沒有蜜月期。
2016	06	01	馬英九將應亞洲出版業協會邀請，06/15 晚間出席在香港舉行的亞洲卓越新聞獎頒獎典禮，以英文發表專題演講，分享對兩岸關係和東亞情勢看法。
2016	06	02	《新新聞》周刊報導「林錫山送 2000 萬蔡英文家未直接退」，總統府今天駁斥報導未經查證即誤指蔡家人將現金擱置一段時日，總統蔡英文未收違法政治獻金，且第一時間要求退回。
2016	06	03	台灣智庫公布民調，總統蔡英文上任至今滿意度為 52.4%，不滿意度為 12.5%；行政院長林全滿意度為 47%，不滿意度為 14.8%。
2016	06	03	行政院長林全到立院施政報告，國民黨團要求回應開放美豬、日本輻射食品及沖之鳥三大議題；林全回應未進行風險評估前，反對進口含瘦肉精美豬；沖之鳥是日方所有，但為爭議海域；目前沒有要鬆綁日本輻射食品進口台灣。國民黨團書記長林德福表示雖對報告不滿意，但可接受。
2016	06	03	桃園機場 06/02 受到豪雨影響引發嚴重淹水，陸空交通大亂，行政院長林全對此震怒，並希望釐清責任與解決問

年	月	日	事記
			題。桃園機場董事長與總經理分別主動請辭與自請處分。國民黨主席洪秀柱點名桃機淹水時出國的桃園機場鄭文燦應負責。為因應並處理災情，鄭文燦於 06/03 提前返國。
2016	06	04	前總統陳水扁獲准北上走訪民生東路老家，但不准參加凱達格蘭基金會感恩餐會。陳致中稱扁仍會參加餐會，但會遵守不上台、不公開講話及不受訪三不原則。民進黨立委姚文智呼籲，新政府應儘速研擬如何特赦陳水扁，這是政治和解，也是總統該做的；但這之前相關活動應低調。
2016	06	05	蔡英文接見美國參議院軍事委員會訪問團，未來會持續爭取參與 WHO 等重要國際組織與 TPP，希望美方支持。訪問團主席馬侃表示希望台美雙方能持續深化經濟關係，美國有信心蔡英文會持續維持現狀，北京也有義務避免採取任何會破壞兩岸穩定關係舉動。
2016	06	05	行政院長林全表示考慮到電力調整還需要時間，在「安全可啟用、準時除役不再延役」兩前提下思考核一廠機組重啟，引發環團痛批林全違背蔡英文 2025 非核家園承諾。國民黨主席洪秀柱批新政府政策髮夾彎；民進黨團吳秉叡回應，核一還未退役、沒有髮夾彎問題；時代力量黃國昌表示絕不同意核一重啟。
2016	06	06	多名民進黨立委圍剿、原能會主委謝曉星憂慮重啟核電的核安疑慮，行政立法政策協調會報達成四項共識，包括確認 2025 年達成非核家園及核一、二、三廠不延役；台電即時對外公開供需電狀況；經濟部落實各種節能措施以降低電需負荷；請原能會公開核一廠一號機復轉的安全評估資料供檢驗。等於宣告核一廠一號機不可重啟。
2016	06	06	桃園機場因豪雨發生大淹水，行政院公布豪雨桃園機場淹水調查報告。工程會主委吳宏謀直指淹水是人為因素，交通部長賀陳旦致歉並核定桃園機場董事長林鵬良辭職，總經理費鴻鈞解任。
2016	06	06	立法院內政、財政、司法及法制委員會聯席審查通過不當黨產處理條例草案，國民黨立委在審查過程中祭出杯葛策略但仍阻止不了，最後集體退席抗議、棄守審查。根據草案內容，未來行政院下將設置不當黨產處理委員會，包括政黨及其附隨組織，如救國團、婦女會等組織、團體財產

年	月	日	事記
			都須申報。全案提報院會前仍須朝野協商。協商期後若無結論，即在院會議決，預計在本會期三讀通過。
2016	06	07	立法院時代力量黨團宣布提出 18 歲公民權、廢除一國兩區、廢省三個修憲案，並將展開連署。民進黨團幹事長吳秉叡直言「不可能達到門檻」，國民黨團副書記長王育敏也說，修憲並非最迫切的議題。
2016	06	08	蔡英文總統出席台商端節聯誼會，鼓勵台商積極回台投資。蔡英文向 300 多位台商重申將維繫兩岸各項制度化溝通和對話機制，並表示新南向政策與兩岸經貿不衝突。
2016	06	08	蔡英文於民進黨中常會上就核一廠重啟機組議題引發社會紛擾，重話批評行政、立法事前未做好溝通。除要求行政部門與立法院積極協調外，也批評立委在質詢行政部門前未做好事前溝通。
2016	06	08	行政院年金改革辦公室掛牌運作，政務委員林萬億表示，年金改革期程以一年為目標，提不出改革方案送立法院就辭職負責。總統府公布年金改革委員名單，共有召集人副總統陳建仁、副召集人兼執行長林萬億，以及代表公民社會的李登輝之女李安妮與代表農民的國民黨中常委蕭景田等 37 人。
2016	06	08	立法院內政、司法及財政聯席委員會確認 06/06 初審通過不當黨產處理條例草案的議事錄，國民黨團發布甲級動員令，但時代力量立委徐永明及黃國昌一早搶占主席台，陳其邁主持會議時援引議事規則，如議事錄有錯誤或遺漏，應提出書面意見，但藍營未提出，陳其邁依權責宣布確認議事錄。過程中藍綠雙方數度爆口角、肢體流血衝突。
2016	06	08	台北市長選舉期間喧騰一時的 MG149 案，台北地檢署昨偵結，認為台北市長柯文哲罪嫌不足，予以不起訴。
2016	06	09	交通部宣布端午連假取消國道夜間免費，日間車潮變多、許多路段塞爆，引發民怨。交通部長賀陳旦表示希望外界不要放大壅塞個案，林全也指行車時一路順暢。引爆用路人痛批政府無視塞車嚴重。
2016	06	10	新政府上任三周，蔡英文邀行政院長林全及閣員至家中連開三場客廳會議討論能源等政策。會中盤點電力供給，確定 2025 非核家園目標不變。上午主題是經濟與能源、中午

年	月	日	事記
			是國家重大工程建設環評問題，下午是社會住宅。06/11 則繼續針對食安及桃機工程問題再開兩場。蔡英文並指示行政院團隊須與立院黨團政策小組充分協調、溝通，要求政策要讓人民有感，避免出現政策暴衝。
2016	06	10	自稱公民記者的洪素珠辱罵老榮民，國民黨主席洪秀柱出面呼籲，社會應停止內耗、中止撕裂；蔡英文回應譴責任何仇恨言論，民進黨中央也發表聲明嚴厲譴責洪以仇恨言論製造社會對立。洪秀柱 06/11 表示希望在立院提出反族群歧視法，各政黨合作儘快讓法案通過。
2016	06	11	行政院長林全邀民進黨立院黨團總召柯建銘到行政院共同研商溝通機制，決定未來除了每周一固定的行政、立法政策協調會報之外，每周四固定召開行政院長與立委面對面溝通的會議，並依議題邀請黨團成員參加。
2016	06	12	馬英九應亞洲出版業協會邀請，原定於 06/15 出席亞洲卓越新聞獎頒獎典禮並發表專題演講。總統府表示基於馬英九卸任不到 1 個月、有關機密需更多時間清查、香港為國安高度敏感地區、國安局與香港合作無前例可循等安全理由，駁回馬英九申請，並建議改用視訊演說。
2016	06	13	行政院晚間召開第四次「行政立法政策協調會報」，會中行政院與立法院民進黨黨團達成共識，決定儘速在立法院本會期完成「不當黨產處理條例」、「促進轉型正義條例」的立法。
2016	06	14	行政院原預計在 06/15 院會通過「長期照顧服務法」修正草案，草案中確認新政府長照政策財源將依行政院長林全上任前規劃，遺贈稅由 10% 調高至 20%，營業稅由 5% 調高至 5.5%，每年將有 300-400 億元經費挹注長照基金。因部分民、國二黨立委對此案有意見，閣揆林全因此決定要與外界溝通、多聽各界意見後，行政院才再決定排案送立院審議。
2016	06	15	台灣指標民調公布總統滿意度民調，民眾對蔡英文執政二週以來的表現有 50.6% 滿意、22.8% 不滿意；閣揆林全的施政表現有 38.3% 滿意、33.8% 不滿意。相較 5 月的民調，林全的正向評價少了 6.5 百分點，負面評價增加 16.4 百分點。

年	月	日	事記
2016	06	15	立法院司法及法制委員會進行「促進轉型正義條例」第四場公聽會，國民黨團不滿民進黨籍召委段宜康搶排本場公聽會而打算抗議。但國民團書記長林德福與民進黨團總召柯建銘協商後作出三點結論：促轉條例公聽會照常舉行，06/16 改排人事總處業務報告；06/20 由國民黨籍立委林為洲再開促轉公聽會；06/22-06/23 由林為洲讓段宜康排審促轉條例，時間對換。
2016	06	15	立法院社福及衛環委員會國民黨籍召委王育敏排審紅十字會法修正草案，意圖阻擋民進黨、時代力量提案的直接廢除專法。此案遭民、時黨團全數缺席杯葛。紅會專法存廢因此必須直接送進院會對決。
2016	06	20	台灣世代智庫公布委託決策民調執行「蔡英文總統新政滿月施政滿意度」調查結果：滿意蔡英文表現的 62.1%，不滿意 24.5%；信任蔡英文 65.8%，不信任 21.4%。對於未來執政有信心 65.4%，沒信心 24.5%。
2016	06	21	行政院院會決議撤回所有國民黨執政時期送交立院的法案，包括爭議較大的政院版兩岸監督條例。
2016	06	22	立法院司法及法制委員會審查民進黨版促進轉型正義條例草案。國民黨立委不滿輪值召委段宜康動用表決，並在人數優勢下否決國民黨立委修正動議。國民黨立委動怒而集體退席抗議。初審通過民進黨版的促轉條例草案規定；行政院下設置促進轉型正義委員會，有實質行政調查權，要在兩年內開放政治檔案、清除威權象徵、平復司法不法、處理不當黨產以及其他轉型正義事項等五大任務，草案最後排除了原住民族轉型正義任務，引發多數原住民籍立委不滿，召委段宜康則公開承諾，06/27 將排定繼續審查原住民族歷史正義與返還權利相關法案。轉型正義中有關原住民族的部分確定和促轉條例脫鉤處理。
2016	06	22	立法院內政委員會初審通過《選罷法》部分條文修正草案，因現在被提起當選無效之訴者，可自行辭職再參與補選，本次修法後將補起這個漏洞：當選人就職後辭職者，不得申請登記為該次公職人員補選候選人，直接由最高票落選者遞補。
2016	06	23	國家年金改革委員會召開首次會議，會中砲聲隆隆，退休

年	月	日	事記
			軍公教代表屢次火爆發言，抗議選舉時就拿退休軍公教開刀、羞辱；李來希、葉大華二人也彼此針對誰才有代表性的議題互罵；劉亞平則戴口罩抗議會議不民主。最後李來希、吳其樑、黃臺生等三名委員中途退席抗議。
2016	06	23	桃園市空服員職業工會宣布所屬華航空服員自 06/24 凌晨 00:00 起發動罷工行動。
2016	06	24	總統蔡英文出訪巴拿馬與巴拉圭，展開九天八夜的英翔專案。本行程主要是參加巴拿馬運河拓寬竣工儀式並與參加典禮的美國國會議員代表團雙邊會晤；赴巴拉圭行程則拜會巴拉圭總統與國會議長，並發表國會演說。途中並將過境美國邁阿密、洛杉磯。
2016	06	24	林全以召集人身分主持行政院食品安全會報，宣布啟動食安五環政策。會中包含食品安全會報執行及運作現況及食品工廠分廠分照制度執行情形兩項報告案，也討論食安五環推動策略以及食安風險評估運作機制，未來將朝獨立風險評估機關的設置目標持續努力。
2016	06	24	行政院火速處理華航罷工案，先後撤換華航董事長孫洪祥，由交通部政務次長何煖軒接任；下午宣布撤換總經理張有恆，由華儲董事長謝世謙接任。後者遭撤換原因是處理勞資糾紛態度消極，不但不願讓步，也沒能與員工好好協調，更不願安撫員工反彈情緒，甚至拒接交通部長與新董事長的電話。
2016	06	24	經華航資方與勞方四個半小時協商，華航董事長何煖軒、勞動部次長郭國文表示，勞方提出的七項訴求皆已達成共識，資方完全接受，工會並同意解除罷工。
2016	06	24	柬埔寨將 25 名台籍詐騙犯遣送中國，外交部、陸委會僅發出抗議但沒有進一步爭取引渡，國民黨立委諷刺民進黨執政前後標準不一。
2016	06	26	前副總統吳敦義首度鬆口參選 2017 國民黨主席，現任主席洪秀柱對此表示樂觀其成。
2016	06	27	立法院司法及法制委員會審查原住民族轉型正義相關草案，共有國民黨廖國棟、鄭天財、無盟高金素梅、民進黨陳瑩、時代力量黨團等五種版本。高金、高潞以用等原民立委質疑蔡英文政見中要在總統府下設的原住民族轉型正

年	月	日	事記
			義委員會不具執行力，恐無助權利回復。行政院與原民會均予以反駁，並預告下會期將提原民土地法、語言法二個法案以進一步促進原住民權益發展。
2016	06	27	立法院內政委員會審查國民黨提案「兩岸人民關係條例」中國配偶取得台灣身分證年限由六年改為四年的限制，藍綠雙方立場不同爆發口角，最後國民黨提案遭到否決，仍維持六年限制。
2016	06	27	針對勞動部長郭芳煜日前對此表示暫時恢復國定七天假、並修改勞基法落實週休二日後再刪除七天假期一事，工總、商總、工商協進會等七大工商團體共同召開記者會，宣布若不刪除勞工七天國定假，將關閉勞資協商大門，強硬表態。新政府當晚積極善後，在行政立法協調會報中整合《勞基法》修正案意見。
2016	06	28	國民黨召開考紀會討論楊偉中開除黨籍案，由於楊偉中未依要求親自出席說明答辯，因此考紀會決議開除黨籍，全案並於 06/29 提報國民黨中常會通過。
2016	06	29	行政院會通過勞動部週休二日採「一例一休」勞基法修正案並送立法院審議，修法取消勞工七天國定假日，但大幅提高休息日的加班費。林全與民進黨立委達成共識，希望在 9 月初修法三讀通過。民進黨立院黨團幹事長吳秉叡表示希望加開臨時會處理。
2016	06	30	立法院社福委員會國民黨籍召委王育敏 06/29 突襲變更議程，要求勞動部專案報告「一例一休」方案，被質疑程序違法，06/30 引爆藍綠互相杯葛抗議、肢體衝突，院會空轉一整天。
2016	06	30	行政院一例一休方案出爐後，引發勞團至勞動部外抗議，稱雇主容易透過此法規避加班費與勞工應有休假權益，要求勞動部撤案並全面推動周休二日。
2016	07	01	海軍金江號巡邏艦於左營軍港內進行甲類操演時，高姓飛彈中士因人為因素操作失慎，誤射一枚雄風三型反艦飛彈，最後飛彈墜入澎湖東南方外海並貫穿一艘高雄籍漁船，造成一死三傷。蔡英文對此發表重話批評國軍軍紀渙散，國防部長馮世寬與各黨立委均承認、表示國軍需要整頓。

年	月	日	事記
2016	07	02	總統蔡英文針對雄三飛彈誤射事件召開會議，指出國軍紀律鬆散、需要整頓與改革，並重申維持台海及區域和平穩定的決心沒有任何改變。
2016	07	03	台灣智庫公布蔡英文首次出訪邦交國後的民調：對於蔡英文首次出訪表現：滿意：61%，不滿意：11.7%。對於蔡英文出訪自稱台灣總統一事：認同：72.4%，不認同 19.4%；其中以 20-29 歲、30-39 歲年輕人支持比率最高，都超過 85%。
2016	07	05	由時代力量主導廢除紅十字會專法草案排入 07/12 立院院會議程，並獲民進黨支持。紅會會長王清峰率領支持者至立法院外抗議，並獲國民黨與親民黨立委到場聲援。
2016	07	05	法務部長邱太三大規模調動各地檢署檢察長，較受矚目的包括調走北檢檢察長蔡碧玉，改由親綠的法務次長邢泰釗接任；新北檢察長則由偵辦過拉法葉案的朱兆民接任。此波人事調整名單共計 23 人，有兩名新任檢察長；全國地檢署有 17 個首長換人。
2016	07	06	勞動部長郭芳煜至立院備詢指出「一例一休」修法目的是調高加班費使雇主願意讓勞工休假，並宣示新政府最終目標是達成週休二日例假。
2016	07	07	林全與民進黨團召開黨政平台協調會議，決定不當黨產、廢除紅會專法、集遊法（核定制改報備制）、選罷法（廢除罷免案雙二一門檻）、公投法（降低連署門檻）等案都設定 07/15（正規會期最後一天）要三讀通過，若遭國民黨杯葛就於臨時會期間處理，即便朝野爆發肢體衝突也在所不惜。
2016	07	07	國民黨立院黨團舉行總召選舉第二次投票，選舉結果廖國棟 20 票、陳學聖 13 票，另有 1 票廢票，由廖國棟當選黨團總召。
2016	07	07	衛福部食藥署宣布一年多前因牛隻染狂牛症而暫停進口至今的加拿大牛肉，經評估後認為加牛狂牛症風險低，恢復加牛進口。此解禁令引發外界質疑衛福部趁颱風（尼伯特）夜偷渡重要決策、草率宣布影響國人食安的政策，同時也被質疑是民進黨為因應 WTO 談判而做出的妥協。

年	月	日	事記
2016	07	11	司法院正、副院長賴浩敏、蘇永欽宣布請辭，由總統蔡英文核准，並同時提名公懲會委員長謝文定、司法院秘書長林錦芳分別為大法官並任司法院正、副院長。此名單遭到法學、法實務界不滿與反彈，因謝、林二人都屬於司法舊官僚，被質疑缺乏司法改革決心與能力。
2016	07	11	台北市捷運聯合開發住宅美河市案仲裁結果出爐，原北市府權益分配僅 30.75%，仲裁判決結果將分配比例提高至 45.4469%，經計算後，市府可向日勝生討回 33 億餘元。
2016	07	12	立法院召開院會表決廢止紅十字會專法一案，出席立委共 54 人，贊成 45 人，反對 9 人，確定廢止紅十字會法。未來紅十字會將回歸人民團體法以及公益勸募條例的規範。
2016	07	12	內政委員會召委陳其邁針對不當黨產處理條例草案召集朝野協商，國民黨團未出席協商，等同協商破局。依照議事規則，本案將 07/15 院會中處理。
2016	07	13	海牙國際仲裁庭（Permanent Court of Arbitration）針對菲律賓以其與中國在南海爭議海域而提出海洋權益的主張做出仲裁，南沙群島絕大多數海上地物被認定為礁而不是島，等同否定台灣在該海域的經濟屬權。總統府對此表達抗議，並有官、民組織呼籲蔡英文登太平島捍衛主權。
2016	07	14	宜蘭縣南澳鄉長薛秋花因多次違反利益迴避、行政不公等行為，遭鄉民提起罷免案且連署通過門檻，縣選委會核實連署名冊後，後將在 30 日內舉行罷免投票，這是 2003 年以來第一起地方首長罷免案。
2016	07	15	本日是立法院第九屆立委第一會期的最後一日，民進黨與時代力量原訂在院會中排審不當黨產處理條例，但國民黨以 294 項的議程變更案作為焦土戰術，成功拖延審查該案議程，並使該案在本次正規會期無法三讀通過。
2016	07	15	立法院親民黨團召集立院各黨團協商並簽署，就南海仲裁案發表代表我國國會的共同聲明，指任何國家對我國領土主權的任何主張、占據或國際仲裁之片面決定「一概不予承認」；並指太平島是天然島嶼而非礁岩。本聲明由立法院長蘇嘉全正式對外發布。
2016	07	17	民進黨舉行全代會改選中執委與中常委，投票結果：中執委 30 席中，以新潮流取得九席為最大贏家，游系英派聯盟

年	月	日	事記
			取得六席，蘇系與謝系各二席。中常委選舉則出現世代交替局面：游錫堃（主動退出，由林佳龍接替）、謝長廷（轉支持三立林崑海）、蘇貞昌（退出由蘇巧慧與吳秉叡接替）等大老均退出中常會。
2016	07	18	總統蔡英文接受美國華盛頓郵報專訪時，稱無法違反台灣民意去接受九二共識，陸媒稱這是蔡英文首度正式拒絕九二共識。
2016	07	18	立法院民進黨團與行政院舉行黨政協商會報，敲定將07/20召開本會期第一次臨時會。
2016	07	20	立法院朝野黨團就臨時會時間舉行朝野協商，但因意見不同，無法凝聚共識，協商破局。
2016	07	20	立法院舉行院會，就第一次臨時會召開與否以及時間舉行表決，決定於07/20-07/29舉行臨時會，重要議案包括不當黨產條例與一例一休勞基法修正案等重要法案；其中不當黨產條例列為第一案。
2016	07	21	立法院社福及環衛委員會排審勞基法有關一例一休法案，民進黨籍召委林淑芬表態不支持行政院版而請假失聯，引發國民黨、時代力量不滿，三方互相爭奪主席台並有肢體拉扯。最後由民進黨總召柯建銘協調擇期再審。林全表示該案不讓步，要求8月續開二次臨會審查該案。
2016	07	22	立法院舉行院會審查不當黨產條例，民進黨與國民黨就該案協商長達11小時，雙方無共識，國民黨對該案所提法案名稱、計算年度、查核機構等三項訴求均遭否決。本案預計07/25送入院會表決。
2016	07	22	遠雄向台北高等行政法院聲請停止執行大巨蛋停工處分，法院07/21裁定遠雄大巨蛋可部分復工，並完成適當的工地安全措施。台北市長柯文哲07/22表示，遠雄因不按圖施工，遭勒令停工，卻要求全面復工，法院不同意，應先處理好涉及公安部分。
2016	07	23	彰化縣田尾鄉舉行鄉長補選，由國民黨的陳君栓勝出，他以3,135票擊敗對手立委陳素月田尾服務處的秘書陳孟杰，後者獲得1,950票，藍營自分裂出來的鄉代會副主席黃坤煌則獲得1,943票，鄉代劉美蘭獲得1,833票，前鄉長林文華也

年	月	日	事記
			推出妻子楊舒帆890票，其他候選人包括李武雄530票，劉金全334票。
2016	07	24	本土社團針對蔡英文提名謝文定、林錦芳出任司法院正副院長提出強烈質疑，批評謝文定曾服務威權政治打壓黨外人士與民主運動，並呼籲立即撤銷提名，重新考慮其他適合人選。總統府對此首度鬆口，回應希望立院能就實際情況嚴審司法院長人選。
2016	07	25	立法院舉行院會審查不當黨產條例，在國民黨要求逐條表決的情況下，綠營以人數優勢逐條闖關，最後該案三讀通過，自下午14:30起至晚間22:00，共費時5.5小時，全案共表決67次。該案正式名稱為《政黨及其附隨組織不當取得財產處理條例》。依據該法，行政院下將設不當黨產處理委員會，政黨自1945年後取得之財產經扣除黨費、政治獻金等後，推定為不當取得，均推定為不當取得之財產，須於一定期間內移轉為國有或原所有權人所有。
2016	07	26	台灣民意基金會公布「2016台灣政黨認同與政黨形象」民調。蔡英文滿意度民調較剛5月份剛就職時下跌14%。民調結果包含（一）總統滿意度：滿意：55.9%；不滿意21.1%。（二）政黨喜好程度：民進黨獲得45%受訪民眾青睞，第二名為國民黨19.3%，緊追在後的是時代力量獲得14.9%，因為民眾期待該黨能有較多改革。其他政黨包括親民黨獲7%支持度，新黨與台聯則分別獲得1.9%與1.6%。
2016	07	29	立法院於本會期第一次臨時會最後一日，朝野黨團討論是否加開第二場臨時會，以討論勞基法有關一例一休法案時，又爆發衝突。民進黨團開會後決議因立院本次臨時會的社會觀感不佳、法案爭議太大，且時代力量與親民黨等在野小黨都反對再開臨時會，民進黨因而宣布一例一休將擱置2個月，至下會期再審。期間勞動部將於北、中、南三地召開多場說明會以平息爭議。
2016	07	29	立法院結束本會期第一次臨時會，創下1,400多件提案、703次表決記錄；直到07/28議事人員累昏送醫後，民進黨、國民黨雙方協商後，才陸續撤回提案，期間還歷經29小時不斷電徹夜表決。但整個臨時會期間，國營預算仍未審完。少數綠委直指院長蘇嘉全身段不夠柔軟、不願協

年	月	日	事記
			商；蘇回應表決是常態，但所有的事情或是抗爭都應拿捏程度，仍會繼續邀朝野黨團溝通。
2016	07	29	南澳鄉長薛秋花遭控怠忽職守、藐視民主議事而提起罷免，宜蘭縣選委會核定罷免案成立，將在 08/27 舉行罷免投票。目前選罷法仍為雙二一門檻，本屆罷免案要超過 2,191 人投票，並逾半數同意才通過。
2016	07	31	勞基法 36 條修正案規定勞工必須七休一。因運輸、媒體、導遊等部分工作性質特殊，勞動部急轉彎宣布這些工作違法不罰，並待 10 月立院一例一休修法時一併修正。
2016	08	01	蔡英文以元首身分向原住民道歉，內容包括為過去政權對原住民的不公、造成資源分配不均，以及忽視原民的自主與自治等。同時宣布啟動原住民族轉型正義推動政策。不過典禮場外仍有原團舉行抗議活動，抗爭重點在於促轉條例中並沒有納入原住民族。
2016	08	02	原定出任新加坡大使的江春男（司馬文武）晚間因酒駕違反公共危險罪移送。
2016	08	02	國民黨立院黨團擬就不當黨產條例提請釋憲，但 35 席委員不夠門檻，且親民黨委員不答應連署，宋楚瑜也表態支持不當黨產法案通過。
2016	08	04	2018 年宜蘭縣長選舉，國民黨已有前縣長呂國華、縣黨部主委林信華、羅東鎮長林姿妙等三人表態參選。民進黨部分則有現任議員、縣黨部主委黃適超以及宜蘭市長江聰淵都表態參選；此外，立委陳歐珀、冬山鄉長謝燦輝兩位都被看好。
2016	08	09	不當黨產條例通過後，行政院下新設不當黨產處理委員會主委證實由民進黨籍立委顧立雄出任，立委遺缺將由不分區名單第 20 位郭正亮遞補。
2016	08	09	國民黨籍台北市議員鍾小平宣布參加 2018 年台北市長選舉。
2016	08	10	新任新加坡大使的江春男（司馬文武）於 08/02 晚間因酒駕違反公共危險罪而遭移送後，宣布請辭新加坡大使一職。
2016	08	11	法務部長邱太三宣布將修改〈法院組織法〉，未來將廢除特偵組，理由包括掌權過大但無監督機制等五點，本案最快預於 10 月通過三讀。

年	月	日	事記
2016	08	14	原提名司法院正副院長人選謝文定、林錦芳在輿論壓力下，在晚間雙雙表態退出提名名單；預計院長接任人選是許宗力（現任大法官，台大法律系教授），副院長則有羅昌發（國貿法專家、WTO 常任代表）、許志雄（民進黨智庫司改小組成員、親綠法學者）。
2016	08	15	蔡英文總統撤回原司法院正副院長謝文定、林錦芳的提名咨文，改為提名許宗力（台大法律系教授、大法官）、蔡炯燉（最高法院法官），大法官則提名前政務委員許志雄、台大法律系教授黃昭元、人權律師黃瑞明（民進黨立委尤美女丈夫）、台大法學院院長詹森林等四位。
2016	08	15	蔡英文總統宣布親自擔任總統府司法改革委員會召集人，這是呼應民間司改會 2012 年呼籲由總統親自領導司改的建議，但同時也引發法界質疑政治干預司法。
2016	08	15	總統蔡英文上任將滿 3 個月，台灣指標民調公布最新民調結果，民眾對蔡英文執政表現有 45.5% 滿意、39.8% 不滿意，不過滿意度仍高於不滿意度；相較之下，對行政院長林全的不滿意度 40.4% 高於滿意度 37.3%，民眾對行政院部會首長的不滿意度 44.3% 也高於滿意度 32.4%，對民進黨立委的表現同樣是不滿意度 44% 高於滿意度 40%。
2016	08	17	立法院長蘇嘉全表示立院決議不再開臨時會；下個立院會期預計於 09/01 報到後開議。
2016	08	26	台灣智庫公布總統蔡英文百日施政表現民調，有 48.5% 的民眾表示滿意，38.4% 的民眾表示不滿意；林全內閣滿意度則為 39.6%、不滿意度 41%。針對施政表現，民眾最滿意的政策前三名為不當黨產改革 29.3%、年金改革政策 27.3%、勞工休假政策 21.5%。對蔡英文政府感到最不滿的政策前三名則為勞工休假政策 42.1%、兩岸政策 30.5%、年金改革政策 20.1%。
2016	08	26	《蘋果日報》公布最新民調，民眾對蔡英文的表現有 50% 不滿意、43% 滿意，對行政院長林全的不滿意度則高達 53%。與執政滿月時相比，當時蔡滿意度還有 54%、不滿意度 30%，林全滿意度 45%、不滿意度 38%，英全的不滿意度 2 個月後分別暴增 20 和 15 個百分點。

年	月	日	事記
2016	08	27	花蓮市長補選結果：國民黨魏嘉賢以 54.17% 得票率擊敗民進黨張美慧（原病逝市長田智宣太太，得票率 42.19%）。這是在 01/16 大選之後，民進黨繼彰化縣田尾鄉、屏東縣里港鄉後輸掉的第三場鄉鎮市長補選。
2016	08	30	行政院不當黨產處理委員會正式成立，由民進黨立委顧立雄就任主委，副主委為前廉政署副署長洪培根，其餘重要委員有前國民黨發言人楊偉中、社民黨立委參選人李晏榕、司改會執行秘書林哲瑋等人。
2016	08	30	因涉賄選案而停職的台南市議長李全教，今天下午二審宣判出爐，確定當選無效。李的議員資格因此消失，市議長也將改選。
2016	08	31	台灣指標民調公布最新民意調查結果，其中對總統蔡英文執政表現滿意度 42.8%、不滿意度 45%，不滿意度首次高過滿意度，不過仍在正負 3.1% 的誤差範圍內；而對行政院院長林全的施政表現，滿意度僅 35.3%、不滿意度已達 46.5%。
2016	09	11	雲林縣口湖鄉長補選結果：民進黨徵召縣議員林哲凌以 28.08% 得票率擊敗前鄉長蔡永常女兒蔡孟真（無黨籍，得票率 25.04%）。
2016	09	12	立法院預計 09/13 開議，民進黨與國民黨都在今日召開黨團大會，民進黨黨政協商平台上週已議定本次會期主要處理公投法修正案（廢止雙二一門檻）、集遊法修正案（申請改報備），以及最重要的「一例一休」勞基法修正案。
2016	09	13	民進黨改選立院黨團幹事長與書記長，幹事長：蘇系吳秉叡以 38:25 擊敗謝系莊瑞雄贏得連任。書記長：新潮流劉世芳以 40:25 擊敗正國會系陳歐珀，接替陳亭妃。
2016	09	14	台灣指標民調公布立院第二會期開議時的總統滿意度民調，與 8 月下旬結果略同：蔡執政表現滿意度 40.8%、41.8% 不滿意；林全施政表現則是 31.7% 滿意、47.2% 不滿意。本次民調反映滿意度都衰減約 3 百分點，不滿意度則持平。
2016	09	14	國民黨籍花蓮縣議長賴進坤被縣黨部以在選舉期間公開接待前往花蓮輔選的陳菊為由，建議開除黨籍，甚至傳出黨籍議員將發動議長罷免案，賴進坤出面喊冤，民進黨的中

年	月	日	事記
			常會也決議力挺賴進坤，黨籍議員不得支持議長罷免案。
2016	09	18	蔡英文召開府院黨政平台會議，指示本會期立院修法重點為住宅法、長照法、電業法等重大民生法案。
2016	09	19	新政府宣布人事異動，行政院發言人童振源轉任國安會諮詢委員，由民進黨不分區立委徐國勇接任行政院發言人，人事案在 10/01 生效，徐的遺缺由不分區名單第 21 位邱泰源醫師遞補。
2016	09	19	立法院舉行常設委員會召委選舉，在親民黨分裂投票支持不同政黨的情況下，民進黨贏得 10 席召委，國民黨則贏得 6 席。
2016	09	19	聯合報民調公布蔡英文執政迄今處理兩岸問題的滿意度，滿意 31%；不滿意 45%；無反應 17%。調查也發現，民眾評價過去一年的兩岸關係，認為兩岸互動密切的比率由去年的 24% 降低為 13%，兩岸互動處於低迷狀態的比率由去年 21% 升高為 36%。
2016	09	20	立法院協商司法院長人事同意權審查會時間，在國民黨杯葛下二度協商破裂。國民黨指出許宗力的大法官身分是「連任」或「回任」有憲法模糊爭議，並準備以釋憲的方法釐清許的就職身分。另針對民進黨籍立委尤美女擔任法制委員會召委、夫婿黃瑞明出任大法官，被質疑未妥善迴避，也引發爭議。
2016	09	21	立法院司法法制委員會初審通過〈法院組織法〉修正草案，若完成三讀，2017/01/01 起將廢除特偵組。民進黨立委質疑特偵組有濫權、政爭工具、疊床架屋的問題，故提案修法，雖然檢察總長顏大和認為短期不宜廢除，但是法務部長邱太三支持廢除，修正草案初審通過後將交付朝野協商。
2016	09	21	行政院不當黨產處理委員會今天決議做出二項行政處分，凍結國民黨於「政黨及其附隨組織不當取得財產處理條例」公布隔日所開立 10 張總計 5.2 億元的台銀支票；主委顧立雄表示此舉已違反條例中「禁止處分」之規定，黨產會發函通知永豐銀行，國民黨帳戶內款項「只准存入、不准提領或匯出」。其中一張支票已於 08/30 兌現，尚未兌領的 9 張支票計 4.68 億元則非經黨產會同意不得領取，等同凍結。

年	月	日	事記
2016	09	25	中共空軍新聞發言人申進科25日宣布，空軍出動40多架各型戰機，還飛經東海防空識別區，赴西太平洋遠海訓練，多型戰機成體系飛越宮古海峽，檢驗遠海實戰能力。日方對此緊急派出空中自衛隊的戰鬥機攔截，日本官房長官菅義偉09/26回應將「嚴密警戒」，並將依據國際法和自衛隊法對侵犯領空的行為採取嚴正措施。不過他承認，這次中共空軍的飛行路線沒有觸犯日本領空。
2016	09	26	台灣民意基金會公布蔡英文執政迄今處理重大事件方式滿意度，滿意44.7%；不滿意33.7%；無反應21.6%。調查發現滿意的百分比與05/20剛上任時的69.9%相較，重挫25.2個百分點，董事長游盈隆形容這是「雪崩般下跌」。
2016	09	30	立法院朝野協商司法院長人事同意權審查會時間，民進黨挾人數優勢表決通過審查時程，預定在10/13-10/20分別審查司法院正副院長及大法官人選資格，10/25院會行使同意權投票。
2016	09	30	澎湖縣10/15將再辦博弈公投，不但引發博弈議題的爭議，縣府與議會也因此槓上。議會批評縣府單方面決定預算與公投日期，既未告知議會，也未妥善辦理公聽會。縣議會於臨時會審查公投預算時原本要退回公投案，經協商後決議在縣府依法召開30場公聽會後才同意公投預算案。
2016	10	03	蔡英文召開決策會報，指示立院民進黨團必須在10/05通過一例一休法案。
2016	10	03	蔡英文於政策協調決策會報決議，將把黨職併公職、政務官併事務官年資一併領取舊制18%優存利息的不合理制度取消。
2016	10	03	蔡英文於政策協調決策會報拍板定案，2017/01/01起將調漲菸稅20元，預估增加158億稅收用以當作長照財源之一。
2016	10	03	金管會主委丁克華宣布請辭，並在請辭聲明中表示，外界對他和金管會處理兆豐案質疑不斷出現，只有自請辭職，才能停止對金管會的傷害。副主委桂先農也同樣提出辭呈。
2016	10	05	立法院民進黨團挾人數優勢，快速在立法院社福及衛環委員會在吵鬧、推擠中，初審通過攸關落實週休二日、國假一致的勞基法「一例一休」，與刪除七天國定假日等條文修正草案，各版本草案都送出委員會，交朝野黨團協商，

年	月	日	事記
			前後僅 16 分鐘就散會。國民黨團總召廖國棟大罵陳瑩是「一分瑩」，痛斥民進黨用暴力通過法案；時代力量黨團總召徐永明批評不該再重蹈服貿「半分忠」的覆轍，應先召開公聽會廣納各方意見。親民黨團則表遺憾，將於朝野協商嚴正表達立場。
2016	10	05	為抗議民進黨排審一例一休法案，勞團 20 多名成員上午七時前就突襲總統蔡英文位於北市敦化南路二段的住處，當時蔡還未出門，勞團拉抗議布條，痛批蔡背棄過去對工人承諾，還一度衝進中庭與警員發生推擠。隨後，勞團聚集立法院門口丟擲雞蛋，針對民進黨一分鐘速審一例一休法案表達怒火。
2016	10	05	總統府宣布由親民黨主席宋楚瑜代表台灣出席 11/27 在祕魯舉辦的 APEC 領袖會議。
2016	10	05	立法院召開公聽會審查司法院正副院長人選，藍綠聚焦院長被提名人許宗力曾任大法官，這次又被提名，是否違反憲法增修條文大法官不得連任的規定，審查委員各有見解，不過多往不違憲的方向思考。
2016	10	06	年金改革委員會副召集人林萬億於 10/06 召開委員會時表示將以專案處理黨職併公職、政務官併事務官年資一併領取舊制 18% 優存利息的不合理制度，並在 2017/01/01 起全數取消這些不合理年資併計的舊制優存。
2016	10	11	蔡英文於決策會報決議補提名 11 席懸缺的監察委員，引發爭議。由於民進黨競選政見中原擬修憲廢除監察院，但現在府黨又準備提名監委，引發質疑提名作業是酬庸性質。
2016	10	12	立法院召開公聽會審查司法院正副院長人選。
2016	10	13	立法院召開公聽會審查大法官人選。
2016	10	14	台灣指標民調發布最新民調，蔡英文總統執政成績再下跌，滿意度 37.6%，比上次調查結果下跌 0.8%，46.4% 不滿意；行政院長林全施政表現則有 28.7% 滿意、48% 不滿意。
2016	10	14	民進黨內立場反對澎湖通過博弈公投，黨籍澎湖縣長陳光復曾於 10/12、10/13 兩度槓上黨中央，認為黨內干預澎湖民意；但在民進黨內人士紛紛表態拒賭後，陳光復態度急轉彎，也表態宣布反對博弈案。

年	月	日	事記
2016	10	15	澎湖舉辦第二次博弈公投，合格選民共有 83,469 人，投票結果為同意 6,210 票、不同意 26,598 票，投票率為 39.56%，反賭方大勝。
2016	10	16	民進黨宜蘭縣長初選民調公布：同屬泛新潮流系的宜蘭市長江聰淵、縣議員黃適超透過民調整合，經民調結果，江聰淵以 0.8% 勝出。將代表民進黨參選 2018 年宜蘭縣長。
2016	10	19	總統府秘書長林碧炤請辭，相關工作由副秘書長劉建忻暫代。
2016	10	19	總統府宣布國安局長楊國強完成階段性任務，數度向總統蔡英文請辭。蔡英文已批准辭呈，並將由前空軍司令彭勝竹接任國安局長。
2016	10	19	立法院召開公聽會審查大法官人選，爭議圍繞包括國家認同、社會與倫理爭議議題如同性婚姻、代理孕母、廢死等，絕大多數大法官候選人在回答詢問時，都抱持開明立場與獨派立場。
2016	10	20	立法院召開公聽會審查司法院長人選，仍圍繞許宗力再任大法官的身分問題，引發爭議。
2016	10	23	親英系的台灣世代智庫公布民調，滿意蔡英文執政：50.6%，不滿意者 45.2%；林全：滿意 40.4%；不滿意 50.9%。
2016	10	24	台灣民意基金會公布民調，是否贊成蔡英文執政方式？贊同 44%，不贊同由 8.8% 竄升到 41.2%。
2016	10	25	立法院行使司法院正副院長、大法官人事同意權。在泛綠具壓倒性人數優勢下，正、副院長被許宗力及蔡烱燉，以及許志雄、張瓊文、黃瑞明、詹森林及黃昭元等被提名人皆全數過關，獲得過半立委同意出任司法院長與大法官。
2016	10	26	立法院召開衛環委員會，主席民進黨立委吳玉琴在會中要求宣讀、確認議事錄。由於民進黨、國民黨與時代力量都想確認上次會議的正當性和效力，民進黨卻在未達成共識前就要求議事人員宣讀議事錄，引爆各黨戰火。過程中民進黨、國民黨爆發嚴重肢體衝突，立委黃國昌表達不滿時，更一度激動到落淚。
2016	10	27	立法院衛環委員會上午繼續確認議事錄，要將一例一休《勞

年	月	日	事記
			基法》修法送出委員會，朝野立委再次爆發激烈衝突，最後議事錄仍以表決完成確認。
2016	10	27	行政院宣布金管會主委由前財政部次長、現任高雄銀行董事長李瑞倉接任。
2016	10	28	台灣指標公布民調：蔡英文執政表現：滿意 34.9%，不滿意 48.4%；信任度部分：信任 42.9%，不信任 38.4%。
2016	10	30	國民黨主席洪秀柱率團赴中國參加「兩岸和平發展論壇」，傍晚抵達南京，展開對南京、北京兩地的訪問行程。
2016	11	01	司法院長許宗力正式上任，宣示立即成立「司法改革推動執行小組」，總統府則將在月中成立司改國是會議籌備委員會，並提名 15 位司改委員，由蔡英文任召集人。司改會議預計將先花數個月準備議題，在 2017 年中召開。
2016	11	01	為抗議勞基法一例一休修正案、要求實質週休二日，勞團青年闖入立法院、占領柯建銘辦公室。
2016	11	01	國民黨主席洪秀柱前往中國參加兩岸和平發展論壇，會見中國領導人習近平，習再次強調一中原則與九二共識。與以往不同的是，海協會長陳德銘也參加本次會面，專家解讀海協會未來將與國民黨互動為主，架空民進黨政府主導的海基會。
2016	11	02	為抗議勞基法一例一休修正案、要求實質週休二日，勞團青年闖入民進黨中央黨部，蔡英文當日則在中常會報告中出現態度軟化的轉折。
2016	11	03	在 11/02-11/03 舉行的兩岸和平發展論壇中，國共兩黨達成「積極探討和平協議」共識，以及強化國共平台作為兩岸官方外，兩岸重要第二軌溝通管道意願；中國同時也承諾會協助藍營執政八縣市到大陸做農特產品與觀光旅遊展覽。
2016	11	04	立法院會原定今日討論勞基法一例一休修正案，但國民黨占領主席台杯葛，時代力量也數度質疑本案合理性，呼籲民進黨團撤案。立院外則有七名勞工團體代表絕食抗議。最終民進黨團因勞團以絕食展開激烈抗爭等因素，局勢轉趨複雜。府院黨高層建立默契，鑑於爭議太大，決議不會強硬在 11/08 的院會中完成二、三讀。
2016	11	04	不當黨產委員會凍結國民黨台銀 4.68 億元支票與永豐銀行

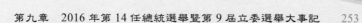

年	月	日	事記
			3.5 億資金一案，國民黨向台北高等行政法院提行政訴訟，要求停止執行。法院認為黨產會的處分欠缺行政處分的明確性要求，合法性顯有疑義，今日裁准在行政訴訟終結確定前均停止執行。
2016	11	07	衛福部、農委會在立法院報告「日本食品輸台專案」並提出兩階段方案，日本福島等五縣除管制飲水、奶粉之外，其餘食品只要檢附官方產地及輻射檢測證明即可輸台。行政院並承諾將在未來召開 10 場公聽會以解決民眾的疑慮，引發爭議。部分藍委與環保團體質疑，開放日本核災食品是為了與日本簽訂「台日食品安全及進出口合作備忘錄」，並爭取 11 月中旬 APEC 會議中與日相安倍晉三會談、爭取台日洽簽更多經貿協議的機會，等於拿民眾健康換取經貿政績。
2016	11	07	不當黨產委員會針對凍結國民黨台銀支票與永豐銀行資金遭法院停止執行一案，提出抗告。
2016	11	10	台灣智庫發布民調，民眾對蔡英文總統整體表現：滿意 40.6%；不滿意 42.8%，這是台灣智庫民調結果首次出現不滿意度大於滿意的狀況。林全表現：滿意 36.5%；不滿意 46.4%。兩岸關係是否需要承認九二共識：需要 29.5%；不需要 46%。
2016	11	11	立法院長蘇嘉全主持一例一休勞基法修正案的協調會議，勘驗初審委員會狀況，並由朝野黨團同意，將全案退回社福環衛委員會再審查，預計將在 11/14 起一連三天辦理重審、討論與質詢，以及召開公聽會等程序。民進黨團再次強調希望本案能在年底通過三讀，2017 年起改採新制。
2016	11	12	民進黨政府在中南部舉辦召開日本核災食品輸台公聽會，國民黨籍地方民代抨擊民進黨政府要在三天內趕開 10 場公聽會是黑箱作業，各場次的公聽會現場也出現火爆場面，有三場會議遭抗議人士翻桌、台南場次的官員被推倒、高雄場次則有疑似黑道人士入場，國民黨民代則霸占主席台高聲抗議，場面火爆。
2016	11	14	立法院就勞基法一例一休修正案舉行質詢會，勞動部因未提出特休配套條例，遭藍委抨擊不負責任。

年	月	日	事記
2016	11	14	民進黨政府繼續舉辦召開日本核災食品輸台公聽會，在台北、新北、桃園、台中的多個場次衝突不斷，引爆多次推擠衝突。公聽會原本預計要在 11/12-14 三天舉辦 30 場公聽會，最後僅舉辦 10 場，且多數場次因民眾與其他政黨團體抗議而導致流會。
2016	11	15	有關日本核災食品輸台一案，國民黨、時代力量立院黨團都提出嚴格檢驗、赴日調查等提案，並由國民黨籍立委召集黨團協商，但民進黨籍立委全數缺席，引發國民黨與時代力量不滿。
2016	11	15	有關日本核災食品輸台爭議，在地方政府方面，有九個民進黨執政、六個國民黨與無黨籍執政的地方政府首長表態反對，但經總統府副秘書長林錫耀親自溝通後，民進黨執政的地方首長態度不變，簽署有條件同意日食輸台的共同聲明。不過自 11 月中、下旬開始，包括嘉義市、雲林縣、苗栗縣與高雄市等地方議會則開始啟動修法，禁止日本核災食品進口。
2016	11	16	立法院舉行勞基法一例一休修正案公聽會，絕食多時的勞團代表與會議主席陳瑩爆發口角及肢體衝突，兩人都被送醫，時代力量黨團也影射民進黨偏袒資方，再引發兩黨互嗆與彼此批評。
2016	11	17	衛環委員會重行初審一例一休勞基法修正案，會中並未爆發任何衝突與杯葛，並通過多項條文修正，但是最受爭議的一例一休、砍七天假與加班費計算方式的三項條文仍無結果，決議送交朝野協商。但預計協商期之後仍不會有確切結果，仍會在 12 月下旬送入院會表決二讀。
2016	11	17	立法院 11/17 初審同性婚姻法案，國民黨要求召開公聽會再審查，但民進黨提案人尤美女堅持該法案很難以公聽會解決，雙方爆發衝突，最後尤美女在協商之後退讓，同意先召開二場公聽會再由委員會初審。法務部長邱太三表示預計在 2017/02 提出伴侶法草案送審，司法院也對同性婚姻修法的立場表示贊同。 在同性婚姻法案審查時，場外有上萬名反對修法的民眾不斷抗議，下午更有抗議民眾企圖衝進委員會議，雖遭警方架離，但隨後又有近百名抗議民眾突破警方防線，集結於議場旁抗議。

年	月	日	事記
2016	11	18	《蘋果日報》發布民調，民眾對蔡英文總統整體表現：滿意34%；不滿意58%，不滿意度已經超過五成。林全表現：滿意31%；不滿意59%。
2016	11	19	宋楚瑜於參加領袖會議，宣稱會前曾在休息室與習近平會晤10分鐘；另有關宋楚瑜是否有與日相安倍會面，宋楚瑜受訪時避而不答，僅回應日前有關開放日本核災食品一事與他參加APEC會議無關。
2016	11	22	文化總會原訂於11/21改選會長與執行委員，但因現任會長劉兆玄不願退讓、擬繼續連任，引發爭議。最後在王金平等12位該會代表抗議下，劉兆玄於今日宣布辭職，該會將在另日安排會員大會推選蔡英文為會長。
2016	11	24	參謀總長嚴德發（陸軍）預計於2017/01/01屆齡退伍，蔡英文選任由陸軍司令邱國正接任總長一職，此任命案違反陸海空軍輪流接任總長的慣例。媒體分析因為邱國正在就任陸軍司令時，力主戰車國造，符合蔡英文武器國造的政策，因而受到任用。
2016	11	24	國民黨文傳會副主委唐德明召開記者會說，APEC領袖代表親民黨主席宋楚瑜宣稱與中共領導人習近平會晤的時間被誇大說成10分鐘。唐德明說宋習二人僅握手、拍照、簡短寒暄不到1分鐘，習便轉向與其他領導人交談，也沒有回應宋提的經濟議題。
2016	11	25	在11/17同性婚姻修法初審之後，針對同性婚姻法案的立法方式究竟是要修民法或另立專法，民進黨團遭受來自宗教與社會團體的極大壓力，經討論後，黨團決議由個別委員提出修改民法或另立專法的法案，彙整之後一同送至委員會合併審查。
2016	11	25	宋楚瑜對於11/19參加的領袖會議自認滿意，並且表示會前與習近平會晤10分鐘，遭知情人士反駁說宋楚瑜與習近平僅面談1分鐘；宋楚瑜對此回應說見面談話有很多方式，不是只有私下拉到旁邊講話才算交流，不能狹隘地認定；他代表台灣在整個國際場合與習近平代表的中國「交流了八個小時」。
2016	11	28	台灣民意基金會公布總統滿意度民調，蔡英文支持度只剩41.4%，反對執政方式者達42.6%；林全支持度：30.7%支

年	月	日	事記
			持，52% 不支持。
2016	11	28	外交部於立法院針對 APEC 領袖會議進行的報告中，對於宋習會的互動隻字未提，但是有提到宋與日本首相安倍晉三、新加坡總理李顯龍和美國國務卿凱瑞等人進行雙邊會談，而宋在會談中積極傳達台灣加入區域經濟整合機制的決心。外交部長李大維在備詢前由媒體追問「宋楚瑜與習近平的會晤究竟是 1 分鐘或 10 分鐘」時模糊回答，僅說有實質交談。
2016	11	28	立院就婚姻平權法案召開公聽會，場外有同志與反同團體齊聚抗議，同志團體也堅持修民法立場，反對另立專法以拒絕被歧視。民進黨團內部對於修改民法或另立專法的意見也未能凝聚共識，依舊決議將由個別立委提出修法版本，彙整之後再一起送進委員會併案審查。
2016	11	29	立法院三讀通過選罷法修正案，刪除罷免案不得宣傳的規定，並降低罷免案提議、連署門檻，只要贊成票大於反對票，又達原選舉區 1/4 選舉人數就能通過。
2016	12	02	立法院於院會時討論勞基法一例一休修正草案，民進黨團雖然提出勞工優於公務員的特休條文，但場外抗議的勞團仍不願接受，立院內朝野協商依舊破局，民進黨團總召柯建銘步行回到辦公室時，被在立院外抗議的勞團潑水圍毆。民進黨團宣示本案將在 12/06 送入院會討論並通過；國民黨團則不排除再占領主席台杯葛。
2016	12	03	為抗議同性婚姻修法案，「百萬家庭站出來」下一代幸福聯盟串聯多個反同婚團體發起「婚姻家庭全民決定，子女教育父母決定」陳情活動，14:00 除了在台北總統府前凱達格蘭大道聚集身穿白衣的群眾之外，同時也在台中水利會廣場、高雄夢時代的時代大道上串聯陳情。
2016	12	06	立法院召開院會，三讀通過《勞動基準法》修正案。自 2017 年起，勞工每 7 日中至少應有 2 日休息，其中 1 日為例假，1 日為休息日，並刪除 7 天國定假日；同時也增訂年資滿半年，可享 3 天特休假；沒休完的年假必須折現，支付勞工薪資。
2016	12	06	前國民黨副主席郝龍斌與其他國民黨籍民意代表合組「守護食安公投聯盟」，宣布將在 12/25、2017 年 01/02、01/08

年	月	日	事記
			行政院舉行食安公聽會時，發動萬人包圍會場表達抗議，並在 2017 年 2 月發動罷免傷害國人健康的五個民進黨籍區域立委的計畫。
2016	12	08	外交部證實總統蔡英文將於 2017 年 1 月出訪中美洲，規劃將訪問四個地點並過境美國休士頓、舊金山，針對外界質疑蔡英文將與川普見面，外交部否認見面行程，同時也未曾規劃過境川普公司總部所在的紐約。
2016	12	10	國防部今天表示，中共東部戰區空軍上午 09:00 起，共有各型機 10 餘架參與遠海訓練，由北向南穿越宮古水道；其中有電偵機等四架南下穿越巴士海峽，由南部戰區空軍殲擊機接應掩護繞台灣南部防空識別區外，於下午 13:10 分返降結束演訓。
2016	12	15	行政院長林全透過臉書，間接宣布政府暫緩解禁日本核災區進口的食品，並表示政府將在重建國人的食安信心後，再談開放解禁。
2016	12	15	不當黨產委員會凍結國民黨台銀 4.68 億元支票與永豐銀行 3.5 億資金一案，經國民黨提起行政訴訟，11/04 經台北高等行政法院裁定停止執行，黨產會不服並提出抗告。最高行政法院今日傍晚作出裁定，支持原審見解並駁回黨產會的抗告，全案確定。
2016	12	16	不當黨產處理委員會決議中投、欣裕台為不當黨產並將股權收歸國有，國民黨與中投、欣裕台向法院聲請停止執行。台北高等行政法院今日裁定本案訴訟終結確定前均停止執行，中投與欣裕台暫時不收歸國有。這是繼 09/20 黨產會凍結國民黨在永豐銀、台銀的資金後被行政法院裁定停止（11/04 由台北高等行政法院裁定、12/15 最高行政法院駁回黨產會抗告）執行之後的又一次敗訴。
2016	12	20	總統府宣布總統蔡英文將在 2017 年 01/07 起啟動 9 天 8 夜「英捷專案」，拜訪中美洲 4 友邦（依先後抵達排序）：宏都拉斯、尼加拉瓜（總統就職大典）、瓜地馬拉、薩爾瓦多。往返途中將過境美國休士頓或西雅圖、舊金山，但不會與川普見面。
2016	12	21	聖多美普林西比共和國今日凌晨宣布與台灣斷交，並承認一中原則，外交部對聖國的決定表示遺憾，基於維護國家

年	月	日	事記
			尊嚴，也決定即日中止雙方合作，包括供給聖國學生的獎學金也將中止。外交部長李大維傍晚召開臨時記者會，指出聖國政府因財務缺口過大，試圖遊走兩岸。對於曾有涉外人士指出對方提出 2.1 億美元（約 64 億台幣）的鉅額金援，遭我方拒絕一事；李大維表示不便證實數字多寡，但承認這是一筆鉅額金錢。
2016	12	21	國民黨今日針對 2017 年黨主席選舉召開中常會，會議內部卻一度有不同意見、差點流會，但最終仍無異議通過，將於 2017 年 05/20 提前選舉黨主席。本會原本有 26 位國民黨中常委串聯杯葛，以不簽到出席的方式，要讓中常會流會，但國民黨主席洪秀柱堅持要開，在扣除請假人數後確認與會人數超過未請假且未到人數，符合人數過半的規定；但此一計算方法也受到質疑，衍生會議效力的爭議。
2016	12	23	總統府宣布美國總統當選人川普在 2017 年 01/20 的就職典禮，將由前行政院長游錫堃擔任代表團長，率領成員包括台中市長林佳龍、國民黨立委柯志恩、時代力量立委林昶佐與親民黨立委陳怡潔等人組成的跨黨籍的代表團參加。
2016	12	23	行政院宣布總統府國家年金改革委員會將在 12/31、2017 年的 01/07-08、01/14，分別在全國北、中、南、東四個區域，召開四場分區座談，01/21-22 則將舉辦國是會議與全國大會。
2016	12	25	中共繼空軍連續兩度繞行台灣一周後，遼寧號航空母艦與護衛艦隊由中共海軍司令吳勝利親自率隊，12/23 自渤海灣出發，12/24 行經東海、今日經由宮古水道進入西太平洋，創下共軍航艦首度穿越第一島鏈，來到台灣東方海域的紀錄。遼寧艦將在完成操演科目後，將經巴士海峽向西進入南海，進行冬季移地訓練。日本也發布新聞指出遼寧艦率另五艘艦隻，在宮古島東北方約 110 公里處，向東南通過宮古水道。航行過程中，共軍一架直九艦載直升機曾一度飛到宮古島東南領空外 10 公里處，引發日方航空自衛隊戰機緊急起飛因應。
2016	12	26	總統蔡英文針對年金改革工作指出，總統府國家年金改革委員會在過去半年內，召開多達 20 次會議以凝聚共識，未來將在 2017 年 01/21-01/22 召開國是會議，並就公務人員

年	月	日	事記
			退休法、撫卹法等八個相關法律提出修法草案，在立法院下會期送國會審議，希望 2017 年第二季結束之前，可以完成年金制度改革工作。蔡英文同時也希望 18% 問題能在四年內逐步退場。
2016	12	26	立法院司法委員會今天初審婚姻平權法案，包括修民法與立專法等個案均通過初審，並送出委員會，交付朝野協商，待協商再繼續處理爭議條文。本案最快預計要到 2017 年 4 月或 5 月之後，才有機會送入立法院院會討論、完成三讀。
2016	12	26	受聖多美普林西比與台灣斷交並轉與中國復交事件衝擊，立法院外交國防委員會邀請外交部長李大維就台聖斷交事件進行專案報告，李大維指出，台灣目前仍有爭取新邦交國的名單；此外對於總統蔡英文即將出訪中美洲邦交國，李大維也強調台灣對此四國的邦交與外交工作，在短期內不會有問題。
2016	12	26	國防部表示中國遼寧號戰艦在 5 艘戰艦護衛之下，於 12/26 下午 14：00 左右經過東沙島東南海域，繼續向西南航行，執行跨海區訓練任務。國防部表示將嚴密監控共軍行動。
2016	12	27	國民黨中央上週在逾 20 位中常委缺席下強行在中常會通過下屆黨主席等選舉期程，投票日較往例提早約 2 個月，以及黃復興黨代表併選等決議，引爆重大爭議。國民黨中常委姚江臨表示委任曾替前立法院長王金平打贏「馬王政爭」官司的律師許英傑，於今日到台北地院提起民事訴訟，狀告黨主席洪秀柱及黨中央。
2016	12	28	最高法院合議庭認為 2014 年犯下家暴殺人案的李宏基出於縝密計畫殺人、無冤判之虞等，12/28 判決死刑定讞，而這也是蔡英文上任以來，最高法院第一起判死定讞的案件。
2016	12	31	行政院舉辦年金改革第一場分區會議，今日下午在台北登場。但因年金改改革委員會副召集人兼執行長林萬億缺席，引爆場內拍桌抗議，場外監督年金改革行動聯盟也激烈抗爭，爬越拒馬闖入會場，會議在吵鬧聲中提前一小時結束，會議沒有結論。
2016	12	31	最高檢察署特別偵查組於 2017 年 01/01 走入歷史。檢察總長顏大和表示特偵組目前已無未結案件，案件不是簽結，

年	月	日	事記
			就是發交台北、台中及台南地檢署。他並對於特偵組將裁撤感到依依不捨，並指出特偵組的辦公室在廢組之後，將交由台北地檢署及行政院新成立的防制洗錢聯合辦公室使用。
2017	01	02	國民黨主席洪秀柱宣布參加下屆國民黨主席選舉。
2017	01	04	2017/01/01 起實施的一例一休法案引起社會擔憂物價上漲，行政院今天召開記者會宣布哄抬物價將重罰，並宣示春節前交通、水電瓦斯等不會漲價。
2017	01	05	行政院原於 12/29 希望立法院能在今日起加開臨時會以通過長照法、證交稅條例等多項議案，立法院長蘇嘉全在 01/02 臨時轉彎，表態希望府院尊重議院自主，讓府院高層錯愕；經協調後，民進黨團 01/03 仍決定加開臨時會。今日經立法院黨團朝野協商決議，本會期臨時會自今日加開至 01/26 小年夜。
2017	01	07	總統蔡英文今日啟動「英捷專案」，訪問中美洲友邦宏都拉斯、尼加拉瓜、瓜地馬拉、薩爾瓦多。
2017	01	07	前台北市長郝龍斌宣布參選國民黨主席。
2017	01	07	國民黨首席副主席詹啟賢，外傳因不滿黨主席洪秀柱針對處理黨產一事遭切割，今晚間突透過媒體發布聲明表示辭去首席副主席一職。洪秀柱表示，詹啟賢是黨內不可或缺的重要幹部，表達慰留之意。
2017	01	09	前副總統吳敦義宣布參選國民黨主席。
2017	01	09	時代力量成員馮光遠今日宣布退黨，並指時代力量已成為黃國昌一人黨，政黨方針與行動均欠缺內部溝通。
2017	01	10	蔡英文出國前往中美洲四友邦訪問。期間中國航母遼寧號於今日通過台灣海峽，北返回青島基地，威嚇意味濃厚。
2017	01	10	民進黨台南市副市長顏純左今日辭職，並宣布投入 2018 年台南市長選舉。
2017	01	11	立法院臨時會召開院會，三讀通過長照法案與電業法案。長照法案中確定經費來源將課徵自菸稅、遺產稅及贈與稅。電業法則確定 2025 年核電廠全數除役，同時鼓勵發展綠能與允許綠電業者直接售電。
2017	01	11	台北農產運銷公司總經理韓國瑜宣布請辭，並宣布參選國民黨主席。

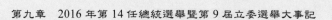

年	月	日	事記
2017	01	12	奈及利亞在今日宣布不再承認我國主權，並要求台灣辦事處拆牌遷出奈國首都；外傳這是因為中國決定金援奈及利亞 20 億美元所致。
2017	01	12	針對馮光遠退黨一事，時代力量主席黃國昌發表回應，表達對馮光遠的尊重、肯定馮光遠對台灣與公民運動付出的貢獻，同時表達黨內惋惜馮退黨一事。
2017	01	14	行政院今日在台東舉辦年金改革最後一場分區會議，有別於前三場出現激烈衝突，台東場次只有退休公教軍警人士抗議，沒有發生衝突，會議和平落幕。副總統陳建仁與年金改革執行長林萬億重申改革必須貫徹的決心，並宣示 18% 議題將在 2-6 年內徹底解決。
2017	01	14	國民黨在 01/12-01/14 舉行新竹市長預選民調，包括有前市長許明財、前立委呂學樟、現任市議員林耕仁、鄭正鈐四位參選人。此外，國民黨針對 2018 年九合一選舉的其他縣市，也將在 4 月與 8 月再分別舉行二次的預選民調。
2017	01	19	總統府年金改革委員會今日公布改革草案，公教所得替代率將在 15 年過渡期後，降至本俸的 60%（折約在職所得之 70.8%），18% 優存利息則在 6 年後歸零，請領年齡則自現行退休即領延至 60-65 歲才能請領。勞保部分則調高勞保費率 0.5% 以開闢財源。各勞動階層的年金方案未來也將以每 5 到 10 年為階段定期檢討。
2017	01	19	立法院三讀通過 2017 年度中央政府總預算案，核定 2017 年歲出預算 1.973 兆元：其中教育部預算為 2.8 千億，較 2016 年增核 180 億，增加部分包含大專院校轉型與退場基金 25 億及學貸基金 27 億等。
2017	01	22	總統府在今日召開年金改革國是會議，會中確認年金改革制度、時程與各項方案。鑑於先前多場公聽會有許多反改革民眾及團體抗議，總統府三度變更國是會議的地點，01/13 原定在世貿國際會議中心，01/17 改為中研院人文館國際會議廳，01/19 又臨時改為總統府內，並將原本規劃召開 2 日（01/21-01/22）的會議時程改為 1 日（01/22）。引發反改團體多次抗議。國是會議舉辦當日，場外聚集超過 1.2 萬名群眾抗議，國民黨正副主席洪秀柱、郝龍斌也到場聲援。

年	月	日	事記
2017	01	22	總統府在年金改革國是會議閉幕後，年改會副召集人林萬億指出將在農曆年後展開具體修法時程，最快是 3 月將草案送進立法院，最晚是在五二〇之前。
2017	01	23	國民黨前副主席詹啟賢宣布參選國民黨主席。
2017	02	01	立法院第三會期在今天開始，經朝野各黨團協商後，預計將在 02/15 開議，當天將邀行政院長林全率各部會首長到立法院施政報告並備質詢，02/23 各委員會選舉召委之後才開始開委員會，至於 02/16-02/22 委員會前的空檔時間，將先處理考試院副院長被提名人李逸洋的人事同意權。
2017	02	02	機場捷運自今日起免費試營運 1 個月，前 2 週是團體試乘階段；後 2 週是屬於自由試乘階段，並預計在 03/02 正式通車。
2017	02	03	行政院今日宣布內閣四部會正副首長改組，科技部長由教育部次長陳良基接任、勞動部長由政務委員林美珠接任、衛福部長由前衛生署副署長陳時中接任、農委會主委由宜蘭縣長林聰賢接任。國民黨稱此次內閣改組為無感改組，並抨擊新任勞動部長林美珠是蔡英文表姊，有近親迴避問題；農委會主委林聰賢在宜蘭縣長任內大幅核發農舍執照等，執政觀感不佳。綠營內部也有人認為內閣改組無助挽回施政支持度，並點名外交部長李大維、國防部長馮世寬等人才是最應撤換的首長。
2017	02	03	台鐵產業工會因不滿長期過勞及勞工權益遭漠視，除夕夜 01/27 發起國定假日依法休假不加班行動。台鐵今日宣布記 370 多名春節未出勤員工曠職，並預計在 02/16 召開考懲會。交通部表示支持台鐵做法，以避免連續假日交通輸運將面臨崩潰。由於政府與交通部在台鐵罷工與華航罷工二案的處理方式差異非常大，引發爭議，社會輿論認為民進黨政府處理勞資爭議時已向資方靠攏。
2017	02	06	司改國是會議五名法官、檢察官民選代表今日投票結束，成員包括：一、院方部分：高等法院法官陳憲裕、桃園地院法官毛松廷、台中地院法官賴恭利、高雄少年及家事法院法官李明鴻；二、檢方部分：澎湖地檢署檢察官吳巡龍、宜蘭地檢署主任檢察官蔡元仕（蔡英文姪子）、台北地檢署檢察官林達、法務部檢察司副司長余麗貞、台南高分檢檢察官林志峯。

年	月	日	事記
2017	02	06	國民黨中央舉行擬參選人座談會第一次會議，會議達成若干共識，包括自 02/13 開始連署、舉辦網路與電視政見發表會等，另對於爭議最大的合格黨員 3% 連署門檻放寬問題則留待 8 月黨代會上討論，為達成公平參選的目標，目前傾向廢除該門檻。
2017	02	11	司法院大法官會議宣布將於 03/24 就現行民法不允許同性結婚是否違憲，於司法院憲法法庭內舉行言詞辯論，聲請人以及相關政府機關及學者專家都受邀出庭參與辯論，全程將透過網路直播。
2017	02	13	年金改革方案由考試院排定 2017/04 底前送立法院審議，不過副總統陳建仁認為太慢，希望能提早送出，近期將與考試院協調。
2017	02	13	國民黨主席擬參選人詹啟賢表態參選 2020 總統大選。
2017	02	14	行政院長林全今日與民進黨立委會面，決議政府推動年金改革的相關修法，以及政院提出「前瞻基礎建設」計畫的拚經濟八年特別預算、鼓勵新創事業給予租稅優惠的產創條例修正案等，列為新會期優先法案。
2017	02	14	立法院長蘇嘉全召集朝野黨團協商，討論考試院副院長及考試委員人事同意權案議程；將於 02/20 舉行公聽會、02/22 全院委員會審查，02/24 行使同意權投票。國民黨團總召廖國棟表示民進黨人數過半，通過同意權的機會很高，因此國民黨不會杯葛，仍會開放黨籍立委投票。
2017	02	17	司改籌備會議今日公布各分組委員名單，共有 101 位分組會議委員，來自社會各界，包括票選產生的法官、檢察官、律師各 5 位，70 位籌備委員會推薦人選，與 16 位籌備委員。司改籌備會議並宣布司法改革國是會議分組會議預計訂於 02/20 至 05/18，在總統府、司法院和法務部舉行。
2017	02	17	年金改革最後戰場將在立法院，預料將掀起一波朝野攻防。民進黨今日舉行黨團大會決議，將重兵部署司法及法制委員會，席次將從上會期的 8 人增加至 10 人，並力拼兩席召委，以利掌握修法進程。
2017	02	24	立法院今日行使考試院人事同意權案投票，國民黨黨團在投票前宣布拒投；民進黨以過半人數優勢同意考試院副院長被提名人李逸洋（同意票 74、不同意票 0、無效票 3）、

年	月	日	事記
			考試委員被提名人陳慈陽（同意票 77、不同意票 0、無效票 0）的人事案。李逸洋是由總統提名接替去年底請辭的原副院長高永光；陳慈陽則是由總統提名接替上個月請辭的前考試委員浦忠成，兩人上任後，任期都到 2020/08/31 為止。
2017	02	24	前立委潘維剛宣布參選國民黨主席。
2017	02	27	文化部長鄭麗君今日表示為避免社會對立，在轉型修法未完成前，未來中正紀念堂每年 02/28 將閉館一天。
2017	02	28	總統蔡英文今日出席二二八事件 70 週年紀念會時表示國家檔案局將啟動政治檔案整理計畫，將散布各機關的二二八及白色恐怖時期資料清查並公布，列入轉型正義修法的一部分。
2017	03	01	總統府公布監察院 11 席監委缺額提名名單，包括總統府前秘書長陳師孟、前立委劉文雄、趙永清、瓦歷斯貝林、僑務委員會副委員長田秋董等人，並送請立法院行使同意權。藍委則批評民進黨喊廢監察院卻又提名監委，言行不一。
2017	03	02	總統府聲明廢除監察院的政策方針不變。民進黨立院黨團總召柯建銘表示本次提名監委具備司法改革任務，將全力支持監委缺額名單過關。
2017	03	02	行政院表示將修改兩岸人民關係條例，退將或政務官赴中國大陸將管制至少 3 年，若違反或損及國家尊嚴，最重可追回全部月退俸。
2017	03	02	台中市府市政會議今日提案討論「里編組及調整作業內容」。民政局長蔡世寅表示，截至 2016/06/30 止，全市有 15 里達 4,000 戶以上，符合台中市里鄉編組及區域調整自治條例第 3 條規定，將增加 18 里。議員質疑此舉有選舉考量，建議暫緩實施；另有比例超過一半的九個里反對，認為貿然調整里鄉區域會讓民意紛亂，建議市府不要趕著在明年選前實施。
2017	03	05	監察委員被提名人陳師孟呼應總統府，提出建立惡質法官退場機制、陪審制取代目前法官為主的主審制、法官民選方式等三項方針作為廢除監察院的基本條件。

年	月	日	事記
2017	03	05	總統蔡英文 03/01 宣示促進轉型正義條例將在本會期立法完成，民進黨中央於今日召開行政立法協調會，確定若干細節：一、成立促轉會（任務編組，完成後解散），逐步合併黨產會與真相和解委員會的組織與工作；二、確定促轉會任務：2 年內開放政治檔案；清除威權象徵、平復司法不公、處理不當黨產。
2017	03	06	國民黨中央今日召開黨主席選舉座談會，多位參選人認為應舉辦辯論會，但考慮參選人數多、辯論過於冗長，最後決議比照去年主席補選，僅舉辦電視政見發表會。
2017	03	07	考試院今日召開年金改革公聽會，幾名自稱退伍軍人人士闖入會場，質疑沒有軍方代表，高聲抗議阻撓公聽會；主持會議的副院長李逸洋因抗議人士鬧場，被迫取消公聽會。
2017	03	08	前副總統李元簇今日清晨 4 時許去世，享壽 94 歲。
2017	03	09	考試院今日召開公務人員退撫法草案全院審查會，通過 20 條較無爭議的部分，較爭議性的所得替代率及降 18% 等爭議條文則暫時擱置到下周繼續審查。
2017	03	09	中華文化總會執行委員會議今日推舉總統蔡英文擔任會長，蔡英文強調未來持續提升和深植台灣的文化實力、加強推動與國際、兩岸的文化交流與合作。
2017	03	10	黨產會凍結國民黨在台銀及永豐銀的 8 億資產，遭國民黨聲請停止執行一案，原由台北高等行政法院判定無效，黨產會不服並提出抗告，最高行政法院今日撤銷二審裁定，改判黨產會勝訴定讞，國民黨在台銀的 8 億資產確定遭到凍結。
2017	03	10	民進黨南投縣黨部舉辦南投市黨員聯誼會，縣黨部主委陳昭煜宣布將在 2017/06 全代會中正式徵召草屯鎮長洪國浩參選 2018 年南投縣長。
2017	03	11	安定力量今天上午在瑞芳啟動「拔昌列車」。罷免活動發起人安定力量主席孫繼正指出，他的主訴求是不滿黃國昌支持同性婚姻，且黃國昌許多政績沒有兌現。這是孫繼正繼 2016/12/24 在汐止號召三千人罷免立委黃國昌之後又一波新行動。
2017	03	11	全國公務人員協會今日舉辦年金改革溯及既往違憲研討會，前最高法院院長楊仁壽表示若改革草案具爭議的部分

年	月	日	事記
			可以由立委聲請釋憲，國民黨黨團副書記長林為洲表示支持，全公協理事長李來希也將尋求親民黨的支持。
2017	03	13	立法院財政委員會今日審查菸酒稅法修正草案，確立以菸稅作為長照 2.0 財源之一，預計每包菸菸稅將由現行 11.8 元提高至 31.8 元，每年可挹注長照 233 億元，國民黨團總召廖國棟表示不會阻擋審查，本案預計 06/03 前完成三讀。
2017	03	13	公、軍職人員的年金改革將分開處理。國防部今日預告以例外條款讓軍人退伍轉任公職或政府轉投資公、財團法人時，仍能續領優惠存款。並公布軍士官服役條例 32-1、37-1 條文修正草案，以正面表列方式列出軍人退伍轉任仍可繼續領取優惠存款的各個單位。
2017	03	13	民進黨行政立法政策協調會報今日討論促進轉型正義條例，未來的促轉會將比照政府二級機關，主委為特任官，委員由原定 9 人降至 7 人，4 位須經立法院行使人事同意權，另外由法務部、文化部和國史館擔任的 3 人為當然委員，由首長兼任者必須退出政黨活動。
2017	03	14	蔡英文今日傍晚邀請民進黨部分縣市長在官邸餐敘並聽取地方政情，會中宣布 2018 縣市長選舉將「以現任者為優先提名」，民進黨內有意爭取挑戰現任者的政治人士多有不滿，質疑黨中央不啟動初選機制淘汰民調低迷的現任者，2018 地方選舉便可能落敗。
2017	03	14	國民黨原擬與親民黨合作提釋憲案遭拒後，青年團黨工另闢蹊徑向監察院陳情，監察委員仉桂美、劉德勳對不當黨產條例提出調查報告，認為不當黨產條例有違憲之虞。監察院今日召開院會，決議向大法官提出釋憲案。調查意見指出，黨產條例悖離正當法律程序，逾越德國等各種轉型正義方式。
2017	03	14	南投縣長林明溱率先提出不施行一例一休方案，他指示縣府法制人員研議「南投縣能否不施行」，其他縣市亦表態要求中央檢討修訂。花蓮縣長傅崐萁也建議該方案應有 5 年不罰的緩衝期。台北市長柯文哲也指出勞工局多次就施行一例一休方案的疑慮，函請勞動部解釋，但沒有獲得任何回應，希望中央儘快改進。

年	月	日	事記
2017	03	14	前總統馬英九 2013 年接獲當時檢察總長黃世銘洩密，指發現時任立法院長的王金平與民進黨立委柯建銘涉司法關說，馬將案情洩漏給行政院前院長江宜樺等人。北檢今日依洩密及教唆洩密等罪將馬起訴。
2017	03	15	國民黨中常會今日通過第 20 屆全國黨代表應選總額為 1,535 席，增加近 400 席；一般黨代表由 900 席增為 1,097 席，黃復興黨代表從 101 席倍增到 278 席，以符合票票等值精神。此外黨代表參選資格由入黨 4 個月改為入黨一年的限制則在會中引發爭議，雙方堅持不下，最後決定延到下周再討論。
2017	03	15	民進黨副秘書長李俊毅宣布請辭，並投入 2018 年台南市長初選。
2017	03	16	台南市議員選區重新調整在今日舉辦公聽會，選區從現行 18 個調併為 13 個，多數選區被併的議員反對，直指擴大選區不利選民服務；但是現場民眾則認為愈多人競爭才對選民有利、能夠提高服務品質、消弭小選區綁樁賄選及世襲制畸形現象，年輕世代代表幾乎一面倒贊成選區重劃。
2017	03	17	蔡英文總統今日宣布基隆到南港輕軌，利用台鐵七堵到南港的第三軌，除原有台鐵八站，另設南港展覽館站為終點站。
2017	03	17	年金改革委員會今日下午召開基金管理與組織第二次研議會議，確定公教人員退撫基金可以比照私校自行設計投資組合、供利害關係人選擇。本案將等退撫基金管理組織定位確定後，重新檢討以提升投資報酬率。
2017	03	17	台灣民意學會今日發布國民黨主席選舉民調，訪問 691 名黨代表，適任度、看好度和支持度都是吳敦義最高，並有 45% 黨代表支持吳敦義擔任黨主席、21% 支持現任黨主席洪秀柱、17% 支持副主席郝龍斌。
2017	03	18	立法院財委會今日完成遺贈稅部分條文修正案初審，擬調高現行 10% 遺贈稅率以籌措長照財源，預計可增加新台幣 63 億元稅收，但時代力量黨團有不同意見，本案將交朝野協商。
2017	03	20	國防部長馮世寬今日證實，中國解放軍所屬的火箭軍已部署可對台灣本島進行精準打擊，甚至執行斬首行動的「東

年	月	日	事記
			風 16 型」彈道飛彈。
2017	03	20	原住民族歷史正義與轉型正義委員會今日召開會議，原主題是原民自治，不過原民會上個月公告原民土地或部落範圍劃設辦法後引發原民團體抗議，並有委員提案，因此聚焦在傳統領域議題。過半委員支持分階段劃設，希望原民土地及海域法先立法再討論私有土地劃設的方式。
2017	03	20	台灣民意基金會今日發表民調，各行各業對一例一休反彈、兩岸關係陷入緊繃，都讓蔡政府窮於應付，蔡英文處理國家大事的方式僅 7.4% 非常贊同，30.2% 還算贊同，30.6% 不太贊同，11.9% 一點也不贊同，另有 19.9% 無反應。和最近 1 個月相比，贊同者下降 3.8 百分點，不贊同者上升 1.2 百分點，不贊同高於贊同 5 個百分點；和去年五二〇剛上任時相比，贊同比例下跌 32.3 百分點。
2017	03	21	總統蔡英文今日在高雄左營軍港主持潛艦國造設計啟動及合作備忘錄簽署儀式，宣示潛艦國造計畫正式啟航。台灣國際造船公司董事長鄭文隆表示，預估 8 年內國造潛艦可以下水，10 年內可以成軍。
2017	03	21	考試院今日召開公務人員退休撫卹法草案全院審查會，通過公務員遺族只要婚姻存續達 10 年以上，年滿 55 歲即可領月退休金 50% 的遺屬年金。為照顧弱勢，並放寬遺族領取公家撫卹金或 18% 優存的請領資格。
2017	03	21	國民黨中央今日邀集黨主席參選人共商人頭黨員查核標準，最後共識將提供各組參選人 250 通查核電話的配額，各陣營可針對懷疑對象要求查核，確認當事人沒有入黨即剔除名單。
2017	03	22	民進黨選舉對策委員會今日就 2018 縣市長提名達成決議，包括爭取連任縣市長者將由黨主席提名並送中執會通過，非民進黨執政縣市將由黨主席徵召、民進黨執政屆滿縣市則舉行初選。中執會也決定 07/02 舉行全國黨代表大會，通過提名規則。
2017	03	22	國民黨中常會今日原本排定處理 03/08 會議通過挺吳派中常委所提議代表選舉辦法修正案的會議紀錄，因挺吳派掌握絕對優勢人數，黨主席洪秀柱突然以無法取得共識為由宣布散會，黨代表選舉辦法修正案也因而擱置。

年	月	日	事記
2017	03	23	行政院今日拍板 8.8 千億前瞻基礎建設特別條例草案，包括軌道、水環境、數位、綠能、城鄉等共五大主軸，預計 8 年內帶動投資 1.8 兆。高雄市獲 1.8 千億元最高；台南市也獲綠能城、鐵路立體化與府城橫貫線、中華環線等二項捷運建設計畫計 1.4 千億；台中捷運山海線、市區橫貫線、縱貫線延伸彰化等標竿項目均獲通過，補助近 1.6 千億。新竹市也單獨獲得 300 億補助市區捷運建設計畫。新北市提出三環三線與鐵路高架化等多項建設項目，但僅有三條捷運線被列入，市長朱立倫對此表示強烈不滿。國民黨立委質疑為選舉綁樁，資源分配藍綠有別。
2017	03	23	立法院內政委員會在昨天、今天審查兩岸協議監督條例草案，朝野黨團及立委提出六種版本。民進黨與時代力量主張監督條例應加入外交、經濟等委員會，擴大參與，因此將該案退回院會並重新審查；但國民黨反對並要求民進黨承諾排審時程，遭後者拒絕，國民黨召委曾銘宗在吵鬧之下宣布散會，該案沒有結果。參與 318 學運的民團與國民黨在委員會之後，先後批評民進黨不積極處理兩岸協議監督條例。
2017	03	23	考試院全院審查會今日決議 18% 分 6 年逐步廢除。不過在退休所得替代率部分，原國是會議決議替代率最高 75%、15 年降至 60%，但考試院會首度動用表決權，以 16:4 通過試委版本，替代率最高 80%、10 年降到 70%。考試院並透露最快將在本月底通過年改審查草案後，送立法院審查。
2017	03	23	考試院全院審查會對於公務員遺族撫恤金、所得替代率標準等二項決議，引發放水爭議，考試院副院長李逸洋與年改會執行長林萬億都表達不滿，並指退撫基金會提早破產。民進黨立院黨團總召柯建銘強調立院必會從嚴審查；國民黨文傳會副主委唐德明則說試院版本較溫和，民進黨若嚴苛修改退休金標準，將會造成社會衝突對立。
2017	03	24	大法官會議今日舉行同婚釋憲案言詞辯論。贊成代表廖元豪認為同志身為公民，同性婚受憲法保障。反對代表護家盟秘書長張守一則說同性婚姻並非世界潮流。列席機關與法學代表都認為應保障同婚權益，但對設專法有不同意見，張文貞、陳惠馨、劉宏恩等教授都認為設專法是對同志差別待遇，違反平等權；法務部長邱太三與教授李惠宗贊成專法並

年	月	日	事記
			指貿然全面修改民法是立法暴衝。本案審判長、司法院長許宗力表示 1 個月內公布釋憲日期；最慢 2 個月內做出解釋。
2017	03	24	中國時報於大法官會議同性婚姻釋憲案後立即進行「同性婚姻合法化」民意調查，在有效樣本 708 人、95% 信心水準下，不贊成和贊成的比例分別為 49.1% 與 38.4%。若以居住地區來分，宜花東反對的比例最高，超過六成，次高的中彰投，不贊成比例達 52%，再次為雲嘉南的 50%。若按年齡區別，50 歲以上的反對比例高達六至七成，和 20 到 39 歲多數贊成成明顯對比，而 40 到 49 歲的不贊成比例也達 57%；至於男女差異，男性不贊成比例明顯較女性為高。
2017	03	24	前副總統蕭萬長率團到博鰲參加論壇，今日與中國副總理張高麗會面，表示希望推動台企享有陸企待遇，促進交流合作。多位參與座談的中國學者抨擊民進黨的新南向政策與全球趨勢背道而馳。
2017	03	28	副總統陳建仁、年改會執行長林萬億今日向總統蔡英文提出年改法案報告，獨缺考試院代表與會，會中亦無試院年改版本；陳建仁認為應以年改會版本送入院審議。蔡英文決定公教人員退休最低生活保障（樓地板）為 32,160 元；支領一次退休金者的優惠存款將分 7 年降至 6%。月退休總額低於此一標準者不會砍 18% 優惠存款利率。
2017	03	28	立委柯建銘自訴前總統馬英九在 2013 年教唆洩密、加重誹謗罪。馬辯稱前檢察總長黃世銘向他報告的是行政不法，沒有違法，柯主張馬利用司法介入政爭，犯洩密罪，台北地院審理後今日宣判馬英九無罪，全案可上訴。
2017	03	29	為抗議年金改革政策，台灣警消聯盟、全國教育產業總工會與新北市退休警察人員協會等團體今日舉行反年金改革遊行，兵分多路前往內政部、立法院等地抗爭，期間與維持秩序的員警零星發生推擠衝突。
2017	03	30	考試院與行政院年金改革辦公室於今日分別通過公教與勞工的三個年改法案並送立院審議；不過退休所得替代率、退休金計算基準等部分，考試院公務員方案與行政院的教師年改版本修法明顯不同，將由立法院做最後決定。考試院版本出爐後，副總統陳建仁罕見以強硬文字抨擊考試院

年	月	日	事記
			年金改革版本縮短年資採計期間又提高所得替代率，與追求基金永續背道而馳，表達遺憾。
2017	03	31	行政院前瞻基礎建設特別條例草案原訂今日在立院院會付委，但國民黨立委占領主席台杯葛，立法院長蘇嘉全隨後召集朝野協商，各黨團最後同意該案交經濟、交通、內政等六委員會聯席審查，但必須要舉行六場公聽會。公聽會將於 04/10 開始舉辦。
2017	03	31	民進黨團今日決議將支持年改會版本，並開放個別立委提案修正年改會版本，提出民進黨團版本的年金改革修法草案。
2017	03	31	2014 年因立法院審查服貿條例爭議引爆的 318 學運，台北地檢署依妨害公務多罪起訴學運領袖時代力量立委黃國昌、學運主要人物林飛帆、陳為廷等人，台北地院今天宣判黃國昌等 22 人全部無罪。全案仍可上訴。
2017	04	03	金門縣博弈公投連署今日超過門檻，金門縣選委會表示最快 9 月底、最慢 11 月中均有可能舉行公投，不過由於本案公投法源來自「離島建設條例」，但該條例已被行政院退回交通部重新審查，也有立委提議要刪除該條例，因此金門縣博弈公投還不確定是否能以該法源為依據順利舉辦。
2017	04	05	立法院長蘇嘉全今日召集朝野協商討論促轉條例草案，民進黨原希望能在 04/07 開始審查，但朝野黨團各持己見，國、親兩黨與民進黨對於轉型正義聚焦年度不同導致協商破裂；蘇嘉全表示月底會再召集第二次協商，屆時若朝野協商有共識就儘速通過，沒共識再進一步溝通。
2017	04	06	考試院會今日將年金改革配套法案「政務人員退職撫卹條例」修正案交付全院審查會，預計 04/11 排審。目前卸任正副總統中唯一適用該條例的連戰，未來月退職金將不得超過卸任禮遇 18 萬元。院會同時通過銓敘部提案修正公務人員退休法施行細則，2018/01/01 將退撫與月退金由過去半年發放改為每月發放，預估國庫一年可省 8 億元利息支出。
2017	04	07	立法院會今日召開朝野協商，討論年改會與考試院的年金改革草案，二案皆通過一讀，順利交付委員會審查，預計 04/19 開始排審。年改戰場將移至立院法制委員會。

年	月	日	事記
2017	04	08	行政院前瞻基礎建設特別條例草案公聽會將於 04/10 舉行，但民進黨團今日突然宣布公聽會全數不開放旁聽，令想參與公聽會的民間團體不滿，並與民進黨籍立委們引發激烈口角。
2017	04	09	立法院國民黨團年金小組召集人林為洲 04/05 表示，國民黨支持年金改革工作、也會提出版本，除了將以考試院版本為優先參考重點之外，也要求召開公聽會。04/07 朝野協商排定審查日期後，國民黨與親民黨都預計 04/14 前提出年改版本；民進黨也答應不會阻擋國、親二黨版本付委。預計到了 04/19 正式由司法及法制委員會開始審查時，送入委員會審查的版本共計行政院年改會、考試院、民進黨、時代力量、國民黨、親民黨等四個黨團版本，以及立委段宜康等人提案的七案。按委員會輪值表，民進黨黨團已掌握審查公、教年改的司委會雙召委，屆時將由段宜康、蔡易餘二位召委以「先公後教」的順序接力排審。
2017	04	09	國民黨主席洪秀柱今日出席活動表示，民進黨政府進行年金改革，完全執政，就要完全負責，國民黨不應該提出年金改革版本。
2017	04	10	立法院經濟委員會今日召開首場前瞻基礎建設特別條例草案公聽會，會中開放直播但不開放旁聽，新北市經發局長施威全原預計前往旁聽但被拒於門外，引發藍綠委員激烈口角，最後由經委會召委邱議瑩允許旁聽，並決議第二場公聽會將邀請各縣市首長及代表出席公聽會。　·
2017	04	10	國民黨立院黨團今日舉行黨主席選舉政見發表會，除洪秀柱外的吳敦義等五位候選人均出席，就黨務革新、國家定位及黨內民主機制等議題發表政見。
2017	04	11	針對 04/07 年金改革排入委員會開始審查，監督年金改革行動聯盟召集人黃耀南今日宣布將在 04/18-04/19 二天發起「夜宿圍城」，並在 04/18 改審查會的前一日開始包圍、夜宿立法院，展開長期抗戰。
2017	04	12	國民黨立院黨團決議將在 04/14 提出黨團版年金改革草案，等同不理會主席洪秀柱的態度。
2017	04	13	考試院全院審查會通過政務人員退職撫卹條例修正案，明訂卸任副總統每月退職金不超過 18 萬元，所得替代率則經

年	月	日	事記
			表決通過特任級以上政務人員分10年調降為55%；簡任級降為70%，較銓敘部所提版本優厚。這是考試院年改方案最後一項配套修正案，全案並準備移交立法院，將在委員會中一併審理。
2017	04	14	立法院今日針對追討「黨職併公職」溢領退休金的草案召集朝野協商，拍板決定最低保障金額將比照刪除軍公教年終慰問金基準25,000元。
2017	04	14	國民黨舉行立院黨團大會，並提出黨團年改版本；該版本的月退金優存18% 6年歸零、最低月退金額為32,160元都與民進黨版相同；所得替代率則是10年調降至70%。
2017	04	14	國民黨立院黨團通過通過黨團版促轉草案，平反日期大幅延長至日據時期，受害人也納入原住民族、慰安婦等身分的人士。
2017	04	15	親民黨團總召李鴻鈞召開記者會，宣布提出親民黨團版本年金改革草案，其中月退金上限為55,198元、下限為36,890元，樓地板明顯與民進黨團、國民黨團版本皆不相同，目標是保障基層並減少不均。
2017	04	17	國民黨立院黨團原在04/14提出黨版年金改革草案，但因基層受到壓力，黨團臨時於今日中午召開會議並決議撤回黨版草案。
2017	04	18	國民黨黨主席選舉今日截止登記，共有洪秀柱等六位參選人完成登記。
2017	04	19	立法院司法及法制委員會今日審查年金改革草案，依先公後教順序審查公務人員退撫草案；未提出版本的國民黨團要求先就精算報告召開審查會、再就年金改革方案開完公聽會後才能審查。朝野最後達成共識於04/26-27舉行兩場公聽會後，5月起進入逐條審查。此外，教職人員退撫草案則預計在04/24開始由法制委員會審查。
2017	04	19	年金改革委員會執行長林萬億今日列席委員會時表示，退伍軍人最低生活保障將不超過四萬元。
2017	04	19	國民黨於今日司法及法制委員會議後，宣布將在公聽會後審查時，逐條提出修正動議提案。
2017	04	19	立法院司法及法制委員會今日審查年金改革草案，場外則

年	月	日	事記
			有年金改革監督聯盟等反年金改革團體發起抗議，並與警方衝突，多位立委與參加前瞻建設公聽會的地方首長遭到推擠毆打。總統蔡英文在衝突事件爆發後，嚴正宣布將依法嚴懲滋事分子。
2017	04	20	竹北市因人口快速成長，今日召開市民代表選舉區劃分協調會，市民代表目前 19 席，因第一選區（六家）人口激增，將從原本 7 席增加 1 席；第二選區（竹北）將從原本 8 席減少 1 席。議員部分則由 10 席增加 1 席，新豐鄉選區從 4 席減少 1 席。協調會後會將結果呈報縣議會審查。
2017	04	21	立法院經濟委員會 04/14、04/17-21 已召開六場前瞻建設公聽會，朱立倫抨擊行政院忽視新北市，柯文哲雖表態支持但仍不贊成由中央補助全額；其餘如非雙北都會首長均呼籲政府推動南北平衡。民進黨立院黨團今天在公聽會後決議，將在本週連續三天排審前瞻建設草案，宣示 04/28 前完成二讀。
2017	04	21	民進黨立院黨團決議將處理黨職併公職問題的「公職人員年資併社團專職人員年資計發退離給與處理條例草案」排入議程，預計將在 04/24 由蘇嘉全邀集朝野協商、並在 04/25 院會表決。本案若完成三讀，將有近四百人在扣除黨職年資後重計月退俸；包括連戰、胡志強等卸任政務人員的溢領部分，均可向本人要求返還。
2017	04	21	國民黨中央審查完洪秀柱等六人參選黨主席資格與連署書數量，宣布六位候選人均通過門檻。
2017	04	24	立法院司法法制委員會今日審查各版本的公立學校教職員退休撫卹條例草案，內容與公務員標準大多一致。教育部長潘文忠表示，依 35 年年資計算，現在每月退休金約 6.8 萬元，改革後約 4.7 萬元。
2017	04	24	前瞻基礎建設特別條例草案在結束六場公聽會後，今日開始在立院經濟委員會審查，民進黨規劃在一週內審查完畢，並在 5 月底會期前完成初審，再以延會或臨時會方式審查特別預算案，在 8 月開始執行。不過在內政、經濟等委員會聯席初審草案時，國民黨立委除了以輪番程序發言杯葛議事，也提出黨團版本對案限制特別預算上限，並將條例施行日由 8 年改為 4 年，同時加入防綁樁條款，要求 10 億以上建設必須由中央公開招標。

年	月	日	事記
2017	04	24	立法院經濟、財政等六委員會昨聯席審查行政院所提前瞻基礎建設特別條例草案，一早藍綠就因程序發言問題爆發嚴重口角衝突，國民黨立委提案將前瞻條例退回重議，也遭民進黨與時代力量立委聯手封殺。中午協商後，綠營同意不逐條審查，藍營也同意不干擾議事，不過下午綠營提案延長開會時間直到全部質詢完畢，藍營人數不敵，該案在晚間 10 點完成全部提案說明與詢答，04/25 將進入實質審查。
2017	04	24	立法院長蘇嘉全針對黨職併公職條例召開朝野協商，但國民黨並未出席。預計將在 04/25 院會以表決方式三讀。
2017	04	24	繼台南市議會第三屆議員選舉區重新調整劃分後，市內里鄰也將調整，引起議員關切並提出質詢。民政局長陳宗彥在議會答詢時宣布里鄰調整將於年底完成並公告，下屆里長選舉將依新公告的調整方案辦理選舉。
2017	04	24	民進黨執政近一年，台灣民意基金會公布民調，高達 46% 民眾不贊同蔡英文總統領導方式，和去年 5 月剛上任時相比，贊同者下跌 31.3 個百分點，創下史上次高；另外則有 53.9% 不滿意林全內閣，60% 民眾不滿意民進黨全面執政現況。基金會董事長游盈隆認為，蔡政府面臨「執政困境的定型化」危機，亟需大刀闊斧改革。
2017	04	25	立法院三讀通過遺產及贈與稅法修正案，遺產稅及贈與稅由原單一稅率 10% 調高為 10%、15% 及 20% 三階段累進稅率，以籌措長照財源。財政部估計未來每年將可挹注長照制度約 63 億元。
2017	04	25	立法院會三讀通過公職人員年資併社團專職人員年資計發退離給與處理條例，國民黨團未發動杯葛，民進黨團以人數優勢表決過關。該條例明訂重新計算黨職與公職年資，公告實施後 1 年內，本人應繳返溢領金額。共約 206 人受本條例影響，依據立院民進黨團的推估，國民黨大老關中、連戰將分別繳返 1,011 萬元及 983 萬元。
2017	04	25	立院經濟聯席委員會審查前瞻基礎建設特別條例草案，國民黨團再次輪番發言杯葛，會議主席民進黨立委邱議瑩 11 點半左右突然裁示停止發言，在人牆保護下進入逐條討論，並宣布全案完成初審、直送院會且不須朝野協商，引

年	月	日	事記
			發國民黨立委不滿，藍綠爆發推擠衝突，全案短短 20 分鐘完成初審，未實質討論。
2017	04	25	台灣迄今未收到世衛組織 WHA 邀請函，美在台協會主席莫健今日表示美國歡迎台灣以觀察員身分參加 WHA；不過大陸海協會副會長孫亞夫表示將根據「一中原則」處理台灣參與問題。
2017	04	26	立法院司法及法制委員會召開「公務人員退休撫卹法草案」公聽會，邀正、反方人士及專家學者表達意見。台大財金系教授張森林呼籲退撫基金須將破產期限延後至 50 年，財務才能健全；台灣公務革新力量發言人周鑫指出政府應該儘速重新規劃公教人員退撫制度；反年改主要人士李來希則痛批年改是專砍軍公教。反而是要求召開公聽會的國民黨立委把重心放在審查前瞻建設條例草案的經濟委員會，竟無一人現身司委會。
2017	04	26	前瞻基礎建設特別條例草案 04/25 在藍綠混戰中火速闖關，引發程序瑕疵疑義，國民黨團主張會議無效。民進黨今日下午召開黨團會議時，邱議瑩當場坦承「議事不周全」，表示主動扛責並釋出善意，同意下週重新排審草案，也呼籲國民黨以理性方式審查。
2017	04	27	民進黨針對 2018 縣市議員選舉鎖定 11 個特殊選區，將徵召 35 歲以下青年參選，其中雙北市就有 5 個選區。不少現任議員不滿新制，新北市議會民進黨團決議反對，台北市議會民進黨團雖未激烈抵抗，但許多議員也認為黨中央過度攬權。
2017	04	27	樹黨共同黨主席冼義哲宣布辭去黨主席職務，將返回故鄉澎湖，全力備戰 2018 年底基層選舉。
2017	04	27	台灣競爭力論壇委託艾普羅民調執行 2017 台灣民眾國族認同上半年調查，結果顯示 86.5% 自認是中華民族的一分子，51.1% 的受訪者認為自己是中國人。對於蔡政府上任後對兩岸關係的處理方式，有逾 60% 受訪者表示不滿意，同時有約一半民眾認為蔡政府拒絕九二共識將不利台灣發展。
2017	04	27	艾普羅發布民調，國民黨主席五二〇改選的六位候選人中，以郝龍斌、吳敦義被認為最具黨主席能力，洪秀柱緊追在後；泛藍支持者中以郝龍斌支持度最高，其次是吳敦義，

年	月	日	事記
			而國民黨員則有 31.8% 會投給郝龍斌，其次是洪秀柱 27.4%，吳敦義 22.9% 居第三。
2017	04	28	立法院朝野達成決議，近九千億元特別預算的前瞻基礎建設條例草案將於 05/03 重新排審。民進黨團也釋出善意，主持會議的輪值召委由綠委邱議瑩改為高志鵬擔任，而日前備受爭議的議程則視為無效，所有議事程序都將重新來過。
2017	04	28	雖然立院經濟委員會召委邱議瑩已宣布下週重審前瞻基礎建設特別條例草案，但國民黨立院黨團仍繼續霸占主席台杯葛，要求撤回草案，並提三百多件變更議程案，打亂院會原定審議法案議程，立院空轉一天。最後由立法院長蘇嘉全提前宣布休息，結束藍委占領行動；行政院也發出聲明強調撤回條例絕不可能。
2017	04	29	總統府年改委員會原規劃 4 月底前將軍人年改草案由送到立法院審議，因立院審查公教人員年改草案本週起才要進入逐條審查，5 月中旬前排不出時間審查，軍人年改草案送到立院時程因此延後，預計在五二〇後送出，但府院仍將爭取本會期加開臨時會也要完成軍公教勞等所有年改法案。
2017	04	29	國民黨 2016 年以花蓮縣議會議長賴進坤為綠營人士助選為由開除黨籍，賴認為黨中央處分違反民主原則，向台北地院提出確認黨員資格存在訴訟，法院判決賴進坤勝訴。
2017	04	29	國民黨舉辦黨主席選舉電視政見會，六名候選人輪流發表政見，包括鞏固領導中央的模式已不合時宜、與黨團關係也應強化、黨內年輕化與強化募款等；此外，對於黨內集體領導、黨團總召擔任當然副主席等，多位候選人有高度共識。六位候選人對黨務革新、兩岸路線及後續選戰布局等議題均有觸及，也不約而同砲轟蔡政府施政無方，呼籲國民黨團結再起。
2017	05	01	立法院司法及法制委員會今日起開始審查，國民黨籍立委持續杯葛，並與民進黨籍立委爆發扭打衝突，委員會召委段宜康最後延長開會時間至午夜 24 時，會中對於：一、所得替代率基準採本俸兩倍，二、退撫基金提撥率提高至 18% 等條文皆取得共識。
2017	05	01	立院社福委員會今日召開勞保年金改革公聽會，主要議題是討論勞退金樓地板下限，行政院與民進黨團版本都未設

年	月	日	事記
			下限，國民黨部分則分別由蔣萬安代表工人鬥陣團體提出以基本工資為保障金額（現為 21,009 元）、陳宜民代表社民黨范雲提出中低收入戶標準為保障金額限制（現為 17,172 元）。
2017	05	02	立法院長蘇嘉全針對前瞻基礎建設條例召集朝野協商，但國民黨籍立委拒絕協商，並霸占主席台，蘇嘉全事後罕見發表聲明，呼籲國民黨籍立委不該輕易以霸占主席台的手段影響院會。
2017	05	02	美麗島電子報 05/02 公布蔡英文執政週年滿意度民調，選前最支持蔡英文的 20-29 歲年輕人，不滿蔡表現高達 63.3%，出現大逆轉；至於信任與不信任蔡政府分別占 40.5% 與 43.8%。
2017	05	03	立法院司法及法制委員會今日續審公務員退撫條例，召委段宜康仍在國民黨籍立委杯葛下，宣布延長開會時間至夜間 23:30，會中通過：三、退休金計算基準採最後 15 年平均薪資，四、遺族領取年金改為婚姻存續 10 年以上年滿 55 歲才能領取等二項年改會版本的條文，都推翻考試院版本，全案送出委員會。不過，最受爭議的五、18% 優存歸零；六、所得替代率條降；七、是否溯及既往等三項條文，都決議保留至院會以朝野協商的方式解決。
2017	05	03	立法院經濟委員會今日繼續審查前瞻基礎建設條例草案，國民黨立委高舉標語表示抗議，並阻擾議事進行，期間藍綠一度爆發拉扯衝突。
2017	05	04	立法院經濟等六委員會今日聯席繼續審查前瞻基礎建設條例草案，國民黨持續杯葛議事，以哨音與衝撞主席台的方式表達「退回重擬」的立場，藍綠雙方兩度推擠讓委員會兩度休會，召委高志鵬最後只能宣布擇期重審。
2017	05	04	全國公務人員協會理事長李來希得知年金改革公務人員退撫條例初審完畢後，宣布已經做好申請釋憲與行政訴訟的準備。
2017	05	04	《時報周刊》最新民調顯示，當民眾被問到明天若是總統大選，會把票投給蔡英文總統或鴻海集團董事長郭台銘？結果，蔡僅獲得 24% 支持，郭台銘則拿下 35% 支持，顯著領先蔡逾 11 個百分點。

年	月	日	事記
2017	05	05	民進黨副秘書長徐佳青今天公布最新民調指出，68.8% 贊成政府推動「前瞻基礎建設計畫」，26.3% 不贊成。
2017	05	06	國民黨主席選舉在今日下午舉行電視政見會，六位候選人就黨內領導、國家認同路線、黨團關係、2018 地方選舉等議題發表看法。
2017	05	07	國民黨主席選舉在今日舉行政見發表會，六位候選人都再度宣示將贏回 2020 執政權。
2017	05	08	立法院司法及法制委員會今日初審通過公校教職員退撫條例草案，大多數條文比照公務員年改方案。經表決之後，公校教師退休金採計基準比照公務人員，從最後 1 個月延為最後 15 年的平均俸額，至於 18% 優存與所得替代率等重要條文，則與公務人員退撫條例相同，保留送交朝野協商。
2017	05	08	公務員、公校教職員退撫條例草案在今日送入院會，民進黨立院黨團決議等行政院、考試院將政務人員退撫條例送達立院排審後，再視狀況決定是否一起在院會三讀。並達成本會期加開臨時會的共識。
2017	05	09	行政院長林全拜會民進黨立院黨團，呼籲經濟等六個聯席委員會儘快通過前瞻建設條例。
2017	05	09	Yahoo! 奇摩新聞公布蔡英文就職一週年滿意度調查；結果顯示高達 65.2% 的民眾不滿意一例一休，是不滿意政策排行榜之首。近七成對蔡的表現不滿意。
2017	05	10	國民黨主席選舉在今日舉辦電視辯論會，候選人在兩岸議題上有不同看法。洪秀柱、詹啟賢主張推動兩岸和平協議，郝龍斌質疑和平協議太過理想化，吳敦義則重申馬英九一中各表、九二共識的立場。
2017	05	10	國家政策研究基金會今天公布民調，58.7% 受訪民眾不滿意總統蔡英文 1 年來的施政表現，62.4% 不滿意林全內閣表現。71.3% 對政府食安把關沒信心，63.6% 覺得兩岸關係變壞。
2017	05	11	蔡英文以民進黨主席身分，在今日民進黨中常會時下令執政團隊與民進黨立院黨團必須儘快通過前瞻條例；中常會後，陳菊、賴清德、林佳龍、鄭文燦等直轄市長召開記者會，呼籲國民黨停止杯葛。

年	月	日	事記
2017	05	11	立法院經濟等六委員會今日聯席繼續審查前瞻基礎建設條例草案，會中雖然又爆發藍綠衝突，但終於通過半數條文並送至院會協商。民進黨立院黨團總召柯建銘宣示將在05/15全數審完前瞻法案。
2017	05	11	旺旺中時民調中心發布「蔡英文滿週年調查」，蔡的滿意度從去年五二〇的 52.5%、執政百日的 41.4%，降到現在的 28%，1 年內下跌了 24.5 個百分點；而不滿意度部分，則是從去年五二〇的 5.9%、就職百日的 40.4%，到現在 54.3% 不滿意，整整多了 48.4 個百分點，另有 17.8% 未表態。所有蔡政府所推動的重大政策，包括一例一休、司法改革、年金改革，不滿意度全都遠高於滿意度，而且沒有一項政策的滿意度超過 40%。
2017	05	14	兩岸政策協會舉行民調記者會，對總統蔡英文日前提出的「新情勢、新問卷、新模式」兩岸三新主張，67.7% 的民眾認同蔡總統提出的兩岸新主張，不同意占 22.1%；對蔡總統的支持度有 55.9%，不支持有 38.5%；對蔡總統的滿意度有 40.8%，不滿意有 54.8%。
2017	05	15	立院經濟委員會在今日第五度審查前瞻建設條例，在國民黨籍立委杯葛與激烈衝突下，召委邱議瑩倉促審查完該案後宣布送出委員會並交付院會協商。國民黨立院黨團在委員會後持續抗議該案為了 2018 選舉撒錢、綁樁，堅持審查無效。
2017	05	15	立院法制委員會今日初審通過行政機關組織基準法修正案並送朝野協商，三級機關如警政署、調查局等涉及國家重大政務，首長可以是政治指派或常務職，雙軌並行，但總數限制為 25 人。由於國民黨籍立委當日被動員去抗議前瞻審查、全數缺席法制委員會會，該案順利通過；會後，國民黨立院黨團總召廖國棟出面抨擊此舉會讓文官體制崩潰，宣示將在院會杯葛協商。
2017	05	16	聯合報民調中心公布蔡英文執政週年民調，滿意度僅 30%；不滿意度高達 50%，其中以 40-49 歲民眾不滿意程度最高，達 60%。
2017	05	17	立法院今日院會因蘇嘉全請假而未召開年改、前瞻爭議法案的協商，民進黨立院黨團也於今日下午決議，將會在正

年	月	日	事記
			式會期之後加開三場臨時會，依序將處理年改三讀、前瞻預算審查、前瞻草案三讀。
2017	05	17	根據台灣世代智庫最新民調，支持蔡總統的民眾有54.0%，不支持39.7%；滿意蔡總統表現的民眾占41.3%，不滿意的占52.9%。
2017	05	17	《旺報》今天公布「蔡政府兩岸關係調查」民調結果，40.9%受訪民眾認為兩岸未來會永遠維持現狀；63.5%認為蔡政府施政滿一年，兩岸關係變壞；並有45.4%認為政府親美日對抗中國大陸，對台有利或沒有影響。
2017	05	17	國家政策研究基金會今天公布民調，60.9%認為蔡政府成立少子化辦公室對提高生育率沒有幫助；64.9%認為蔡政府上任後，年輕人沒有更好的發展機會。
2017	05	19	民進黨中央公布民調，對蔡執政滿意度42.2%，不滿意度過半達54.2%；支持度則是57.4%支持，37.4%不支持。在年輕族群方面，20-29、30-39歲滿意度分別為48.1%、41.8%；不滿意度卻都超過五成達50.7%、55%。
2017	05	19	旺旺中時民調中心公布調查結果，林全內閣滿意度幾乎都不到20%（滿意度高於不滿意的唯一例外是央行總裁彭淮南），形同無感政府，更有65%民眾認為內閣應改組；泛綠選民更有72.2%認為內閣應改組。
2017	05	19	台灣守護民主平台公布網路民調，網民對蔡整體表現滿意度僅18.4%、不滿意度76.4%。滿意度跌破20%為歷史新低。
2017	05	20	國民黨在今日舉行黨主席選舉：吳敦義獲得144,408票，得票率52.24%當選主席。第二名洪秀柱獲53,063票（得票率19.20%）、第三名郝龍斌獲44,301票（得票率16.03%）、之後依序為韓國瑜16,141票（得票率5.84%）、詹啟賢12,332票（得票率4.46%）、潘維剛2,437票（得票率0.88%）。本次選舉合格選民計476,147人，投票數276,423，投票率58.05%。新任黨主席將在8月20日宣誓就職。
2017	05	22	台灣民意基金會公布民調，51.8%民眾不贊同蔡英文領導國家的方式，逼近史上最高，對於一年來的整體施政表現有48.3%民眾給分低於60，平均分數只有不及格的52.41分。

年	月	日	事記
2017	05	23	民進黨籍立委何欣純、許智傑等人今日提案，將休息日加班改回以實際工時計算，並提高加班單月上限至 54 小時，本案通過程序委員會並交付院會等待一讀；但民進黨團內有不同意見，例如黨籍立委鍾孔炤認為放寬加班計算時薪的限制並無益於勞工。
2017	05	23	國民黨主席當選人吳敦義今日與現任主席洪秀柱會面討論未來交接工作，黨中央並成立交接小組。由於黨主席交接需要到 08/20，不但有 3 個月的黨務空窗期且期間還舉行中央委員與中常委的選舉，洪秀柱表示是否提前交接將視情況彈性處理。
2017	05	24	立法院司法及法制委員會今日初審通過政務人員退撫條例草案，與公、教人員退撫條例相同，關鍵條文包括所得替代率、18% 優存、禁雙薪肥貓及樓地板金額等都全數保留並送交朝野協商。
2017	05	24	立法院司法及法制委員會今日通過卸任正副總統禮遇條例，將正、副總統的退職金砍至 8 萬元，該案同樣交付朝野協商。
2017	05	24	大法官會議 05/24 做出 748 號解釋，宣告民法限制同婚牴觸平等權、未保障同性婚姻違憲，要求二年內修法保障同性婚姻，修民法或訂專法則由立法機關決定。本案獲得 12 位大法官贊同、僅有二位大法官有不同意見。
2017	05	26	立法院今日舉行本會期最後一次院會，再次依照往例進行法案大清倉，三讀通過 30 多案。其中較為重要的包括：一、通過內政、經濟、交通等部微幅組改，將原本一政次二常次改為二政次一常次；二、通過原民語言發展法，同時訂立原民族語為國家語言，並讓族語教師專職化。立法院長蘇嘉全指出，本會期共計通過 81 項法案。
2017	05	27	為縮短新舊黨魁交接空窗期，國民黨主席當選人吳敦義的黨權交接小組與黨中央兩度磋商後初步達成共識，原訂 08/20 召開、進行黨主席交接的 20 全代會，將提前至 7 月初召開。至於中央委員及中常委選舉期程維持不變，由新任黨代表於 07/08 先投票產生中央委員，07/29 進一步票選出新任中常委。

年	月	日	事記
2017	05	31	立法院長蘇嘉全今日召開朝野協商討論臨時會議程,民進黨立院黨團預計規劃將召開三次臨時會審查,分別審查年金改革與促轉條例、前瞻法條、前瞻預算;依民進黨立院黨團規劃,各次臨會時間如下:第一次臨時會:06/14-06/30;第二次臨時會:07/12-07/28;第三次臨時會:08/21-08/31。
2017	06	05	因應立法院即將召開臨時會,總統蔡英文今日起分批與黨籍立委餐敘,會中並要求黨籍立委全力支持臨時會將審議的前瞻基礎建設、年金改革等議題,同時要求黨籍立委要為執政黨辯護,並在自己選區為自己的建設項目辯護和宣傳。
2017	06	08	立委提案修改組織基準法以開放三級機關首長可政治任命一案已通過初審,但考試院今日召開院會時,認為立院擅修政務人員任用權限已侵犯到考試院憲訂權責,決議拒絕接受。
2017	06	08	國民黨中央與吳敦義交接小組達成共識,吳仍按既定任期於 08/20 上任,同日舉行 20 全代會;原訂交接期間舉行的中央委員與中常委選舉則延至 9 月初與 9 月底舉行。
2017	06	08	宜蘭縣區域立法委員陳歐珀今日宣布參選 2018 年宜蘭縣長。
2017	06	13	總統蔡英文再次要求黨籍立委召開臨時會,並儘速通過年金改革與前瞻建設等法案。
2017	06	13	有 107 年邦交的中美洲友邦巴拿馬今日宣布與我國斷交,並與中國建交。總統蔡英文發表聲明指中國在國際上處處打壓台灣生存空間,宣示不懼中國威脅並重申中華民國是主權獨立的國家。
2017	06	14	立法院上午召開談話會,民進黨、國民黨團分別請求召開臨時會。民進黨團要求從 06/14 至 07/05 召開臨時會處理年金改革與前瞻建設等案;國民黨則要求蔡英文總統國情報告台灣與巴拿馬斷交一案。院會表決後通過民進黨團提案並否決國民黨團要求。當日下午正式召開臨時會。
2017	06	14	國民黨主席洪秀柱今日在中常會上宣布將在 06/30 辭職,並由副主席林政則代理至 08/20 新任主席吳敦義就任為止。中常會也通過新一屆 210 位中央委員名單將交由吳敦義上任後提報。

年	月	日	事記
2017	06	15	立法院臨時會今日舉行朝野協商討論公務人員退撫條例草案，由於 18% 優存與所得替代率等條文爭議性過高，會中暫時略過不討論。
2017	06	15	蔡英文在民進黨中常會中以黨主席身分要求黨籍立委在臨時會中通過年金改革與前瞻建設等法案。
2017	06	15	反年金改革的軍公教團體上街遊行抗議立院臨時會審議的年金改革法案，遊行隊伍在立法院外聚集抗議，並一度癱瘓台北車站周邊交通。
2017	06	16	立法院臨時會繼續就公務人員年金改革法案召開朝野協商，達成以下共識：一、支領月退金者死亡後可由配偶與遺族支領一次性遺屬年金；二、退休公務人員再任其他職務者，如薪資超過基本工資，則須停領退休金（禁雙薪肥貓條款）。
2017	06	16	年金改革委員會與國防部、退輔會等部會協調後，今日宣布通過軍職退伍人員月退金樓地板為 32,160 元，與公教人員相同。
2017	06	19	立法院臨時會召開朝野協商公校教職員退撫條例草案，朝野雙方就公校教師凡因違反性平規範而遭判刑者禁領月退金一案（狼師條款）達成共識。
2017	06	19	金門縣選舉委員會今日宣布博弈公投案通過審查，將在 06/23 公告該案於 10/28 辦理公民投票。
2017	06	20	立法院臨時會召開朝野協商討論政務人員退撫條例，並就政務人員退休後再任他職月薪超過基本工資者將禁領月退金（禁雙薪肥貓條款）達成共識。
2017	06	20	中選會 06/20 宣布由北北基安定聯盟孫繼正發起的罷免黃國昌一案通過提議門檻，但須在 60 日內募得 25,120 份連署書（上屆選舉時合格選民的 10%），罷免案才能成立。
2017	06	21	立法院臨時會下午召開朝野協商續審年金改革法案，國民黨以朝野缺乏互信為由，宣布協商破局，先前從 06/15 至 06/20 達成的協商共識全數取消，所有條文將交付表決。引發立法院長蘇嘉全、民進黨總召柯建銘不滿與怒言相向。
2017	06	21	民進黨立院黨團舉行黨團大會，會中議定 18% 優存將在 2 年內落日、月退金保障金額（樓地板）32,160 元，以及所得替代率將在 5 至 10 年內降至 60% 等三項重要決議。

年	月	日	事記
2017	06	22	立法院臨時會舉行院會，會中表決通過公務人員月退金樓地板保障金額為 32,160 元。
2017	06	23	立法院臨時會舉行院會，會中表決通過：一、18% 優存將在 2 年內落日：第二年優存降為 9%，第三年起歸零。二、所得替代率以每年 1.5% 的降幅分 10 年調降至 60%。三、退休金計算基準採任職最後 15 年的平均薪俸計算。四、退休人員年滿 65 歲起才能支領退休金。其中第一點是民進黨團版本；第二、三、四點都是年改會提出的版本。
2017	06	24	總統蔡英文今日邀請縣市長至官邸，溝通一例一休法案引發的爭議。出席的縣市長均要求中央給予更多彈性，與會的勞動部也承諾將加強宣導與輔導，並在勞動檢查時充分給予彈性。
2017	06	24	受齊柏林導演逝世引發礦業法修法訴求，民進黨立委今日爭取將礦業法修法案納入臨時會，預計第一次臨會結束前就會提出動議。

註解

1. 非常感謝黃紀講座教授慷慨提供本大事記，也同時感謝郭子靖先生、陳觀佑先生協助整理，陳品瑄小姐協助校對。

參考文獻

一、中文參考資料

于國欽，2016，〈執政 8 年經濟成長扁 4.8% 勝馬 2.8%〉，《工商時報》，2016 年 4 月 25 日。http://www.chinatimes.com/newspapers/20160425000056-260202。

王甫昌，1993，〈省籍融合的本質——一個理論與經驗的探討〉，收錄於張茂桂等著，《族群關係與國家認同》，台北：業強出版社。

王甫昌，1997a，〈台灣民主政治與族群政治的衝突〉，收錄於游盈隆主編，《民主的鞏固或崩潰：台灣二十一世紀的挑戰》，頁 143-232，台北：月旦。

王甫昌，1997b，〈族群意識、民族主義、與政黨支持：1990 年代台灣的族群政治〉，《台灣社會學研究》（2）：1-45。

王甫昌，1998，〈台灣族群政治的形成與表現：一九九四年臺北市長選舉結果之分析〉，收錄於殷海光先生學術基金會主編，《民主、轉型？台灣現象》，頁 143-232，台北：桂冠。

王甫昌，1998，〈族群意識、民族主義、與政黨支持：1990 年代台灣的族群政治〉，《台灣社會學研究》（2）：1-45。

王甫昌，2001，〈民族想像、族群意識與歷史：「認識台灣」教科書爭議風波的內容與脈絡分析〉，《台灣史研究》8（2）：145-208。

王甫昌，2003，《當代台灣社會的族群想像》，台北：群學。

王甫昌，2008，《族群政治議題台灣民主化轉型中的角色》，《民主季刊》5（2）：89-140。

王業立，1996，〈我國政黨提名政策之研究〉，《政治學報》27：1-36。

王業立，2016，《比較選舉制度》（第七版），台北：五南。

王業立、楊瑞芬，2001，〈民意調查與政黨提名－1998 年民進黨立委提名與選舉結果的個案研究〉，《選舉研究》8（2）：1-29。

包正豪，2009，〈政黨認同者等於政黨鐵票？2000-2008 總統選舉中

選民投票抉擇之跨時性分析〉，《淡江人文社會學刊》40：67-90。

包正豪，2013，〈政黨認同與投票抉擇〉，收錄於陳陸輝主編，《2012年總統與立法委員選舉：變遷與延續》，頁157-202，台北：五南。

朱雲漢，2012，《2009年至2012年「選舉與民主化調查」三年期研究規劃（3/3）：2012年總統與立法委員選舉面訪案》，計畫編號：NSC 100-2420-H-002-030，台北：行政院國家科學委員會補助專題研究計畫成果報告。

何豪毅，2015，〈洪秀柱宴請黨籍立委藍委：回到92共識才輔選〉，《民報》，2015年7月9日，http://www.peoplenews.tw/page/5877ab06-ca27-483f-bb5c-79056e529743。

吳乃德，1993，〈省籍意識、政治支持和國家認同：台灣族群政治理論的初探〉，收於張茂桂等主編，《族群關係與國家認同》，台北：業強。

吳乃德，1996，〈自由主義和族群認同：搜尋台灣民族主義的意識型態基礎〉，《台灣政治學刊》1：5-39。

吳乃德，1998，〈李登輝情結的政治心理與選民的投票行〉，《選舉研究》5（2）：35-71。

吳乃德，2002，〈認同衝突和政治信任：現階段台灣族群政治的核心難題〉，《台灣社會學》4：75-118。

吳乃德，2004，〈台灣結、中國結與台灣心、中國心：台灣選舉中的政治符號〉，《選舉研究》11（2）：1-41。

吳乃德，2005，〈麵包與愛情：初探台灣民眾民族認同的變動〉，《台灣政治學刊》9（2）：5-39。

吳乃德，2013，〈狂飆的年代？一般民眾的認同趨勢，1992-2005〉，收於張茂桂、羅文輝、徐火炎等編，《台灣社會變遷1985～2005：傳播與政治行為》，台北：中央研究院社會學研究所。

吳玉山，1997，《抗衡或扈從：兩岸關係新詮》，台北：正中。

吳玉山，1999，〈台灣的大陸經貿政策：結構與理性〉，收錄於包宗和、吳玉山主編，《爭辯中的兩岸關係理論》，台北：五南圖書。

吳玉山，2001，〈兩岸關係中的中國意識與台灣意識〉，《中國事務》，（4）：71-89。

吳重禮，1999a，〈國民黨初選制度效應的再評估〉，《選舉研究》5（2）：129-160。

吳重禮，1999b，〈我國政黨初選制度的效應評估〉，《國立中正大學學報》10（1）（社會科學分冊）：93-130。

吳重禮，2002，〈民意調查應用於提名制度的爭議：以 1998 年第四屆立法委員選舉民主進步黨初選民調為例〉，《選舉研究》9（1）：81-111。

吳親恩、林奕孜，2012，〈經濟投票與總統選舉：效度與內生問題的分析〉，《台灣政治學刊》16（2）：175-232。

李筱峰，1998，《解讀二二八》，台北：玉山社。

初文卿，2003，〈黨員投票與民意調查兩階段初選之互補與互斥效應－以 2002 年中國國民黨與民主進步黨高雄市議員提名初選為例〉，《理論與政策》16（4）：129-151。

林水波，2006，〈邁向績效提名制度〉，《臺灣民主季刊》3（2）（時事評論）：179-190。

林宗弘、胡克威，2011，〈愛恨 ECFA：兩岸貿易與台灣的階級政治〉，《思與言》49（3）：95-134。

林長志，2014，〈新選制下民進黨初選提名制度的變革：第七屆立委選舉的個案分析〉，收於陳光輝主編，《民進黨執政下的政治發展》，高雄：麗文文化。

林柏安、張達賢，2015，〈高標過關！洪秀柱以 46.203% 通過國民黨初選民調〉，《中時電子報》，2015 年 6 月 14 日，http://www.chinatimes.com/realtimenews/20150614001675-260407。

林聰吉、游清鑫，2009，〈政黨形象與台灣選民的投票行為：1996-2008年總統選舉的實證分析〉，收錄於陳陸輝、游清鑫、黃紀主編，《2008年總統選舉：論二次政黨輪替之關鍵選舉》，頁177-208，台北：五南圖書。

邵宗海，2006，《兩岸關係》，台北：五南圖書。

洪永泰，2014，《誰會勝選？誰會凍蒜？》，台北：天下文化。

洪永泰，2016，〈藍還是藍綠還是綠政治版圖沒位移國民黨300萬票會永遠消失嗎？〉，《聯合報》，2016年1月18日，版A14。

胡佛、游盈隆，1984，〈選民的黨派選擇：態度取向及個人背景的分析〉，中國政治學會七十二年會暨學術討論會，台北：中國政治學會。

徐火炎，1995，〈「李登輝情結」與省市長選舉的投票行為：一項政治心理學的分析〉，《選舉研究》2（2）：1-36。

徐火炎，1996，〈台灣選民的國家認同與黨派投票行為：1991至1993年間的實證研究成果〉，《台灣政治學刊》（1）：85-127。

徐火炎、陳澤鑫，2012，〈台灣情緒選民的初探：分析政治情緒對選民投票抉擇的作用〉，台灣選舉與民主化調查2012年國際學術研討會，11月3-4日，台北：台灣大學。

徐永明，2007，〈2007年民進黨總統候選人提名初選評析〉，《臺灣民主季刊》4（2）（時事評論）：151-171。

耿曙，2009，〈經濟扭轉政治？中共「惠台政策」的政治影響〉，《問題與研究》48（3）：1-32。

耿曙、陳陸輝，2003，〈兩岸經貿互動與台灣政治版圖：南北區塊差異的推手？〉，《問題與研究》42（6）：1-27。

耿曙、劉嘉薇、陳陸輝，2009，〈打破維持現狀的迷思：台灣民眾統獨抉擇中理念與務實的兩難〉，《台灣政治學刊》13（2）：3-56。

馬英九，2013，〈馬總統致詞全文〉，載於《辜汪會談二十週年紀念專輯1993.4.29-2013.4.29》，台北：財團法人海峽交流基金會。

張佑宗，2006，〈選舉事件與選民的投票抉擇：以台灣 2004 年總統選舉為分析對象〉，《東吳政治學報》22：121-159。

張炎憲，2006，〈二二八事件責任歸屬研究報告〉，台北：二二八事件紀念基金會。

張茂桂，1993，〈省籍問題與民族主義〉，收錄於張茂桂等著，《族群關係與國家認同》，台北：業強。

張翔一，2014，「ECFA 早收　三年成績大解密」，天下雜誌，546 期，http://www.cw.com.tw/article/article.action?id=5057700。

張傳賢、黃紀，2013，〈政黨競爭與台灣族群認同與國家認同間的聯結〉，《台灣政治學刊》15（1）：3-71。

梁世武，1994，〈一九九四年臺北市長選舉之預測：「候選人形象指標」預測模式之驗證〉，《選舉研究》1（2）：97-130。

盛杏湲，2002，〈統獨議題與台灣選民的投票行為：1990 年代的分析〉，《選舉研究》9（1）：41-80。

盛杏湲，2009，「經濟與福利議題對臺灣選民投票行為的影響：2008 年總統選舉的探索」，收錄於陳陸輝、游清鑫與黃紀主編，《2008 年總統選舉：論二次政黨輪替之關鍵選舉》，台北：五南圖書。

盛杏湲，2013，「議題、政黨表現與選民的投票行為」，收錄於陳陸輝主編，《2012 年總統與立法委員選舉：變遷與延續》，台北：五南圖書。

盛杏湲，2016，〈問卷設計〉，收錄於陳陸輝主編，《民意調查研究》，台北：五南圖書。

盛杏湲、陳義彥，2003，〈政治分歧與政黨競爭：2001 年立法委員選舉的政治分析〉，《選舉研究》10（1）：7-40。

陳文俊，1995，〈統獨議題與選民的投票行為－民國八十三年省市長選舉之分析〉，《選舉研究》2（2）：99-136。

陳文俊，2003，〈藍與綠－台灣選民的政治意識型態初探〉，《選舉研究》10（1）：41-80。

陳彥廷、施曉光，2015，〈「一中同表」洪：不能說中華民國的存在否則成兩國論〉，《自由時報》，2015 年 7 月 3 日，http://news.ltn.com.tw/news/focus/paper/894702。

陳映男、耿曙、陳陸輝，2016，〈依違於大我、小我之間：解讀台灣民眾對兩岸經貿交流的心理糾結〉，《台灣政治學刊》20（1）：1-59。

陳陸輝，2000，〈台灣選民政黨認同的持續與變遷〉，《選舉研究》7（2）：109-41。

陳陸輝、耿曙，2012，〈台灣民眾統獨立場的持續與變遷〉，收錄於包宗和、吳玉山主編，《重新檢視爭辯中的兩岸關係理論》第二版，台北：五南圖書。

陳陸輝、耿曙、王德育，2009，〈兩岸關係與 2008 年台灣總統大選：認同、利益、威脅與選民投票取向〉，《選舉研究》16（2）：1-22。

陳陸輝、耿曙、涂萍蘭、黃冠博，2009，〈理性自利或感性認同？：影響台灣民眾兩岸經貿立場因素的分析〉，《東吳政治學報》27（2）：87-125。

陳陸輝、陳映男，2013，〈臺灣政黨選民基礎的持續與變遷〉，收錄於陳陸輝主編，《2012 年總統與立法委員選舉：變遷與延續》，頁 125-156，台北：五南圖書。

陳陸輝、陳映男，2014，〈台灣的大學生對兩岸服貿協議的看法〉，《台灣研究》129：1-9。

陳陸輝、陳映男，2016，〈政治情緒對兩岸經貿交流的影響：以台灣的大學生為例〉，《選舉研究》23（2）：55-89。

陳陸輝、陳映男、王信賢，2012，〈經濟利益與符號態度：解析台灣認同的動力〉，《東吳政治學報》30（3）：1-51。

陳義彥，1986，〈我國投票行為研究的回顧與展望〉，《思與言》23（6）：557-585。

陳義彥，1994，〈我國選民投票抉擇的影響因素－從民國82年縣市長選舉探析〉，《政治學報》23：81-132。

陳義彥，2001，《跨世紀總統選舉中選民投票行為科際整合研究》台北：行政院國家科學委員會補助專題研究計畫，計畫編號：NSC89-2414-H004-021-SSS。

陳義彥、盛杏湲，2003，〈政治分歧與政黨競爭：2001年立委選舉的分析〉，《選舉研究》10（1）：7-40。

陳義彥、陳陸輝，2003，〈模稜兩可的態度還是不確定的未來：台灣民眾統獨觀的解析〉，《中國大陸研究》46（5）：1-20。

陳義彥、陳陸輝，2016「台灣選舉研究的回顧與展望」菜市場政治學，http://whogovernstw.org/2016/06/20/chenluhuei1/。

陶曉嫚、張家豪、李又如，2015，〈柱下？朱上？藍立委參選人意向調查〉，《新新聞》，第1492期，http://www.new7.com.tw/coverStory/CoverView.aspx?NUM=1492&i=TXT20151007181706NHF（檢索日期：2017年2月25日）。

游清鑫，2002，〈政黨認同與政黨形象〉，《選舉研究》9（2）：85-114。

游清鑫，2003，〈探索台灣選民心目中理想的候選人：以二○○○年的總統選舉為例〉，《東吳政治學報》17：93-120。

游清鑫，2009，《2005年至2008年『台灣選舉與民主化調查』四年期研究規劃（IV）：民國九十七年總統選舉面訪案》台北：行政院國家科學委員會補助專題研究計畫，計畫編號：NSC96-2420-H-004-017。

游清鑫、林長志、林啟耀，2013，〈「統獨立場」的問卷設計與測量〉，收於黃紀主編，《台灣選舉與民主化調查（TEDS）方法論之回顧與前瞻》，台北：五南圖書。

湯晏甄，2013，〈「兩岸關係因素」真的影響了2012年的台灣總統大選嗎？〉，《台灣民主季刊》10（3）：91-130。

黃秀端，1996，《決定勝負的關鍵：候選人特質與能力在總統選舉中的重要性》，《選舉研究》3（1）：47-85。

黃秀端，2005，《2002年至2004年『選舉與民主化調查』三年期研究規劃（III）：民國九十三年總統大選民調案》台北：行政院國家科學委員會補助專題研究計畫，計畫編號：NSC92-2420-H031-004。

黃秀端，2006，〈候選人形象、候選人情感溫度計、與總統選民投票行為〉，《台灣民主季刊》2（4）：1-30。

黃紀，2001，《台灣選舉與民主化調查研究計畫：民國九十年立法委員選舉全國大型民意調查研究》台北：行政院國家科學委員會補助專題研究計畫，計畫編號：NSC90-2420-H-194-001。

黃紀，2016，〈調查研究設計〉，收錄於陳陸輝主編，《民意調查研究》，台北：五南圖書。

黃紀，2016，《2012年至2016年「台灣選舉與民主化調查」四年期研究規劃（4/4）：2016年總統與立法委員選舉面訪案（TEDS2016）》。計畫編號：NSC101-2420-H-004-034-MY4，台北：行政院國家科學委員會補助專題研究計畫成果報告。

黃紀、王德育，2012，《質變數與受限依變數的迴歸分析》，台北：五南。

蒙志成，2014，〈「92共識」對2012年台灣總統大選的議題效果：「傾向分數配對法」的應用與實證估算〉，《選舉研究》21（1）：1-45。

劉冠廷，2015，〈馬習會後蔡英文民調降　學者：暫時性的〉，《蘋果日報》，2015年11月9日，https://goo.gl/rNc1K1。

劉嘉薇，2013，〈2012年總統選舉選民投票抉擇：候選人、性別與政黨認同的觀點〉，收錄於陳陸輝主編，《2012年總統與立法委員選舉：變遷與延續》，台北：五南圖書。

劉嘉薇、耿曙、陳陸輝，2009，〈務實也是一種選擇：台灣民眾統獨立場的測量與商榷〉，《台灣民主季刊》6（4）：3-56。

劉嘉薇、鄭夙芬、陳陸輝，2009，〈形象與能力：2008 年總統選舉中的候選人因素〉，收錄於陳陸輝、黃紀、游清鑫主編，《2008 年總統選舉：論二次政黨輪替之關鍵選舉》，台北：五南圖書。

蔡佳泓、徐永明、黃綉庭，2007，〈兩極化政治：解釋台灣 2004 總統大選〉，《選舉研究》14（1）：1-31。

蔡佳泓、陳陸輝，2015，〈「中國因素」或是「公民不服從」？從連續追蹤樣本探討太陽花學運之民意〉，《人文及社會科學集刊》，27（4）：573-603。

蔡慧貞，2014，〈蘇貞昌謝長廷退選內幕〉，《風傳媒》，2014 年 4 月 14 日，http://www.storm.mg/article/29911。

蔡慧貞，2015，〈穩住基層本土藍立委將與洪秀柱切割〉，《風傳媒》，http://www.storm.mg/article/57658（檢索日期：2017 年 2 月 25 日）。

鄭仲嵐，2015，「台灣 2016 年大選電視辯論有望舉行」，BBC 中文網，http://www.bbc.com/zhongwen/trad/china/2015/12/151214_taiwan_election_debate。

鄭夙芬，2007，〈深綠選民之探索〉，《問題與研究》46（1）：33-61。

鄭夙芬，2009，〈族群、認同與總統選舉投票抉擇〉，《選舉研究》16（2）：23-49。

鄭夙芬，2012，《總統滿意度及其政治效果之研究》，台北：行政院國家科學委員會補助專題研究計畫，計畫編號：NSC 100-2410-H-004-086-MY2。

鄭夙芬，2013，〈2012 年總統選舉中的台灣認同〉，《問題與研究》52（4）：101-132。

鄭夙芬，2014，〈候選人因素與投票抉擇－以 2012 年台灣總統選舉為例〉，《台灣民主季刊》11（1）：103-151。

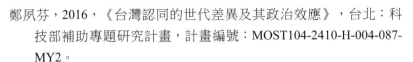

鄭夙芬，2016，《台灣認同的世代差異及其政治效應》，台北：科技部補助專題研究計畫，計畫編號：MOST104-2410-H-004-087-MY2。

鄭夙芬、陳陸輝、劉嘉薇，2005，〈2004年總統選舉中的候選人因素〉，《台灣民主季刊》2（2）：31-70；52-59。

蕭怡靖，2013，「經濟課責與投票選擇：2012年總統選舉之分析」，收於陳陸輝主編，《2012年總統與立法委員選舉：變遷與延續》，台北：五南圖書。

蕭怡靖、游清鑫，2008，〈施政表現與投票抉擇的南北差異：2006年北高市長選舉的探討〉，《台灣民主季刊》4（3）：1-25。

謝復生，1997，《總統選舉選民投票行為之科際整合研究》，台北：行政院國家科學委員會補助專題研究計畫，計畫編號：NSC 85-2414-H004-017-Q3。

顏至陽，2015，〈馬習會衝擊2016大選？民調：藍營選情未升溫〉，《風傳媒》，2015年11月10日，http://www.storm.mg/article/73518。

蘇聖怡，2015，〈洪秀柱拋兩岸政策　主張「一中同表」〉，《蘋果日報》，http://www.appledaily.com.tw/realtimenews/article/new/20150501/602770/。

二、英文參考資料

Abdelal, Rawi, Yoshiko M. Herrera, Alastair Iain Johnston and Rose McDermott (eds.), 2009. *Measuring Identity*. Cambridge: Cambridge University Press.

Abelson, Robert P., Donald R. Kinder, Mark D. Peters, and Susan T. Fiske. 1982. "Affective and Semantic Components in Political Person Perception." *Journal of Personality and Social Psychology* 42 (4): 619-30.

Barnea, Shlomit and Gideon Rahat, 2007 "Reforming Candidate Selection Methods: A Three-Level Approach," *Party Politic* 13 (3): 375-394.

Batto, Nathan and Gary W. Cox. 2016. "Introduction: Legislature-centric and Executive-centric Theories of Party Systems and Faction Systems" in *Mixed-Member Electoral Systems in Constitutional Context: Taiwan, Japan, and Beyond.* Nathan Batto, Chi Huang, Alexander Tan, and Gary W. Cox (eds.) University of Michigan Press, pp. 1-24.

Bourdieu, Pierre 1984. *Distinction: A Social Critique of the Judgment of Taste*. Richard Nice, Trans. Cambridge, Mass.: Harvard University Press.

Campbell, Angus, Philip E. Converse, Warren E. Miller, and Donald E. Stokes. 1960. *The American Voter*. Chicago: The University of Chicago Press.

Chang, G. Andy & T. Y. Wang. 2005. "Taiwanese or Chinese? Independence or Unification? An Analysis of Generational Differences in Taiwan." *Journal of Asian & African Studies* (40): 29-49.

Cheng, Su-feng, Ching-hsin Yu and Chia-wei Liu. 2008. "South verse North? Taiwan's Changing Party System." Paper delivered at the Annual meeting of the 2008 American Political Science Association. Aug. 27th-31st. 2008, Boston, USA.

Corcuff, Stephane, ed. 2002. *Memories of the Future: National Identity Issues & the Search for a New Taiwan*. Armonk, NY: M. E. Sharpe.

Crotty, William, and John S. Jackson III, 1985. *Presidential Primaries and Nomination*. Washington, D.C.: CQ Press.

Downs, Anthony, 1957. *An Economic Theory of Democracy*. New York: Harper and Row.

Duch, Raymond M., and Randolph T. Stevenson. 2008. *The Economic Vote: How Political and Economic Institutions Condition Election Results*.

Cambridge: Cambridge University Press.

Edelman, Murray. 1964. *The Symbolic Uses of Politics*. Urbana, IL: University of Illinois Press.

Edelman, Murray. 1971. *Politics as Symbolic Action*. Chicago, IL: Markham.

Epstein, Leon. 1967. *Political Parties in Western Democracies*. New York: Praeger.

Fell, Dafydd, 2005. *Party Politics in Taiwan: Party Politics and the Democratic Evolution of Taiwan, 1991-2004*. London: Routledge.

Fell, Dafydd. 2006. "Democratization of Candidate Selection in Taiwanese Political Parties." *Journal of Electoral Studies* 13 (2): 167-98.

Field, Bonnie N., and Peter M. Siavelis. 2008. "Candidate Selection Procedures in Transitional Polities: A Research Note," *Party Politics* 14 (5): 620-39.

Fiorina, Morris P. 1978. "Economic Retrospective Voting in American National Elections: A Micro-Analysis." *American Journal of Political Science* 22 (1): 426-43.

Fiorina, Morris P. 1981. *Retrospective Voting in American National Elections*. New Haven: Yale University Press.

Funk, Carolyn L. 1999. "Bringing the Candidate into Models of Candidate Evaluation." *Journal of Politics* 61 (3): 700-20.

Gallagher, Michael, and Michael Marsh eds. 1988. *Candidate Selection in Comparative Perspective: The Secret Garden of Politics*. London: Sage.

Gallagher, Michael. 1988a. "Introduction." In *Candidate Selection in Comparative Perspective: The Secret Garden of Politics*, eds., Michael Gallagher and Michael Marsh. London: Sage.

Gallagher, Michael. 1988b. "Conclusion." In *Candidate Selection in Comparative Perspective: The Secret Garden of Politics*, eds., Michael Gallagher and Michael Marsh. London: Sage.

Gomez, Brad T., and J. Matthew Wilson. 2006. "Cognitive Heterogeneity and Economic Voting: A Comparative Analysis of Four Democratic Electorates." *American Journal of Political Science* 50 (1): 127-45.

Harmel, Robert, and Kenneth Janda. 1994. "An Integrated Theory of Party Goals and Party Change." *Journal of Theoretical Politics* 6 (3): 259-87.

Hawang, Shiow-duan. 1997. "The Candidate Factor and Taiwan's 1996 Presidential Election," *Issues & Studies* 33 (4): 45-76.

Hazan, Reuven Y., and Gerrit Voerman. 2006. "Electoral System and Candidate Selection," *Acta Politica* 41: 146-162.

Hazan, Reuven Y., and Gideon Rahaṭ. 2010. *Democracy within Parties: Candidate Selection Methods and Their Political Consequences*. New York: Oxford University Press.

Hellmann, Olli. 2014. "Outsourcing Candidate Selection: The Fight Against Clientelism in East Asian Parties," *Party Politics* 20 (1): 52-62.

Hsieh, John Fuh-sheng. 2005. "Ethnicity, National Identity, & Domestic Politics in Taiwan." *Journal of Asian & African Studies* (40): 13-28.

Hsieh, John Fu-sheng, Dean Lacy, and Emerson M. S. Niou. 1998. "Retrospective and Prospective Voting in a One-Party-Dominant Democracy: Taiwan's 1996 Presidential Election." *Public Choice* 97: 383-99.

Huang, Teh-fu, 1994. "Party Competition and Political Democratization: New Challenges to Taiwan's Party System." *Journal of Electoral Studies*, Vol. 1, No. 2, pp. 199-220. (in Chinese)

Huckshorn, Robert. 1984. *Political Parties in America*. California: Brooks/Cole.

Jennings, M. Kent, and Richard G. Niemi. 1974. *The Political Character of Adolescents*. Princeton: Princeton University Press.

Keith, Bruce E., D. B. Magleby, C.J. Nelson, E. Orr, M. C. Westlye, and R.E. Wolfinger. 1992. *Myth of the Independent Voter*. Berkeley : University of California Press.

Keng, Shu, 2011, "Working on the Identity of the Taiwanese People: Observing the Spillovers from Socio-Economics to Politics across the Taiwan Strait," in *Taiwanese Identity in the 21st Century: Domestic, Regional and Global Perspectives*, Gunter Schubert & Jens Damm eds., London and New York: Routledge.

Keng, Shu, Lu-huei Chen, and Kuan-bo Huang. 2006. "Sense, Sensitivity, & Sophistication in Shaping the Future of Cross-Strait Relations." *Issues & Studies* 42 (4): 23-66.

Key, V. O., 1955. A Theory of Critical Elections. *Journal of Politics* 17:3-18.

Key, V. O., 1959. Secular Realignment and the Party System . *Journal of Politics* 21(2): 198-210.

Key, V. O., Jr. 1966. *The Responsible Electorate: Rationality in Presidential Voting*. Cambridge, MA: Belknap Press of Harvard University Press.

Key, Valdimer Orlando. 1964. *Parties, Politics and Pressure Groups*. New York: Crowell.

Key, Valdimer Orlando. 1966. *The Responsible Electorate*. Belknap: Press of Harvard University Press.

Kinder, Donald R. 1986. "Presidential Character Revisited." In *Political Cognition*. Eds. Richard R. Lau and David O. Sears. Hillsdale, N. J.: Lawrence Erlbaum.

Kinder, Donald R., and D. Roderick Kiewiet. 1981. "Sociotropic Politics: The American Case." *British Journal of Political Science* 11 (2): 129-61.

Kinder, Donald R., Mark D. Peters, Robert P. Abelson, and Susan T. Fiske. 1980. "Presidential Prototypes." *Political Behavior* 2 (40):315-37.

Kinder, Donald, and D. Roderick Kiewiet. 1981. "Sociotropic Politics: The American Case." *British Journal of Political Science* 11 (1): 129-61.

Kramer, Gerald. 1971. "Short-Term Fluctuations in U.S. Voting Behavior, 1896-1964." *American Political Science Review* 65 (1): 131-43.

Lacy, Dean 2001. "A Theory of Nonseparable Preferences in Survey Responses." *American Journal of Political Science* 45(2): 239-58.

Lipset, Seymour Martin, and Stein Rokkan. 1967. *Party Systems and Voter Alignments: Cross-National Perspectives.* Toronto: The Free Press.

Lundell, Krister. 2004. "Determinants of Candidate Selection : Degree of Centralization in Comparative Perspective," *Party Politics* 10 (1): 25-47.

MacKuen, Michael B., Robert S. Erikson, and James A. Stimson. 1989. "Macropartisanship." *American Political Science Review* 83 (4): 1125-1142.

MacKuen, Michael B., Robert S. Erikson, and James A. Stimson. 1992. "Peasants or Bankers? The American Electorate and the U.S. Economy." *American Political Science Review* 86 (3): 597-611.

Markus, Gregory B. 1988. "The Impact of Personal and National Economic Conditions on the Presidential Vote: A Pooled Cross-Sectional Analysis." *American Journal of Political Science* 32 (1): 137-54.

McGraw, Kathleen M., 2003. "Political Impressions." In *The Handbook of Political Psychology*, eds. David Sears, Leonie Huddy, and Robert Jervis. New York: Oxford University Press.

Miller, Warren E., and J. Merrill Shanks. 1996. *The New American Voter*. Cambridge, Mass.: Harvard University Press.

Mondak, Jeffrey J. 1995. "Competence, Integrity, and the Electoral Success of Congressional Incumbents." *Journal of Politics* 57 (4):1043-69.

Myers, R. Hawley, Jialin Zhang. 2006. *Struggle across the Taiwan Strait: The Divided China Problem.* Stanford, CA: Hoover Institution Press.

Nadeau, Richard, and Michael Lewis-Beck. 2001. "National Economic Voting in U. S. Presidential Elections." *Journal of Politics* 63 (1): 159-81.

Niou, Emerson M. S. 2005. "A New Measure of Preferences on the Independence-Unification Issue in Taiwan." *Journal of Asian & African Studies* (40): 91-104.

Page, Benjamin U., and Calvin Jones. 1979. "Reciprocal Effects of Policy Preferences, Party Loyalties and the Vote." *American Political Science Review* 73: 1071-89.

Petrocik, John R. 1996. "Issue Ownership in Presidential Elections, with a 1980 Case Study." *American Journal of Political Science* 40, 3: 825-850.

Powell, G. Bingham, and Guy D. Whitten. 1993. "A Cross-National Analysis of Economic Voting: Taking Account of the Political Context." *American Journal of Political Science*, 37 (2): 391-414.

Rahat, Gideon, and Reuven Y. Hazan. 2001. "Candidate Selection Methods: An Analytical Framework," *Party Politics* 7 (3): 297-322.

Ranney, Austin. 1981. "Candidate Selection." In *Democracy at the Polls*, eds. David Butler, Howard R. Penniman, and Austin Ranney. Washington, D.C.: American Enterprise Institute.

Ranney, Austin. 2001. *Governing: An Introduction to Political Science* (8th edition). New Jersey: Prentice-Hall.

Rich, Roland. 2007. *Pacific Asia in Quest of Democracy*. Boulder, Co: Lynne Reinner Publishers, Inc.

Rigger, Shelly. 2003. "Political Science and Taiwan's Domestic Politics." *Issues and Studies* 38 (4): 49-92.

Schattschneider, E. E., 1942. *Party Government*. New York: Holt, Rinehart and Winston.

Scott, Ruth K., and Ronald J. Hrebenar. 1984. *Parties in Crisis: Party Politics in America*. New York: Wiley & Sons, Inc.

Sears, David O. 1993. "Symbolic Politics: A Socio-Psychological Theory." In *Explorations in Political Psychology*, eds. Shanto Iyengar & William McGuire. Durham, NC: Duke University Press.

Sears, David O. 2001. "The Role of Affect in Symbolic Politics." In *Citizens & Politics: Perspectives from Political Psychology*. eds. James H. Kuklinski et al. New York, NY: Cambridge University Press.

Shomer, Yael. 2012. "What affects Candidate Selection Process? A Cross-National Examination," *Party Politics (forthcoming, available on internet version)*.

Sidanius, Jim, 1993. "The Psychology of Group Conflict and the Dynamics of Oppression: ASocial Dominance Perspective," in S. Iyengar W.?McGuire, eds., Explorations in Political Psychology. pp. 183-219. Durham, NC: Duke University Press.

Stokes, Donald E. 1966. "Some Dynamic Elements of Contests for Presidency." *American Political Science Review* 60 (1):19-28.

Tien, Hung-mao, 1989. *The Great Transition: Political and Social Change in the Republic of China*. Stanford, Galif: Hoover Institution Press, Stanford University.

Tsai, Chia-hung, 2017. "Economic Voting in Taiwan: Micro- and Macro-level Analysis" in Chris Achen and T. Y. Wang (eds.) The Taiwan Voter. University of Michigan Press.

Tsai, Chia-hung. 2017. "Economic Voting in Taiwan: Micro- and Macro-Level Analysis" in *The Taiwan Voter*, Christophen Achen and T. Y. Wang (eds.) University of Michigan Press.

Tufte, Edward R. 1978. *Political Control of the Economy*. Princeton, NJ: Princeton University Press.

Wang, T. Y. 2001. "Cross-Strait Relations after the 2000 Election in Taiwan: Changing Tactics in a New Reality." *Asian Survey* 41 (5): 716-36.

Wang, T. Y. 2005. "Extended Deterrence and US Policy towards the Taiwan Issue: Implications for East Asia and Taipei." *Taiwan Defense Affairs* 6 (1): 176-195.

Wang, T. Y., and Ching-hsin Yu. 2011. Independents and Voting Decisions: A Test of James Bryce's Hypothesis. Paper Presented at the 2011 International Conference on Taiwan's Election and Democratization Study, Taipei: National Chengchi University.

Wang, T. Y. 2017. "Changing Boundaries: The Development of Taiwan Voters' Identity." In Christopher Achen and T. Y. Wang (eds). The Taiwan Voter. pp. 45-70. Ann Arbor: University of Michigan Press.

Wang, T. Y., Su-feng Cheng, 2017. "Taiwan Citizens' Views of China: What Are the Effects of Cross-Strait Contacts?" *Journal of East Asian Studies* 2017: 1-11.

Wu, Chung-li. and Dyfadd Fell. 2001. "Taiwan's Primaries in Comparative Perspective," *Japanese Journal of Political Science* 2: 23-45.

Wu, Chung-li. 2001. "The Transformation of the Kuomintang's Candidate Selection System," *Party Politics* 7 (1): 103-118.

Wu, Yu-Shan. 2004. "Review of 'The China Threat: Perceptions, Myths and Reality'." *Europe-Asia Studies* 56 (1): 178-179.

Yu, Chig-hsin, 2005. The Evolution of Party System in Taiwan, 1995-2004. *Journal of Asian and African Studies*, 40 (1/2): 105-129.

Yu, Ching-hsin, Eric Chen-hua Yu, and Kaori Shoji. 2014. "Innovations of Candidate Selection Methods: Polling Primary and Kobo under the New Electoral Rules in Taiwan and Japan." *Japanese Journal of Political Science* 15 (4): 635-59.

附錄

本書創作來源

　　本專書之主要創作來源為科技部補助之人文及社會科學專題研究計畫研究成果，內容包含如下：

計畫年度	主持人姓名	執行機構	計畫名稱
103	黃紀	TEDS	「2012 年至 2016 年『選舉與民主化調查』四年期研究規劃（3/4）：2014 年九合一選舉面訪案（NSC 101-2420-H-004 -034 -MY4）

國家圖書館出版品預行編目資料

2016台灣大選：新民意與新挑戰／蔡佳泓
等著；陳陸輝主編. ――初版.――臺北
市：五南，2018.07
　面；　公分.－（政黨選舉與比較選舉
制度；3）
ISBN 978-957-11-9768-5（平裝）

1.元首　2.選舉　3.臺灣政治　4.文集

573.5521　　　　　　　　　107008725

1PMC

2016台灣大選：新民意與新挑戰

作　　者 ―	蔡佳泓　俞振華　鄭夙芬　王德育
	林珮婷　游清鑫　陳陸輝　黃　紀

發 行 人 ― 楊榮川

總 經 理 ― 楊士清

副總編輯 ― 劉靜芬

責任編輯 ― 蔡琇雀　呂伊真　吳肇恩　林晏如

封面設計 ― 姚孝慈

出 版 者 ― 五南圖書出版股份有限公司

地　　　址：106台北市大安區和平東路二段339號4樓

電　　　話：(02)2705-5066　　傳　真：(02)2706-61

網　　　址：http://www.wunan.com.tw

電子郵件：wunan@wunan.com.tw

劃撥帳號：01068953

戶　　　名：五南圖書出版股份有限公司

法律顧問　林勝安律師事務所　林勝安律師

出版日期　2018年7月初版一刷

定　　價　新臺幣350元

本書內容所使用照片為 Shutterstock 圖庫提供。